Ungebetene Hausgäste

Sachs-Verlag

Die Deutsche Bibliothek – Cip-Einheitsaufnahme

Sachs, Christel:

Ungebetene Hausgäste : Ungeziefer vorbeugen und
umweltgerecht bekämpfen / Christel Sachs und Jutta Koop.
Karikaturen: Henning Studte. - Roßdorf : Sachs, 1994
 ISBN 3-928294-00-8
NE: Koop, Jutta:; Studte, Henning [Ill.]

Herstellung: Papier 100 % chlorfrei gebleicht
136 meist farbige Abbildungen

Impressum:

ISBN 3-928294-00-8

© Sachs-Verlag, 64380 Roßdorf bei Darmstadt

2. Auflage 1996: 20.000–40.000

Für Zeitschriften, Rundfunk und Fernsehen kann beim Verlag eine ausführliche Presseinformation
angefordert werden.

Bildnachweis: im Anhang S. 192

Konzept und Gestaltung: Sachs-Verlag
Lithos und Satz: Lasertype, Darmstadt
Druck: Druckhaus Darmstadt GmbH, Darmstadt
Bindung: Hollmann GmbH, Darmstadt

Christel Sachs und Jutta Koop

Ungebetene Hausgäste

Ungeziefer vorbeugen und umweltgerecht bekämpfen

Karikaturen Henning Studte

Herzlichen Dank für Ihre Unterstützung:

„Aktionsgruppe Umweltschutz" des Hausfrauenbundes Darmstadt e.V.
Dr. Horst Bathon · Dr. Norbert Becker · Ulfa Blank · Dr. Jürgen Budde,
Prof. Dr. Alfred Buschinger · Gundel Emmerich · Dr. Hanns Feustl,
Dr. Manfred Fuchs · Ingrid Hahn · Dr. Ingram Iglisch · Dr. Ralf Klinger,
Dr. Karin Kraft · Prof. Dr. Erich Landes · Carola Müller · Inge Sander,
Anne Suchanka · Dr. Karl-Otto Steinmetz · Angelika Tantzen,
Dr. Wolfgang Wegener · Helga Wolf

Autorinnen

Christel Sachs
geb. 1949, verh., 2 Kinder.

Studium der Betriebswirtschaft TH Darmstadt und Universität Würzburg, Abschl. 1974. Studienschwerpunkte u.a. Absatz- und Verbraucherlehre sowie Soziologie, 1987 staatl. gepr. Hauswirtschafterin. Seit 1981 im Umweltschutz aktiv: 1. Preis beim Umweltwettbewerb der Stadt Darmstadt; Urheberin der „Umweltmatrix" (Umweltposter für Haushalte); Mitinitiatorin des erfolgreichen Pilotprojektes „Umweltberatung" in Darmstadt; 10 Jahre Leiterin der „Aktionsgruppe Umweltschutz" des Darmstädter Hausfrauenbundes. Umweltdelegierte des Deutschen Hausfrauenbundes, LV Hessen. Freiberufliche Tätigkeit als Autorin. Referentin für den Deutschen Hausfrauenbund, das Büro für Staatsbürgerliche Frauenarbeit e.V. in Wiesbaden, und die Gesellschaft für Technologie und Umweltschutzberatung (GTU) in Frankfurt/Main.

Jutta Koop
geb. 1961, verh., 2 Kinder

Studium der Fächer Sport und Biologie für das Lehramt an Gymnasien an der TH Darmstadt. 1986 erstes Staatsexamen. Zweites Staatsexamen 1989. Seit 1986 im Umweltschutz aktiv. Als freie Mitarbeiterin der Hessischen Landeszentrale für politische Bildung Mitinitiatorin des Darmstädter Umweltberatungsprojektes. Seit 1987 Mitglied und seit 1993 Leiterin der „Aktionsgruppe Umweltschutz" des Darmstädter Hausfrauenbundes. Freiberuflich tätig als Autorin. Als Referentin des Deutschen Hausfrauenbundes (DHB) wurde sie zum Thema „Umweltschutz im Haushalt" von Frauenorganisationen, Familienbildungsstätten, Parteien, kirchlichen Organisationen u.a. angefordert.

Die „Aktionsgruppe Umweltschutz" des Darmstädter Hausfrauenbundes wurde 1992 mit dem Umweltpreis der Stadt Darmstadt ausgezeichnet.

Inhalt

Einleitung

Alle haben sie, aber nur wenige sprechen mit ihren
Nachbarn oder Freunden über die kleinen Tierchen, die
uns tagtäglich im Haushalt begegnen. Aus Angst vor
böser Nachrede sind die ungebetenen Hausgäste ein
Tabuthema unserer Gesellschaft. Aus Furcht und
Unkenntnis all dessen, was im Haushalt kreucht und
fleucht, werden gedankenlos Gifte oder Hausmittel eingesetzt. Man hofft, dadurch allen Tierchen so schnell wie
möglich den Garaus zu machen. Daß dies nicht der Fall
ist, beweist die Zunahme von „Ungeziefer".

Nachrichten über gefräßige Raupen, Salmonellenvergif-
tungen, die Vermehrung von Ratten in Häusern und
Parks, Erkrankungen nach Zeckenstichen, Ansteigen der
Malariafälle, Zunahme der Hausstauballergien und
Maden in Biotonnen sind an der Tagesordnung.

Dieses Buch ist für den täglichen Gebrauch geschrieben. Es ist ein Leitfaden, der aufzeigt, welche Hausgäste
nützlich sind und wie Schädlinge abgewehrt und möglichst umweltbewußt bekämpft werden können. Anhand
eines kleinen Streifzuges durch die „Ungeziefierge-
schichte" wird die große Bedeutung von Klein- und
Kleinstlebewesen für unser Leben deutlich.

In allen Kapiteln des Buches gibt es praktische Tips zur
Vorbeugung und umweltgerechten Bekämpfung. Die
Gliederung orientiert sich am normalen Haushalt.
Dadurch soll vor allem dem Laien das Identifizieren der
Tiere aufgrund des Fundortes erleichtert werden, und
anhand der Bilder und Beschreibungen kann er sie
erkennen. Weitere Hilfen zur Bestimmung der Tiere und
wer zu einzelnen Ungezieferproblemen gezielte Auskünfte geben kann, sind im Kapitel „Wo bekomme ich Hilfe"
zu finden.

Nur wer seine Freunde und Feinde genau kennt, kann
sich ihnen gegenüber auch angemessen verhalten.

Kein Haushalt ohne „ungebetene Hausgäste"

Unter „ungebetenen Hausgästen" verstehen wir alle Klein- und Kleinstlebewesen, die ohne unser Zutun in unsere Häuser kommen. Zu all diesen Tierchen haben wir ein gestörtes Verhältnis. Viele Menschen fangen bei diesem Thema an, unruhig zu werden und sich zu jucken. Andere geraten bereits beim Anblick von Spinnen und Käfern in Panik und können ihre Anwesenheit nicht ertragen. Es gibt sogar Menschen, die unter Verfolgungswahn leiden und sich einbilden, von diesen Tierchen aufgefressen zu werden.

Wo bleibt unser Verstand?

Eigentlich ist dieses Verhalten unverständlich, denn es handelt sich nur um verletzbare, sterbliche, kleine Lebewesen. Durch Größe und Intelligenz sind wir ihnen überlegen. In bezug auf die ungebetenen Hausgäste setzen wir unseren Verstand kaum ein. Wir haben zwar Angst, reagieren aber oft falsch und informieren und schützen uns nicht. Man denke nur an die verschwundenen Fliegengitter, die es früher überall zum Schutz gegen die kleinen Plagegeister gab.

Manche lassen sogar im Sommer zubereitete Nahrung längere Zeit offen herumstehen, ohne zu bedenken, daß sich Kleinstlebewesen dort bei Hitze explosionsartig vermehren und unsere Nahrung verderben.

Die Feinde fehlen

Oft machen wir aus Unkenntnis alles „platt", was wir um uns herum entdecken. Dabei sollten wir nur das „Ungeziefer", d.h. nur die Tiere bekämpfen, die unsere Gesundheit, Materialien und Haustiere schädigen.

Unter Biologen ist der Begriff „Ungeziefer" verpönt, denn für sie trägt jedes Lebewesen zur Erhaltung des biologischen Gleichgewichtes bei.

In der Natur haben alle Tiere natürliche Gegenspieler, die sie in Schach halten. Im Haus fehlen den Schädlingen die natürlichen Feinde, Nahrung ist meist im Überfluß vorhanden, und die Zentralheizung sorgt dafür, daß sie nicht erfrieren.

Aufgrund der Wärme in unseren Fabriken, Häusern und der häuslichen Umgebung konnten sich auch Schädlinge aus wärmeren Ländern in unseren Breiten einnisten.

Schaben auf Apfel

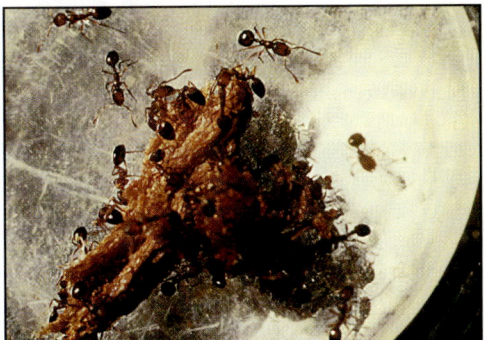

Pharaoameisen auf Fleisch

Kleidermotten mit Larven

Nützlinge

Marienkäfer frißt Blattläuse

Marienkäferlarve beim Aussaugen einer Blattlaus

Florfliege

Blattlausfressende Florfliegenlarve

Aus Unwissen getötet

Viele Tiere, die in unsere Häuser kommen, sind weder nützlich noch schädlich. Sie sind „Zufallsgäste" oder suchen bei uns Unterschlupf. Etliche Tiere sind uns Menschen sogar sehr nützlich, weil sie große Mengen Stechmücken, Blattläuse oder andere Schadinsekten vertilgen. Deshalb heißen sie „Nützlinge". Dazu gehören die blattlausfressenden Marienkäfer und Florfliegen. Besonders gefräßig sind die Larven dieser Tiere, die leider allzu oft aus Unwissen getötet werden. Dabei sollten wir diese Tiere schonen und auf dem Dachboden oder im Keller überwintern lassen.

Im Pflanzenschutz werden Nützlinge gezielt zur Bekämpfung von Pflanzenschädlingen eingesetzt.

Informationen und Bestellanschriften (siehe S. 169 ff).

Lebende Andenken

Das Vorhandensein von „Ungeziefer" muß kein Zeichen von Unsauberkeit sein. Einige Tiere fliegen oder krabbeln, meist durch Gerüche, Licht, Wärme und Versteckmöglichkeiten angelockt, in die Wohnungen. Andere werden mit befallenen Lebensmitteln oder Materialien ins Haus gebracht. Auch von Reisen bringen wir gelegentlich unbemerkt lebende Andenken mit. Hautparasiten können durch den Menschen selbst oder seine Haustiere eingeschleppt werden. Um überleben zu können, brauchen die Tiere neben der richtigen Nahrung auch Wärme, Feuchtigkeit, Ruhe und Unterschlupfmöglichkeiten. Nur wenn all diese Voraussetzungen gegeben sind, können sie sich in Massen vermehren.

Wer sind sie?

Die meisten „ungebetenen Hausgäste" gehören zu den Insekten, die für den Laien gut an ihren 6 Beinen zu erkennen sind. Es gibt aber auch Spinnentiere (8 Beine), Krebstiere (14 Beine) und Säugetiere wie Ratten und Mäuse. In diesem Buch gehen wir auch auf die Kleinstlebewesen, wie Salmonellen und Legionellen, ein. Sie werden zwar nicht dem Tierreich zugeordnet, sind aber besonders unerwünschte Hausgäste und stellen eine akute Gesundheitsgefahr dar.

Verräterische Spuren

Neben den biologischen Merkmalen kann auch der Fundort bei der Bestimmung der Tiere behilflich sein. Die meisten Tiere bevorzugen ein bestimmtes Klima und eine spezielle Nahrung. Viele hinterlassen charakteristische Spuren, z.B. Kot, Fraßlöcher, Gespinste oder Hautveränderungen. Andere verraten sich durch Geräusche wie Summen, Brummen, Zirpen oder Klopfen.

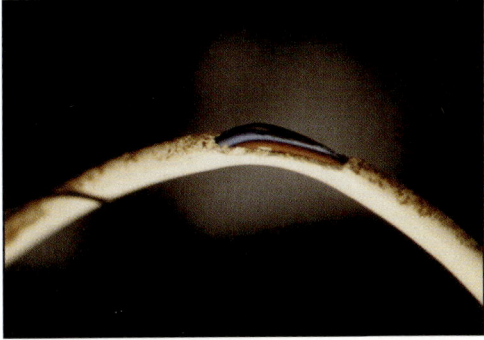

Mäusefraß an Elektrokabel

Hausbockbefall – sichtbare Fluglöcher

Streifzug durch die „Ungeziefergeschichte"

Seit Beginn der Siedlungsgeschichte suchten bestimmte Tiere die Nähe menschlicher Siedlungen. Landwirtschaftliche Erzeugnisse waren für sie eine hervorragende Nahrung. Als Brutstätten eigneten sich Nahrungs- und Wasservorräte, Fäkalien und Abfälle. Auch der Mensch diente den Parasiten schon immer als Nahrungsquelle.

Es war eine Sensation, als der französische Arzt und Forscher Armand Ruffer 1909 an etwa 3000 Jahre alten ägyptischen Mumien die Pocken entdeckte und in den Nieren die verkalkten Eier des Bilharzia-Wurmes (Pärchen-Egel) fand. Dieser

Wurm ist auch heute noch eine Geißel der Menschen.

Von den alten Ägyptern lernen

Nicht nur Bilharzia-Würmer, auch Fliegen, Moskitos und andere Parasiten bedrohten bereits vor Tausenden von Jahren das Nilvolk. Weise Herrscher setzten Spezialisten zur Schädlingsbekämpfung ein. Schon damals wurden Fliegen beim Essen mit Wedeln abgewehrt, die Betten mit Netzen gegen Moskitos geschützt, die Vorräte in kühlen Kornkammern aufbewahrt und durch ständiges Wenden und Belüften geschützt.

Die Pest kam durch Ratten

Als 1346 n. Chr. im sizilianischen Hafen von Messina drei lang erwartete Handelsschiffe einliefen, vermutete keiner die verheerende Fracht. Diese Schiffe hatten die Pest an Bord. Sie kamen aus dem Orient, wo diese schreckliche Seuche ganze Landstriche entvölkerte. Von Sizilien breitete sich die Pest sehr schnell über ganz Europa aus. Lange Zeit war die Ursache der Erkrankung unbekannt. Es wurden die unterschiedlichsten Vermutungen angestellt. Erst in der jüngsten Geschichte wurde der Übertragungsweg entdeckt. Man erkannte, daß der Rattenfloh, der mit Vorliebe auf Ratten oder anderen Nagetieren lebt, der Überträger der Beulenpest war. Das zusätzliche Verhängnis war, daß bei Befall der Lunge die Pest durch Tröpfcheninfektion übertragen wurde und sich ein Mensch direkt beim anderen anstecken konnte. Diese Form der Pest, auch als Lungenpest bezeichnet, war noch gefährlicher, sie führte meistens bereits nach wenigen Tagen zum Tod.

Leichtes Spiel für Schädlinge

Die große Pestepidemie im 14. Jahrhundert konnte sich in Europa vor allem deshalb so ausbreiten, weil gutes Klima, verbunden mit guten Ernteerträgen, um die Jahrtausendwende zu einer starken Bevölkerungszunahme geführt hatte. Die Folge war, daß man das Land zersiedelte und die Böden überbeanspruchte. Es wurden auch karge, ungeeignete Böden bewirtschaftet. Die Bauern standen mit ihrem kurzfristigen Überangebot in Konkurrenz zueinander, und die Preise für Agrarerzeugnisse sanken drastisch. Anders verhielt es sich mit den Handelsspannen und den Handwerkererträgen in den Städten. Diese steigerten sich zur gleichen Zeit und zogen immer mehr Bauern in die Städte. Da sie auf dem Land keine Existenzmöglichkeit sahen, gaben sie ihre Siedlungen auf. So führten schon jährliche Klimaveränderungen wie lange, kalte Winter und zu trockene oder verregnete Sommer mit Mißernten zu großen Hungersnöten. Die unterernährten Pflanzen, Tiere und Menschen boten den Schädlingen ein leichtes Spiel. So folgten den Hungersnöten sehr oft Seuchen. Diejenigen, die eine Seuche zuerst mit dem Leben bezahlen mußten, waren immungeschwächte und vor allem ältere Menschen und Kinder.

Kriegszeiten – Ungezieferzeiten

Ein Ungleichgewicht entsteht immer dann, wenn der Mensch die Umwelt zu stark belastet. Überbevölkerung und Überbeanspruchung natürlicher Ressourcen können eine Krise auslösen. Es spricht für sich, daß die meisten Menschen in Kriegszeiten, in denen es noch keine Massenvernichtungswaffen gab, nicht von Soldaten getötet wurden, sondern ihr Leben durch die von Rattenflöhen übertragene Pest, durch das von Kleiderläusen übertragene Fleckfieber und andere Seuchen verloren.

Pestmeldung nicht ernst genommen

Die Pestherde um die Jahrhundertwende konnten sich vor allem aufgrund zögerlicher Reaktionen der Behörden ausbreiten. Diese nahmen die ersten Pestmeldungen (1890) nicht ernst, da die Pest als ausgestorben galt. Die vielen hunderttausend Pestopfer in diesem Jahrhundert gab es aufgrund eines Fehlverhaltens gegenüber Mäusen und Ratten. Bei den Chinesen herrschte sogar der Aberglaube, daß Ratten und Mäuse im Keller Glücksbringer seien. Mittlerweile werden

Sage vom Binger Mäuseturm:

Geizhals und Peininger Bischof Hatto floh vor der Mäuseplage in den Turm, aber die Mäuse durchschwammen den Rhein und erklommen den Turm, um ihn aufzufressen.

von der chinesischen Regierung hohe Summen zur staatlichen Mäusebekämpfung eingesetzt. Da es immer noch Pestherde in Fernost und Kalifornien gibt, stimmt die bei uns vorherrschende Annahme nicht, daß die Pest ausgestorben ist.

Mit dem Fortschritt kam die Erleichterung

Die Erforschung vieler Seuchen und die Entwicklung wirksamer Impfstoffe, der industrielle, landwirtschaftliche und hauswirtschaftliche Fortschritt, sowie die Verbesserung der Einkommens- und Arbeitsbedingungen trugen in den letzten hundert Jahren zu einem Rückgang der Seuchen in Europa bei. Heute haben nur noch wenige eine Vorstellung, wie schlimm die Menschenflöhe, Bettwanzen und die Kopf- und Filzläuse den Menschen im letzten Krieg, vor allem in den Trümmerhaushalten und in Rußland, zusetzten und wie dankbar die Menschen über die Erfindung wirksamer Schädlingsbekämpfungsmittel waren. Der Erfolg dieser Mittel ließ das „Ungezieferproblem" viele Jahrzehnte in den Hintergrund rücken.

Sie breiten sich wieder aus

Erst in den letzten Jahren treten trotz chemischer Bekämpfungsmöglichkeiten wieder zunehmend Probleme auf. So wird gehäuft über Nahrungsmittelvergiftungen durch Salmonellen und andere Erreger berichtet. Ratten, Schaben, Motten, Milben und Kopfläuse breiten sich aus.

Tradition und Fortschritt

Früher war es lebensnotwendig, einem Schädlingsbefall vorzubeugen. Bräuche zur Ungeziefervorbeugung und -bekämpfung wurden von Generation zu Generation weitergegeben. Alles was nützte, verbesserte auch die harte Lebenssituation.

Hausarbeit sehr angesehen

Die qualifizierte Hausarbeit – wie das Anlegen von Vorräten, die Nahrungszubereitung, das Nähen von Kleidung und die Pflege von Wirtschaftsgütern – hatte den gleichen Stellenwert wie die Arbeit der Erwerbstätigen. Denn Mißernten und Schädlingsbefall konnten nicht durch Importe aus anderen Ländern ausgeglichen werden. Mangelernährte und geschwächte Menschen fielen dann sehr schnell Krankheitserregern zum Opfer.

Spezielle Vorrichtungen

Alle Gebäude, Repräsentationsbauten ausgenommen, wurden in erster Linie nach Zweckmäßigkeit errichtet. Kühle Erdkeller gewährleisteten eine längere Haltbarkeit der Vorräte und einen geringeren Schädlingsbefall. Für die Jagdbeuten wurden hohe Gewölbekeller mit speziellen Aufhängevorrichtungen gebaut, um die erlegten Tiere, vor Ratten und Mäusen geschützt, kühl abhängen zu lassen.

Durchzug war wichtig

Korn und Mehl wurden in zugigen Dachspeichern trocken aufbewahrt. So konnte sich in den Vorräten keine Feuchtigkeit und Wärme bilden, die den Befall und die Vermehrung von vorratsschädigenden Käfern, Motten und Milben begünstigten. Die traditionelle Hauswirtschaft kannte viele Methoden, mit denen Schädlinge abgewehrt werden konnten.

Mit der Kraft der Hände

Als es noch keine modernen Wasch- und Reinigungsmittel gab, wurde durch Einweichen, Auskochen, Ausklopfen, Reiben und Bürsten der Schmutz entfernt und das Ungeziefer beseitigt.

Im Gemüsegarten gehörte es zur normalen Pflege, Pflanzenschädlinge mit der Hand abzulesen.

Hilfsmittel beim Waschen: Jahrhunderte lang wurden Wäscheklopfer (Patscher) eingesetzt.

Zunächst Erleichterung durch Chemikalien

Mit der Entwicklung wirksamer, chemischer Bekämpfungsmittel gerieten viele traditionelle Bekämpfungsmöglichkeiten in Vergessenheit. Wie dankbar die Menschen nach dem 2. Weltkrieg z.B. über den Einsatz von Jacutin – eines Insektenbekämpfungsmittels – waren, ist auf dem Bild rechts zu sehen. Beim Einsatz schädlingsvernichtender Chemikalien der Nachkriegszeit wurden Sicherheitsvorschriften und Schutzmaßnahmen vernachlässigt. Daß viele Schädlingsbekämpfungsmittel, wie DDT und Lindan, zu schweren gesundheitlichen Schäden führen können, erkannte man erst später.

Vorsicht Sackgasse

Auch Antibiotika wie Penicillin und andere antibakterielle Stoffe führten zu schnellen, sichtbaren Erfolgen, die einen unkritischen Einsatz förderten. Mittlerweile wissen wir, daß die ungezielte Verwendung von breit wirkenden Schädlingsbekämpfungsmitteln und Antibiotika in eine Sackgasse führt. Widerstandsfähige Individuen überleben und pflanzen sich fort, empfindliche werden abgetötet.

Aber statt Tradition und Fortschritt in Einklang zu bringen und sich mit den Problemen auseinanderzusetzen, kehren viele Haushaltsführende das Motto „übertriebene Haushaltshygiene schadet nur" um, und vernachlässigen wesentliche Bereiche der Gesundheitsvorsorge in ihrem Haushalt gänzlich.

Nach 1945: Jacutin verdampft

Haushalten ist wichtig

Es ist wichtig, weniger Haushaltschemikalien zu verwenden und somit die Umwelt zu entlasten. Das darf aber nicht bedeuten, daß wir krankheitserregenden Mikroorganismen und Schädlingen Tür und Tor öffnen. Deshalb ist eine umweltbewußte Haushaltsführung, die Schädlingen vorbeugt und bei Befall gezielte Maßnahmen ergreift, unbedingt notwendig. Der Stellenwert einer guten Haushaltsführung für den Umwelt- und Gesundheitsschutz darf nicht unterschätzt werden: Sie beginnt mit dem täglichen Einkauf, geht über die Nahrungszubereitung, die Vorratshaltung und Abfallbeseitigung bis hin zur Haushalts- und Körperpflege.

Küche

Wer kennt sie nicht, die in der Küche herumfliegenden Motten oder an den Wänden entlangkrabbelnden „Würmchen"? Auch mit den kleinen Käfern in Vorratstüten hat nahezu jeder Bekanntschaft gemacht. Die Käferchen sind oft so klein, daß man sie kaum erkennen kann. Begeistert ist jedoch niemand beim Anblick dieser Tierchen in Nahrungsmitteln.

Motten – nicht nur im Kleiderschrank

Die überproportional angestiegene Resonanz auf Ungezieferberatungsangebote von genervten Hausfrauen und Hausmännern und die dabei vorgetragenen Ungezieferprobleme lassen folgern, daß es auch in unseren Küchen immer öfter wimmelt. In erster Linie gibt es Mottenprobleme, die meist erst zutage treten, wenn Motten durch die Küche fliegen. An zweiter Stelle rangieren Probleme mit Maden in Bio-Eimern.

Problembereich für unsere Gesundheit

Da der Küchenbereich bei der Gesundheitsvorsorge besonders wichtig ist, sollte man über die „ungebetenen Gäste" gut informiert sein. In der Küche wird die Nahrung zubereitet und bevorratet. Gleichzeitig aber fallen große Mengen Abfälle an, deren man sich umweltbewußt zu entledigen hat. Damit sind auch die großen Problembereiche in der Küche

– Vorräte – Nahrung – Abfälle – erfaßt, auf die im einzelnen nachfolgend eingegangen wird.

Einbauküchen haben ihre Tücken

Für die Zunahme von Lebewesen im Küchenbereich sind mehrere Faktoren verantwortlich. In den letzten 30 Jahren sind immer mehr Einzelmöbel durch Einbauküchen ersetzt worden, die in den ersten Jahren große Vorzüge haben. Die einzelnen Küchenelemente sind eng miteinander verbunden und haben nicht so große Ritzen und Abstände wie Einzelmöbel. Damit wird zunächst vermieden, daß Flüssigkeiten und Nahrungsmittel zwischen die einzelnen Elemente gelangen. Außerdem sehen Einbauküchen viel attraktiver aus und sind funktioneller. Langfristig sind sie für die Ungeziefervorbeugung wesentlich problematischer als Einzelelemente, die bei Bedarf in Abständen abgerückt werden können und leicht zugänglich sind. Dringt in Einbauküchen Feuchtigkeit ein, so ist diese aufgrund fehlender Lüftungsmöglichkeiten in der Regel schwer zu beseitigen.

Immer mehr Hausgäste in der Küche durch:

➤ Größere Einschleppmöglichkeiten durch Ausweitung des internationalen Warenverkehrs.

➤ Bauliche Veränderungen in den Nachkriegsjahren, z.B. Einbau von Müllschächten in Hochhäusern und Verbindungsmöglichkeiten zwischen einzelnen Wohnungen.

➤ Vernachlässigung geeigneter kühler Vorratsmöglichkeiten außerhalb des Wohnungsbereiches in Wohnbauten.

➤ Überheizte Küchen.

➤ Zusätzliche Wärmequellen durch Motoren von Kühlschränken und Gefriergeräten.

➤ Unsachgemäßes Sammeln von Wertstoffen und Abfällen.

➤ Weitverbreitete Tütenwirtschaft und Unkenntnis über eine sachgerechte Vorratshaltung.

➤ Weit über den Bedarf gehende Einkäufe und damit Hortung nicht benötigter Vorräte.

➤ Unverhältnismäßig hohe Speisereste, begünstigt durch die niedrigen Nahrungsmittelpreise in Relation zum Einkommen.

Fahrlässiges Verhalten

Während Menschen beim Anblick größerer Hausgäste wie Motten, Käfer und Ameisen oft Panik bekommen und diese Tiere subjektiv für gefährlicher halten als sie sind, gehen viele mit den nicht sichtbaren Kleinstlebewesen wie Bakterien geradezu fahrlässig um. Besonders im Küchenbereich haben wir es in der Hand, uns vor Ungeziefer zu schützen. Durch sachgemäßes Einkaufen, Lagern, Zubereiten und Abfallsammeln ist das Gesundheitsrisiko in der Küche minimal.

Grundsätzliches zur Vermeidung:

❏ Bei der Küchenplanung auf eine gute Abdichtung besonders im Spülen- und Herdbereich achten. Die Küchenschränke sollten belüftbar und die Lüftungsritze durch feinmaschige Gitter verschlossen sein.

❏ Brotaufbewahrungsmöglichkeiten sollten gut zu reinigen sein.

❏ Auf abnehmbare Abschlußblenden der Unterbauschränke achten, damit unter den Schränken gereinigt werden kann.

❏ Kühlschränke, Herde und Kühltruhen müssen problemlos herausnehmbar sein.

❏ Der Abstand zwischen den Hängeschränken und der Wand sollte groß genug sein, damit die Zwischenräume gereinigt werden können.

❏ Die Boiler und Abflußrohre bzw. Abflußvorrichtungen von Spülmaschinen und Spülen müssen dicht sein.

❏ Fugen- und Wandleisten regelmäßig kontrollieren, um Feuchtigkeit und Nahrungsreste hinter und zwischen den Schränken zu vermeiden.

Weitere Tiere:

Bienen und Wespen (siehe Seite. 129 ff)
Stechmücken (siehe Seite. 124 ff)

Vorräte

Eier werden an der Wand zerprallt

Daß in unseren Vorräten Tierchen auftreten, sollte uns nicht verwundern. Ebenso wie wir Nahrung benötigen, freuen auch sie sich über unsere Nahrungsvorräte und können sich an ihnen satt fressen. Sofern wir in unseren Küchen keine eigenen Brutstätten bieten, ist es ganz normal, daß wir ab und zu mit der Nahrung auch Eier von Vorratsschädlingen einschleppen. Dies kann sogar ein gutes Zeichen dafür sein, daß unsere Nahrung wenig oder gar keine Chemie enthält und somit auch bei Tieren besonders beliebt ist.

Das vermehrte Auftreten von Samen-, Mehl- und Speichermotten kann bedeuten, daß in Kornfeldern, Getreidesilos und Getreidemühlen immer bewußter mit Insektiziden umgegangen wird. Während früher ohne Limit Blausäure, Lindan, DDT, Dichlorvos u.a. unbedenklich eingesetzt wurden und die Nahrungsmittel belasteten, setzen heute immer mehr Nahrungsmittelbetriebe auf die Bekämpfung von Schädlingen mittels extremer

Temperaturen sowie den Einsatz mechanischer Bekämpfungsmöglichkeiten. So sind in vielen Mühlen Prallmaschinen im Einsatz, mit denen Insekteneier buchstäblich zerprallt werden, oder man verwendet Leimfallen, Wende- und Siebmaschinen.

Vorsicht beim Einkauf

Einige Motten- und Käfereier in der Nahrung können toleriert werden. Enthält die Nahrung jedoch bereits Gespinste und sonstige Verunreinigungen oder entdeckt man sogar Raupen, Nagetierhaare oder kleine Tiere, so sind die Lebensmittel nicht genießbar und, sofern frisch gekauft, im Geschäft gegen einwandfreie Ware umzutauschen.

Tummeln sich in den Schaufenstern von Geschäften im Sommer die Vorratsmotten, so ist davon auszuge-

hen, daß auch im Geschäft befindliche Lebensmittel befallen sind.

Hier ist die Einschleppungsgefahr besonders groß.

Mottengespinste in Getreide

Auch die Motten werden satt

Bunte Schmetterlinge zählen zu den schönsten Geschöpfen. Ihr Erscheinen und unbeschwertes Flattern weckt in uns den Eindruck einer intakten Natur, und ihr Rückgang hat Besorgnis ausgelöst. Bereits in frühen Hochkulturen waren sie Symbole der Liebe und Auferstehung, und sie wurden sogar für die Seelen Verstorbener gehalten.

Keiner denkt an Schmetterlinge, wenn er seinen Vorratsschrank öffnet und ihm Motten entgegenflattern. Viele Menschen reagieren mit Panik,

obwohl auch die Motten zu den harmlosen Schmetterlingen gehören.

Sie kommen immer wieder

Viele Haushalte haben derzeit Motten- oder Käferprobleme. Dabei kann man diese Vorratsprobleme mit etwas Geduld gut in den Griff bekommen. Das heißt jedoch nicht, daß die Motten für alle Zeiten verschwunden sind, denn sie können mit der Nahrung wieder neu in unser Haus eingeschleppt werden und von draußen zufliegen.

Raupen an der Wand

Oft werden zuerst kleine „Würmchen" an den Küchenwänden entdeckt. Es handelt sich um Raupen, die zuvor in großer Zahl aus Motteneiern geschlüpft sind. Sie haben 16 Füße, mit denen sie auch sehr steile, glatte Flächen emporklettern können. Dem einige Tage dauernden Raupenstadium folgt das Puppenstadium. Wenn man in Ecken oder hinter Schränken und Bilderrahmen kleine offene Hüllen findet, so ist die Motte bereits ausgeschlüpft. Die Motten legen ihre Eier oft an oder in die Nahrung, damit die ausgeschlüpften, hungrigen Raupen gleich genügend Futter vorfinden.

Sie mögen keine Kälte

Motten lieben es feucht, warm, dunkel und ruhig. Bei Temperaturen unter +10° C können sie sich nicht mehr vermehren, während die Eier auch kältere Temperaturen überleben.

Von Motten befallene Nahrung erkennt man an den ca. 0,6 mm großen Eiern, an Verklumpung und an den Gespinsten, die von den Raupen gesponnen werden.

Bei Verdacht die Nahrung auf einen Teller schütten und mit einer Lupe sichten.

Befallene Nahrung nicht verzehren!

Die von Motten befallene Nahrung darf nicht gegessen werden, da die Tiere die Nahrung auch verkoten und Milben und Pilze mit sich tragen. Der Verzehr kann bei Menschen zu allergischen Reaktionen sowie Magen- und Darmerkrankungen führen.

Dörrobstmottenlarven auf Sultaninen

Dörrobstmottenlarve auf Banane

Die Männchen erkennen die Weibchen aus weiter Ferne. Diese warten mit ausgereiften Eiern auf ihre Befruchtung und geben Sexualduftstoffe ab.

Lebensmittelmotten bevorzugen stets die gleichen Futtersorten. Diese erkennen sie schon von weitem am Geruch. Sie haben sich auf unterschiedliche Nahrungsmittel spezialisiert z.B. Obst, Brot, Mehl, Nüsse, Nudeln, Reis. So gibt es in unseren

Küchen Getreidemotten, Dörrobstmotten, Mehlmotten, Speichermotten u.a., die auch alle unterschiedlich, aber doch sehr ähnlich
aussehen.

Sie beten das Licht an

Wie alle Falter fliegen auch Motten
nachts in Richtung des Lichts und
können durch beleuchtete, offene
Fenster eindringen. Oft holen wir sie
mit Nüssen oder überlagerten, befallenen Getreideprodukten wie Mehl,
Vollkorn und Nudeln in die Wohnung.
Auch Trockengestecke mit Nüssen
und Trockenfrüchten können befallen
sein. Massenbefall tritt immer nur
dann auf, wenn es warm und feucht
ist und offene Nahrungsmittel wie
Brotreste und Krümel vorhanden
sind.

Die Bekämpfung erfordert Geduld

Entdecken wir die kleinen Motten, so
ist mit ihrer Beseitigung das Motten-
problem noch lange nicht gelöst,
denn sie können bereits große Mengen Eier gelegt haben. Die Bekämpfung kann einige Zeit in Anspruch
nehmen, vor allem wenn die Brutstätten hinter und unter für uns nicht
erreichbaren Einbauschränken
stecken.

Mehlmotten

Die bevorzugte Nahrung der Mehlmotten sind Mehl, Getreideprodukte,
Teigwaren, getrocknete Früchte,
Nüsse, Kakao, Mandeln und Schokolade. Sie sind im Dunkeln aktiv

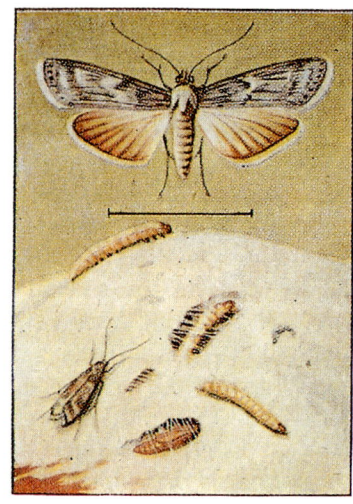

Mehlmotte

und fliegen nachts herum. Sind die
kleinen Raupen aus den Eiern
geschlüpft, so verspinnen sie mit
klebrigen Fäden Mehl, Müsli und
andere Kornprodukte. Die erwachsenen Raupen suchen sich zum Verpuppen gut geschützte Ritzen, Spalten und Ecken, so daß sie am besten
während dieser Wanderung entdeckt
werden. Die Puppen sind bis zu 1 cm
groß und schlüpfen nach etwa 2 – 3
Wochen.

Dörrobstmotten

Diese Mottenart kommt in unseren Häusern sehr häufig vor. Die Raupen leben von getrocknetem Obst, wie Rosinen, Feigen, Wacholderbeeren. Man trifft sie aber auch in Mehl, Nüssen, Mandeln, Hülsenfrüchten und anderen Lebensmitteln an. Sie entwickeln sich schneller als die Mehl- und Speichermotten. Bei günstigen Temperaturen beträgt die gesamte Entwicklungszeit bis zum fertigen Falter nur einen Monat.

Korn-, Getreide- oder Speichermotten

Es handelt sich hierbei um Verwandte der Mehlmotten.

Die Motten werden 5–7 mm und ihre Raupen 8–10 mm lang. Jährlich treten 1–2 Generationen im Freien auf. In warmen Räumen können sie sich mehrmals im Jahr vermehren. Als Nahrung dienen Getreidekörner und Mais.

Mehlzünsler

Die Raupen leben von Mehl, Getreide, Kleie u.a. Sie suchen Unterschlupf in selbsterstellten Gespinsten. Der Mehlzünsler ist weit verbreitet und kann unter günstigen Verhältnissen großen Schaden anrichten.

Dörrobstmotte

Mehlzünsler

Lebensmittelmotten

Vorbeugen

❏ Beim Einkauf auf einwandfreie Ware achten, Ware mit Gespinsten sofort zurück zum Händler bringen.

❏ Die Ware zu Hause in festschließende Vorratsbehältnisse wie Gläser mit Gummiring, Kunststoffdichtung oder Spanner umpacken.

❏ Vorräte möglichst kühl, trocken und luftig lagern. Größere Vorräte gehören nicht in die warme Küche.

❏ Vorräte übersichtlich lagern und regelmäßig kontrollieren. Versteckte Vorräte werden leicht vergessen.

❏ Ritzen und Löcher möglichst mit Fugenmittel verschließen.

❏ Brotreste und Krümel rasch beseitigen.

❏ Die Brotbehältnisse regelmäßig aussaugen und mit Essigreiniger auch in den Ecken reinigen.

❏ Fugen und Ecken in Abständen aussaugen.

❏ Vorratsschränke nur feucht – niemals naß – mit einem Neutralreiniger auswischen und trockenreiben. Anschließend die Türen offen lassen, damit alles gut austrocknen kann.

❏ Lose Tapeten reparieren.

❏ Regelmäßig auch Wandbehänge auf der Rückseite kontrollieren.

❏ Kein Schrankpapier verwenden, da es als Versteck dienen kann.

❏ Auf saubere Abfallbehältnisse ein besonderes Augenmerk haben.

❏ Brotreste nicht zu lange aufheben, sondern verwerten. Aus ihnen lassen sich Semmelknödel und andere Speisen zubereiten. Sie können auch an Pferde verfüttert werden. Auf keinen Fall damit Tauben und Wildenten füttern!

❏ Getreide in Leinen- oder Baumwollsäcken nur kühl und trocken lagern und regelmäßig wenden.

❏ 1–2 Lorbeerblätter in den Getreidevorrat stecken.

❏ Außenbeleuchtungen nur wenn nötig anlassen. Bei Dunkelheit sollten bei erleuchteten Zimmern ohne Fliegengitter die Fenster geschlossen werden. Wenn Lüftung nötig ist, möglichst kurz querlüften.

❏ Fliegengitter halten auch Motten ab.

❏ Vorratsmotten lassen sich durch folgende Abwehrdüfte vertreiben:

Nelken, Lavendel, Zedernholz, Pfefferminze, Patschuli und Thuja.

Im Handel sind außerdem bereits fertige Duftmischungen gegen Lebensmittelmotten erhältlich.

Bekämpfung

❏ Es empfiehlt sich, befallene Lebensmittel sofort zu beseitigen.

❏ Um sicher zu gehen, sollten Nahrungsmittel, bei denen Verdacht auf Mottenbefall besteht, in einem durchsichtigen, gut verschließbaren Glasbehältnis möglichst im Warmen aufgehoben werden. Sie sind gut zu beobachten. Sind nach 2 Wochen noch keine Raupen geschlüpft oder Gespinste sichtbar, so ist die Nahrung sauber.

❏ Motten können durch Kälte abgetötet werden. Befallene Ware einen Tag gefrieren und anschließend schnell Auftauen.

❏ Auch Erhitzen, etwa 20 Minuten über 60° C, überleben die Motten nicht.

❏ Bei den letzten beiden Verfahren können Nährwert und die Backfähigkeit des Mehls beeinträchtigt werden.

❏ Bei Mottenbefall in Abständen von 14 Tagen die Ecken, Winkel und Ritzen mit der Fugendüse absaugen.

❏ Ein starker Fön läßt das Eiweiß der Tiere gerinnen. Langsam die schlecht erreichbaren Ritzen und Löcher fönen – nicht zu nahe, damit der Fön nicht überhitzt.

❏ Bei Mottenbefall empfiehlt es sich, eine Fliegenklatsche zur Hand zu haben.

Dörrobstmotten an Pheromonfalle

2

Biologische Bekämpfung

❏ Mit Lebensmittel-Mottenfallen die Lockstoffe enthalten: das sind Fallen, die Sexuallockstoffe (Pheromone) der Motten enthalten und somit die Männchen anziehen. Werden diese dabei getötet, so können die Motten keine befruchteten Eier mehr legen und sterben nach und nach aus. Diese Bekämpfungsart eignet sich besonders bei langanhaltendem Mottenbefall und längerer Abwesen-

heit. Ansonsten sind die oben beschriebenen Vorbeugungs- und Bekämpfungsmaßnahmen durchzuführen.

Pheromonfallen nur bei geschlossenen Fenstern anwenden, da sonst immer wieder neue Männchen von außen angelockt werden.

Chemische Bekämpfung

❏ Mit Chemikalien in der Küche Motten totzusprühen, ist keine sichere Bekämpfung. Die Wahrscheinlichkeit, sich dabei selber zu schädigen, ist größer als alle Motten zu erwischen. Bereits gelegte Eier werden dabei nicht abgetötet.

Entwicklung einer Motte

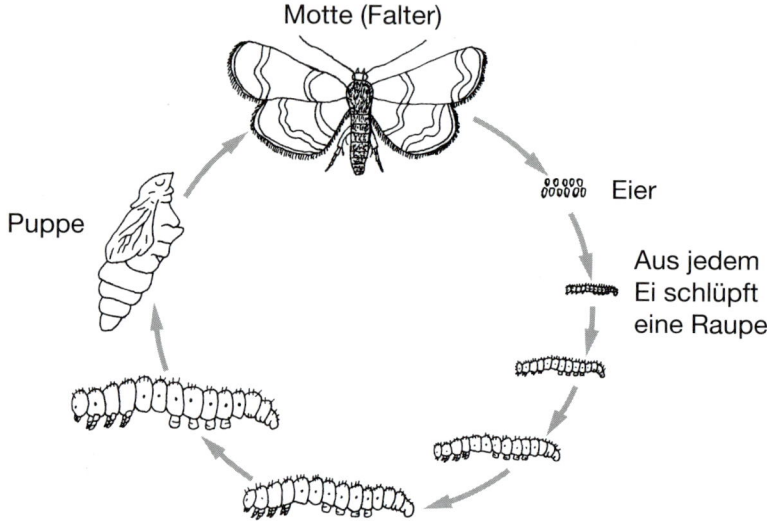

Motte (Falter)

Puppe

Eier

Aus jedem Ei schlüpft eine Raupe

Raupen (5 Stadien in der Regel)

Entwicklung einer Schabe

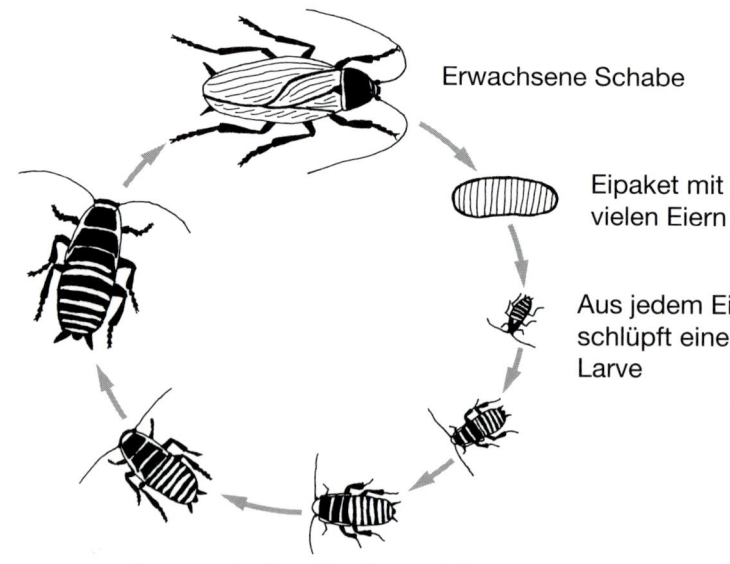

Erwachsene Schabe

Eipaket mit vielen Eiern

Aus jedem Ei schlüpft eine Larve

Larvenstadien (5 oder mehr)

Entwicklung

Käfer in unserer Nahrung

Käfer sind fast überall auf der Erde zu finden. In alten Kulturen gab es Käfer, die als heilig und als Symbol der Auferstehung galten, weil sie immer dann auftauchten, wenn sich die Erde nach Katastrophen wieder erholte.

Viele Käferarten sind für die Land- und Forstwirtschaft nützlich, andere treten als Wald- und Pflanzenschädlinge in Erscheinung. Zahlreiche Käferarten lieben auch unsere Häuser, vor allem, wenn sie Nahrung und Abfälle vorfinden. Dann kommt es zu Massenbefall.

Die meisten Käfer fliegen

Käfer sind Insekten, die deutlich gegliedert sind. Sie haben drei Bein- und zwei Flügelpaare. Das obere, für uns sichtbare Flügelpaar, ist hart und fest und unterstützt nur das darunterliegende zweite Flügelpaar beim Fliegen. Es gibt auch Käfer, die nicht fliegen können. Am Kopf befinden sich Beiß- und Tastwerkzeuge und seitlich Fühler und Augen.

Die Entwicklung der Käfer verläuft wie bei den Motten. Aus den Eiern schlüpfen Larven, die sich nach einigen Häutungen verpuppen. Nach der Puppenruhe schlüpfen die voll entwickelten Käfer.

Bescherung nach dem Urlaub

Urlauber können bei ihrer Rückkehr zerfressene oder angefressene Nahrungsmittel, Kleider, Teppiche, Bücher und vieles mehr vorfinden. Käfer sind sehr häufig in Vorräten anzutreffen.

In die Küche werden sie hauptsächlich mit der Nahrung eingeschleppt. Auf dem Land wandern oder fliegen sie häufig zu.

Speckkäfer

Der Speckkäfer frißt bevorzugt Speck, Schinken, Trockenwürste sowie Felle und Häute. Findet er keine tierische Nahrung, so kann er auch an pflanzlichen Lebensmitteln wie Schokolade zu finden sein. Seine Larven werden bis zu 14 mm lang und sind stark behaart. Die Grundfarbe des Käfers ist braunschwarz mit hellen Haarbinden auf den Flügeln. Er wird 8 – 11 mm groß. Empfindliche Menschen können auf die Haare seiner Larven allergisch reagieren.

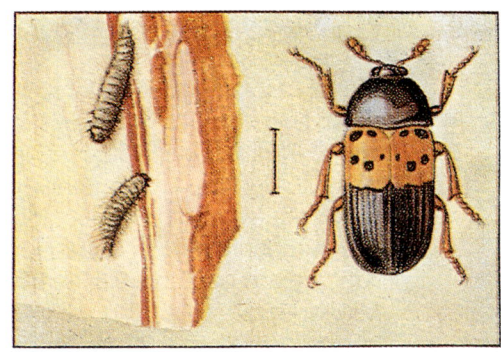

Speckkäfer

Speckkäfer-Larven

Mehlkäfer

Er ist schwarzbraun gefärbt und wird
bis zu 18 mm lang. Seine Larven
sind die sogenannten „Mehlwürmer".
Diese sind gelblichbraun und bis zu
20 mm lang. Das Weibchen legt ca.
200 Eier. Die Gesamtentwicklung
dauert mindestens 1 Jahr – daher ist
ein Massenbefall selten. Er befällt vor
allem Mehl und Getreideprodukte,
aber auch viele andere tierische und
pflanzliche Materialien. Das Mehl
wird bei Befall klumpig und riecht
muffig.

Getreideplattkäfer

Dieser braune, flache Käfer wird 3 mm
groß, seine gelblich glänzenden Larven 3 – 4 mm. Das Weibchen legt
ca. 150 Eier. Die Gesamtentwicklung
ist in 1 – 2 Monaten abgeschlossen.
Die durchschnittliche Lebensdauer
liegt jedoch bei 6 bis 9 Monaten.
Minustemperaturen (bis -5° C) kann
er einige Tage überleben. Der Käfer

und seine Larven ernähren sich von
Getreide, Getreideprodukten, Nüssen
und von anderen kohlehydratreichen
Produkten. Das Getreide wird feucht-
klumpig, läßt sich schlecht mahlen
und verliert seine Backfähigkeit.

Mehlkäfer mit Larven

Getreideplattkäfer an Haferflocken

Kornkäfer

Der Kornkäfer ist der häufigste
Getreideschädling und richtet großen
Schaden an. Er kommt aus den Tropen und vermehrt sich bei Wärme
besonders schnell. Er wird im Durch-

schnitt 3,8 – 5,1 mm groß. Das Weibchen legt etwa 100 Eier. In jedes Korn wird nur ein Ei gelegt. Die Larve höhlt das Korn von innen aus. Der Kornkäfer hat eine Gesamtentwicklungszeit von 1,5 – 6 Monaten (je nach Temperatur). Dieser Käfer kann auch ohne Nahrung einige Monate auskommen.

Kornkäfer

Brotkäfer

Dieser Käfer wird nur 2 – 3 mm groß und befällt ein großes Spektrum pflanzlicher und tierischer Produkte, wie Backwaren, Hartgebäck, Suppenwürfel, Gewürze, Schokolade, Tiernahrung, Trockenfisch und auch extrem trockenes Material. Brotkäfer können sogar Salzteiggebäck und Chiligewürz fressen. Das Weibchen legt ca. 100 Eier, die sich innerhalb eines Jahres zu geschlechtsreifen Tieren entwickeln. Die weißen Maden sehen wie Miniatur-Engerlinge aus. Der Schaden ist nicht zu übersehen.

Reismehlkäfer

Dieser 2,5 – 6 mm große Schwarzkäfer wurde eingeschleppt. Das Weibchen legt seine ca. 20 – 30 Eier in Getreideprodukte. Je nach Temperatur entwickeln sich im Jahr mehrere Generationen, da die Entwicklung nur etwas länger als einen Monat dauert. Nach Befall kann unangenehmer Geruch entstehen, das Mehl verliert seine Backfähigkeit. Die Schädlinge befördern leere Larvenhäute an die Oberfläche.

Reismehlkäfer

Brotkäferbefall

Speisebohnenkäfer

Er wird bis zu 3 mm groß, ist gelb-
grün mit hellgrauen Flecken, seine
Larven sind weißlich. Er kommt
hauptsächlich an Bohnen und anderen Hülsenfrüchten vor. Nach dem
Schlüpfen bohren sich die Larven in
die Bohne hinein und fressen im
Inneren der Bohne bis zur Verpup-
pung weiter. Der geschlüpfte Käfer
frißt sich nach außen durch. In Mitteleuropa kann der Käfer nicht überwintern und auch in einem kalten
Lager stirbt er ab (der Entwicklungs-
nullpunkt liegt bei 12° C).

Reiskäfer

Speisebohnenkäferbefall

So können Käfer und befallene Körner entfernt werden:

Befallenes Getreide und Hülsen-
früchte in Wasser legen und die
oben schwimmenden Tiere und
Körner mit einem Haarsieb
abfischen.

Reiskäfer

Reiskäfer, Maiskäfer und Kornkäfer
sehen sich sehr ähnlich und haben
die gleichen Lebensansprüche. Sie
gehören zu den Rüsselkäfern. Der
Reiskäfer ernährt sich ähnlich wie
der Kornkäfer, er ist nur etwas kleiner (2,5 – 3,5 mm). Auf seinen Flügeldecken befinden sich je zwei rötliche
Flecke. Wie der Kornkäfer wurde er
bei uns eingeschleppt und kann sich
nur bei Wärme vermehren.

Verschiedene Käfer, wie der Kräuterdieb, Messingkäfer, Pelzkäfer u.a. können sowohl in Vorräten, als auch in
Wohnräumen auftreten (siehe S. 109 ff).

Vorratskäfer vorbeugen und bekämpfen

Es gelten die gleichen Empfehlungen
wie für Lebensmittelmotten, allerdings
gibt es für Vorratskäfer derzeit bei uns
keine Pheromonfallen, in USA sind
sie bereits erhältlich (siehe S. 26 f)

Milben – Maulwürfe im Mehl

Die Milben, achtbeinige Spinnentiere, sind die problematischsten Vorratsschädlinge, weil sie sehr klein und kaum sichtbar sind.

Die einzelnen Milben unterscheiden sich durch unterschiedliche Beine, Haare, Borsten, Krallen, Saugnäpfe und Haftlappen. Milbenweibchen legen Eier aus denen sich 6-beinige Larven entwickeln. Auch diese Larven sind gefräßig.

Milben bedeutet soviel wie „Kompaktes in Staub und Mehl verwandeln". Milben spielen bei der Auflösung toter Lebewesen und Pflanzen im Naturhaushalt eine große Rolle. Im Küchenbereich kommen nur wenige der insgesamt ca. 60 000 Milbenarten vor.

Es gibt noch viel zu erkunden

Hinsichtlich der medizinischen Bedeutung von Milben besteht derzeit noch ein großer Forschungsbedarf, obwohl sich die Milbenforscher weltweit organisiert haben und regelmäßig treffen.

Wer kennt schon Nahrungsmilben?

In den Vorräten kommen vor allem Mehl-, Backobst- und Käsemilben vor. Sie bevorzugen Mehl, Körner, Käse, Backzutaten, getrocknete Früchte, Nüsse, offene Soßen- und Fertigsuppenpackungen, Gewürze, Marmelade und Tierfutter.

Zum einen kommen die Milben bereits mit der Nahrung ins Haus zum anderen wandern sie auch von Nahrung zu Nahrung. Sie nutzen Käfer und Motten, an die sie sich klammern und ansaugen, gerne als Transportmittel. Die häufigsten Nahrungsmittelmilben sind gerade noch erkennbar. Wer sich nicht sicher ist, sollte die Lupe nehmen.

Allergien durch Milben!

Mit Milben verunreinigte Nahrung kann zu schweren Allergien führen. Es kann Fieber hervorgerufen werden, Kopfschmerzen können auftreten, und auf der Haut können Bläschen und Pusteln entstehen, die sich über den ganzen Körper ausbreiten. Auch können schwerwiegende Magen- und Darmreaktionen und Asthmaanfälle die Folge des Verarbeitens und Verzehrs milbenbefallener Nahrung sein.

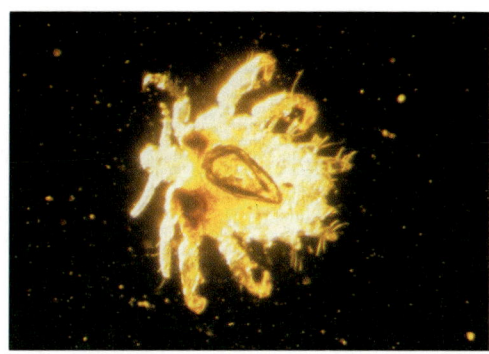

Milbe

Mehlmilben

Hierbei handelt es sich um kleine sackartig aussehende 8-beinige Tierchen, die 0,1–0,6 mm groß und hellgelb sind. Bei Zimmertemperatur beträgt die Entwicklungsdauer 17 Tage. Mehlmilben können Saugnäpfe am Körper haben, die es ihnen ermöglichen, sich an größeren Tieren festzusaugen und transportieren zu lassen, wenn sie sich satt gefressen haben. Sie gehören zu den Modermilben und lieben es feucht und warm. Bei Wärme und Feuchtigkeit gedeihen sie am besten. Der von ihnen verursachte Schaden ist enorm. In unseren Küchen befallen sie in erster Linie Mehl, Müsli, Korn und andere getrocknete, pflanzliche Nahrungsmittel.

Von Milben befallene Nahrung erkennt man am hellen Belag, süßlichem Geruch und krümeliger Konsistenz. Auch wenn der Kuchen nicht „geht", kann milbenbefallenes Mehl die Ursache sein.

Mehlmilben

Milbenbefall erkennen

Mehl auf einem Teller glattstreichen und warm stellen. Bleibt die Oberfläche nach 1/2 Stunde glatt, so ist das Mehl milbenfrei. Sind kleine Unebenheiten entstanden, so sind Milben vorhanden. Milben arbeiten sich wie Maulwürfe nach oben.

Mehlmilben vorbeugen und bekämpfen

Was für Motten und Käfer gilt, ist auch für die Milbenbekämpfung gültig. Vorräte möglichst kühl, gut gelüftet und trocken aufbewaren. Haltbarkeitsdaten nicht überschreiten.

Durch 10 minutiges Erhitzen von Müsli und Korn auf 60° C können Milben abgetötet werden. Allerdings wird auch die Keimfähigkeit beeinträchtigt. Geringe Milbenzahlen werden vom Körper normalerweise toleriert. Für Allergiker liegen die Gefahren in den Ausscheidungen der Milben, die auch noch nach der Erhitzung zu allergischen Reaktionen führen können.

Käsemilben

Sie sind 0,5 mm groß, lieben besonders alten Käse und getrocknetes
Fleisch und sind am hellen Belag
eventuell mit einer Lupe zu erkennen.
Nicht jeder helle Belag bedeutet Mil-
benbefall. Wird der Käse nicht
gepflegt und zu warm aufbewahrt, so
kann er zerfressen werden. Er wird
mit den Auswurfstoffen der Milben
verunreinigt und zerfällt nach und
nach. Die Vermehrung der Käsemilben geht rasch vor sich. Die Gesamtentwicklung beträgt 2 Wochen.

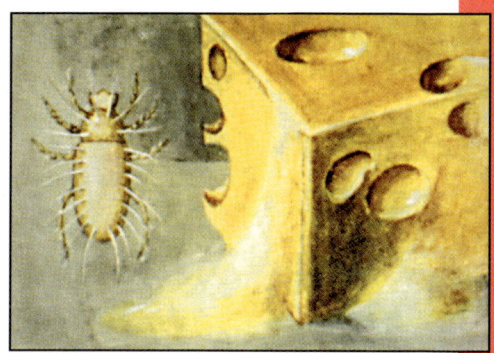

Käsemilbe

2

Milben für Feinschmecker

In Frankreich wird ein Milbenkäse
hergestellt, der bei Feinschmeckern
beliebt ist. Bei Allergikern, aber auch
anderen Verbrauchern, kann dieser
Käse nach Verzehr einen „verdorbe-
nen Magen" zur Folge haben.

Vorbeugen

Käsemilben sind eigentlich harmlose
Mitesser, sofern sie sich nur auf der
Schale des Käses, dem Bündner
Fleisch oder den Hauswürsten auf-
halten. Natürlich müssen sie vor Ver-
zehr entfernt werden, indem man die
Ware mit einem sauberen trockenen
Tuch gründlich abreibt oder die
Schale entfernt.

**Weitere für uns Menschen
bedeutende Milben sind:**

die Krätzemilben (siehe S. 148 f),
die Hausstaubmilben (siehe S. 97 ff)
und die Modermilben (siehe S. 88 f).

Nahrung

Louis Pasteur (1822 – 1895) lieferte den wissenschaftlichen Beweis, daß Gärung und Verderbnis von Lebensmitteln durch Kleinstorganismen verursacht werden. Er stellte fest, daß durch kurzes Erhitzen auf etwa 60° C die meisten Kleinstorganismen abgetötet werden. Seitdem wird in den Molkereien die Milch hitzebehandelt (pasteurisiert) – was zum Rückgang der Säuglingssterblichkeit beigetragen hat.

Kein Leben ohne sie

Zu den Kleinstlebewesen gehören die Mikroben, auch Mikroorganismen genannt. Das können Bakterien, Urtierchen und Pilze sein. Sie werden als Motoren verschiedener Stoffkreisläufe angesehen und sind für das biologische Gleichgewicht von großer Bedeutung. Es gibt sie überall auf der Welt. Ohne sie könnten Pflanzen, Tiere und Menschen nicht leben. Mikroben sind bei der Verrottung von Pflanzen zu fruchtbarem Boden unersetzlich.

Einige helfen uns

Für die Entstehung von Essig und Wein werden sie gebraucht. Zur Herstellung von Käse, Backwaren und Joghurt werden sie gezielt eingesetzt. Darüber hinaus helfen sie uns, im Darm die Nahrung zu verwerten. Einige Bakterienarten sind in der

Lage, schädliche Erreger zu vernichten. Deshalb ist ein Darm mit intakter Darmflora für unsere Gesundheit sehr wichtig. Abführmittel dagegen, denen zu viele kleine Verdauungshelfer zum Opfer fallen, sind schädlich.

Einige können uns krank machen

Leider gibt es auch Kleinstlebewesen, die sich im Körper schnell ausbreiten und großen Schaden anrichten. Bestimmte bösartige Typen können sogar zum Tode führen. Die größte Gefahr besteht bei Operationen, wenn Erreger direkt ins Gewebe oder in die Blutbahn gelangen – deshalb wird die Hygiene im Krankenhaus besonders groß geschrieben.

Die „Magen-Darm-Grippe" ist oft eine Lebensmittelvergiftung

Auch über Schleimhäute, Lunge und Körperöffnungen können Mikroorganismen in den Körper gelangen. Das größte Krankheitsrisiko geht aber von Nahrungsmitteln aus, die von Kleinstlebewesen besiedelt wurden. Lebensmittelinfektionen oder -vergiftungen aufgrund des Verzehrs von mit Mikroben befallener Nahrung sind sehr häufig und werden meistens als Magen-Darm-Grippe oder Kreislaufschwäche abgetan.

Vernachlässigung mit Folgen

In den Küchen werden die mit dem bloßen Auge nicht erkennbaren Lebewesen immer öfter vernachlässigt. Das bestätigte auch eine groß angelegte Untersuchung der Weltgesundheitsorganisation (WHO). Diese erfolgte aufgrund der weltweiten Zunahme von Erkrankungen und Todesfällen durch verdorbene Lebensmittel.

Regelmäßige Desinfektion ist unnötig

Daraus darf nicht gefolgert werden, daß gegen diese Krankheitsverursacher in unseren Küchen stärker mit Giften vorzugehen ist. Immer mehr Wissenschaftler, besonders Biologen, Chemiker und Hygieniker erkennen mittlerweile, daß eine breitangelegte, regelmäßige Desinfektion im Haushalt mehr schadet als nützt. Die meisten Organismen sind nicht krankmachend. Sie schützen uns gewissermaßen, denn solange diese unproblematischen Kleinstlebewesen vorhanden sind und unser Umfeld besetzt halten, ist die Gefahr für unsere Gesundheit gering, auch wenn sich daneben eine kleine Zahl von krankmachenden Organismen befindet.

Unser Abwehrsystem fit halten

Erreger, so werden krankmachende Mikroorganismen genannt, werden von unseren Abwehrzellen, nützlichen Bakterien und weißen Blutkörperchen bekämpft und in Schach gehalten. Wenn unser Abwehrsystem intakt ist, kann es durch die kontinuierliche Aufnahme und Vernichtung einer bestimmten Anzahl von Bakterien sogar fit gehalten werden. Die meisten Krankheitserreger sind erst in Massen eine Gefahr. Es gibt aber auch einige Mikroorganismen, die uns zur Zeit sehr zu schaffen machen und von denen schon geringe Mengen ausreichen, um ernsthaft zu erkranken (z.B. Salmonella enteritidis PT4).

Mikroorganismen durch Schabenlaufspuren auf Speisen

Übertragung durch Schaben, Heimchen und Fliegen

Weitere Krankheitsverursacher im Zusammenhang mit dem Essen sind parasitisch lebende Urtierchen und Würmer. Schaben, Heimchen, Fliegen und andere Gesellen in der Küche sind nur deshalb für uns gefährlich, weil sie krankmachende Kleinstlebewesen, Viren und Würmer verbreiten und übertragen können (Viren sind allerdings keine Lebewesen, sondern in Zellen eingedrungene und nur mit diesen übertragbare Objekte).

Unsaubere Hände können schlimmer sein

Viel größere Gefahren gehen jedoch von uns Menschen selbst aus. In diesem Zusammenhang muß Prof. Ignaz Semmelweis aus Wien erwähnt werden, der 1851 aufgrund von Beobachtungen folgerte, daß über die Hände der ärztlichen Geburtshelfer Erreger übertragen werden, die das Kindbettfieber der Mütter auslösen und deren Tod verursachen können.

Krankheitsüberträger Nr. 1

Auch wenn wir lieber Küchenschaben, Fliegen, Ameisen und andere uns unangenehm erscheinende Tierchen für die Übertragung von gesundheitsgefährdenden Kleinstlebewesen verantwortlich machen wollen, so sind wir Menschen mit unseren Händen der Krankheitsüberträger Nummer Eins. Vergleichen wir die Berührungsfläche von Schaben, Ameisen und Co., so ist diese im Vergleich zu unserer Hand sehr gering. Unter unseren Fingernägeln haben Wurmeier und Mikroorganis-

Mikroorganismen durch Hände auf Speisen

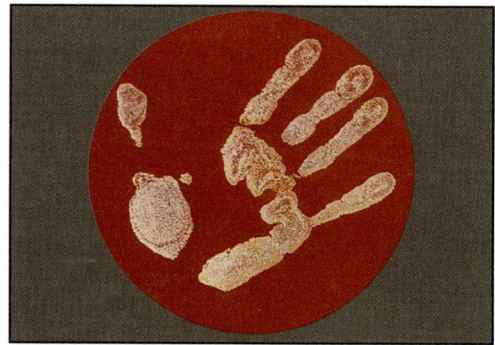

Vor dem Händewaschen

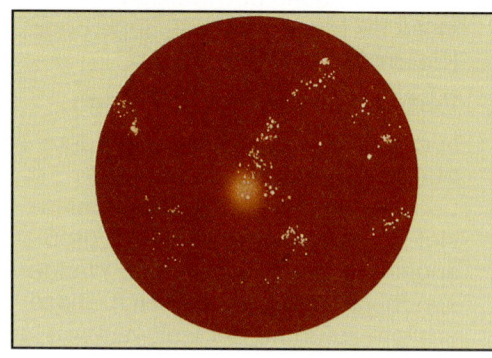

Nach dem Händewaschen

men Platz, ebenso wie auf unseren Handflächen. Besonders geeignete Überträger sind die Haare, die voll von Bakterien sind. Auch durch Niesen und Husten auf die Nahrung werden jedesmal ganze Bakterienkolonien verteilt.

Tatort Küche

Nach dem Gesetz machen sich Personen strafbar, wenn durch die von ihnen zubereiteten Lebensmittel andere erkranken. Viele Menschen werden, ohne es zu wissen, zu Tätern – können sie doch die kleinen Krankheitsverursacher nicht sehen und oft verdorbene Ware nicht erkennen. Nur durch vorsorgliches Verhalten kann man sich schützen, und dazu sind Informationen und praktische Anleitungen nötig. In vielen Lehrplänen sind Ernährungslehre und Haushaltspraxis, die für unser Wohlergehen so wichtig sind, nicht enthalten. An Schulen werden Mikroorganismen zwar im Biologieunterricht behandelt – zwischen Theorie und Praxis liegen aber Welten.

Lebensmittelerkrankungen immer häufiger

Die Zahl der lebensmittelbedingten, meldepflichtigen Infekte und Vergiftungen nimmt seit den 50er Jahren ständig zu. 1992 wurden in der Bundesrepublik 248 986 Fälle gemeldet, davon allein 195 081 Salmonella enteritidis Infektionen. Nur aufgrund der neuen Salmonellenverordnung und entsprechender Aufklärungskampagnen konnte im Jahre 1993 bei den Salmonellenerkrankungen ein Rückgang von 30 % verzeichnet

werden. Dabei gehen Experten von einer Dunkelziffer von bis zu einem 12-fachen der gemeldeten Fälle aus. Das hieße 1993 ca. 2 500 000 lebensmittelbedingte Infekte in der BRD. Die Dunkelziffer betrifft vor allem Privathaushalte, wo nach dem Verzehr verdorbener Nahrungsmittel nur einzelne Personen erkranken und der Krankheitsursache nicht nachgegangen wird.

Wie kommt es zu Lebensmittelvergiftungen?

Die Ursachen bei den gemeldeten Lebensmittelvergiftungen waren nur zu ca. 25% Herstellungsfehler. Bei ebenso vielen Fällen waren zu lange Lagerzeiten und falsche Lagerbedingungen der Grund. Als weitere Ursachen wurden Erhitzungsfehler, unhygienische Rohware und unsachgemäßer Transport angegeben. In jeweils 20 % der Fälle spielte Hygienemangel und das Übertragen durch Ausscheider eine Rolle – was bedeutet, daß die Keime von Mensch zu Mensch gewandert sind, und zwar vom After über die Hand in den Mund!

Bei diesen Speisen aufpassen!

Die meisten Lebensmittelerkrankungen traten in den letzten Jahren nach dem Verzehr von Geflügel, Eiern, Fleisch und Milch sowie daraus zubereiteten Produkten auf. Bedeutend sind auch die Erkrankungszahlen aufgrund des Verzehrs von Feinkostsalaten, Fisch und Meerestieren. Nur wenige Krankheitsfälle waren auf den Genuß pflanzlicher Lebensmittel und auf belastetes Wasser zurückzuführen.

Salmonellen, Shigellen und Co.

Bakterien und Pilze vermehren sich, indem sie sich teilen oder Sporen bilden; diese reifen dann wieder zu Bakterien und Pilzen heran. Besonders die Sporen sind sehr widerstandsfähig. Es ist Wissenschaftlern sogar gelungen, aus den am „Ötzi" (dem jüngst entdeckten Eiszeitmenschen) gefundenen Sporen Mikroorganismen zu züchten. Sporen können selbst dann überleben, wenn die Bakterien und Pilze, von denen sie abstammen, bereits abgestorben sind.

Darüber hinaus scheiden Mikroorganismen Stoffe aus, die sehr giftig (toxisch) sein können. Diese Gifte sind oft so stabil, daß sie selbst durch Erhitzen nicht unwirksam werden. Besonders giftig ist das Ausscheidungsprodukt der Bakterienart Clostridium botulinum.

So fühlen sie sich am wohlsten

Unter idealen Bedingungen – Nahrung, Feuchtigkeit und Wärme –

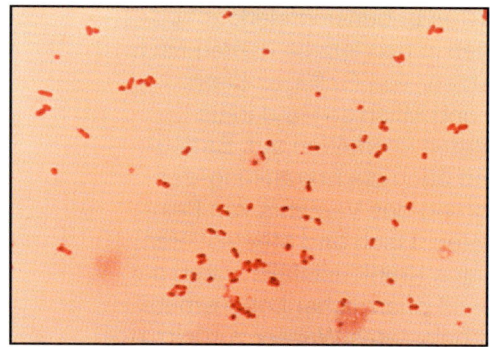

Mikroaufnahme von Salmonellen

vermehren sich Mikroben in Massen. Besonders häufig sind sie in menschlichen und tierischen Eingeweiden und Ausscheidungen, auf Tierkadavern sowie in tierischen und pflanzlichen Abfällen zu finden.

Unterschiedliches Aussehen

Einige der Mikroben benötigen Luft (aerob), für andere ist Luft schädlich (anaerob). Manche haben feste Hüllen, so daß ihnen auch schwache Säuren nichts anhaben können. Es gibt viele verschiedene Mikroorganismen mit unterschiedlichen Lebensansprüchen, so daß sich zum Zersetzen jeder Nahrung immer spezielle Typen finden. Ist die Nahrung aber stark gesalzen, hat sie einen sehr hohen Zuckergehalt oder enthält viel Essig, dauert es schon länger, bis sich der richtige Mikroorganismus zur Zersetzung einfindet.

Hier haben sie die besten Vermehrungsmöglichkeiten

Temperaturen zwischen 10° C und 60° C bieten den Mikroorganismen Vermehrungsmöglichkeiten. Eine Temperatur zwischen 35° C und 45° C ist ideal.

Krankheitssymptome erst später

Wenn im Sommer Milch, Nachspeisen, Torten, Feinkostsalate oder sogar Hackfleischbrötchen stundenlang ungekühlt herumstehen und anschließend noch verspeist werden, muß man schon sehr widerstandsfähig sein, um dies ohne Krankheitssymptome zu überstehen. Stellen sich innerhalb der nächsten 24 Stunden Übelkeit, Durchfall und Erbrechen ein, kann auf einen Zusammenhang mit der eingenommenen Nahrung geschlossen werden. Es handelt sich hierbei um eine Reaktion auf die giftigen Ausscheidungsprodukte der Kleinstlebewesen. Im Verlauf der Erkrankung werden dabei oft auch die Mikroorganismen ausgeschieden, so daß es sich um eine kurze Erkrankung handelt.

Wenn viele Stunden später allerdings grippeähnliche Erscheinungen auftreten, wird der Zusammenhang mit dem Essen oft nicht mehr erkannt und man spricht lapidar von einer Magen-Darm-Grippe.

Sie lieben keine Kälte!

Unter +5° C können sich die häufigsten Lebensmittelvergifter nicht vermehren. Das sind z.B. die Salmonellen, Clostridien und Staphylococcen. Listerien, die seltener vorkommen, aber ebenso schlimme Erkrankungen verursachen, stellen ihre Vermehrung erst unter +2° C ein. Andere Bakterien, Pilze und Hefen können sich bis zu -5° C vermehren.

Im Kühlschrank sicher?

Das bedeutet, daß sich in einem Kühlschrank, der auf mehr als +5° C eingestellt ist, die Lebensmittelvergifter weiterhin vermehren können. Auch unter +5° C ist im Kühlschrank aufgehobene Ware nur begrenzt haltbar. Erst beim Tiefgefrieren unter -20° C stellen alle Mikroorganismen ihre Vermehrung ein. Aber selbst die Tiefkühlprodukte sind im Tiefkühlschrank oder der -truhe nur eine begrenzte Zeit haltbar, da chemische Prozesse, wie z.B. Fettverderb, auch bei -20° C fortschreiten können.

Man muß ihnen ordentlich einheizen!

Wirksamer gegen Mikroorganismen ist Hitze. Erhitzt man Nahrungsmittel auf 60° C, so werden bereits viele hitzeempfindliche Keime abgetötet. Um Nahrung (z.B. Milch) kurzfristig haltbar zu machen, wird sie auf 90° C oder kurzzeitig höher erhitzt und anschließend schnell abgekühlt. Hitzeunempfindliche Keime sterben dabei jedoch nicht ab. Auch die Sporen der Erreger werden nicht abgetötet, aber sie bereiten kurz nach dem Erhitzen noch keine Probleme.

Es darf nicht nur außen heiß sein

Beim Erhitzen der Nahrung auf 100° C (= kochen) können auch gefährliche Bakterien wie die häufig vorkommenden Staphylococcen und die selteneren Clostridien abgetötet werden. Bei Flüssigkeiten reicht das kurze Aufkochen aus, nicht aber bei festen Nahrungsmitteln. Diese müssen auch im Inneren, z.B. bei Hackfleischprodukten, die Temperatur von 100° C erreicht haben. Ebenso werden die Keime abgetötet, wenn eine Kerntemperatur von 70 – 80° C mindestens 10 Minuten eingehalten wird.

Unter dem Mikroskop wimmelt's

Die höchsten Keimzahlen im Küchenbereich weisen vor allem auf: der Abfalleimer, schmutzige Hand- und Putztücher, ungewaschene

Hände, Tatar, abgehangenes Fleisch, Geflügel, älterer Fisch, kotverschmierte Eier, Gewürze wie Pfeffer und Paprika, ungewaschene Salate und Gemüse, das Erdberührung hat, z.B. Lauch, Radieschen, Sellerie, Karotten u.a.

Auch so mancher unsaubere, schlecht geführte und zu wenig gekühlte Kühlschrank fungiert als „Bakterienschleuder".

Schnelles Abkühlen ist wichtig

Frisch zubereitete, sachgemäß gegarte Speisen weisen die niedrigsten Keimzahlen auf. Sie bieten den Erregern aber, wenn sie flüssig oder feucht sind, den besten Nährboden. Kühlen sie langsam ab, so können sich noch während des Abkühlens (besonders zwischen 35 – 45° C) die nicht abgetöteten Sporen zu fertigen Mikroorganismen entwickeln. Wird das Essen nur bei Temperaturen von 35 – 55° C warm gehalten, dann freuen sich Salmonellen und Co., denn bessere Brutmöglichkeiten können sie nirgends finden.

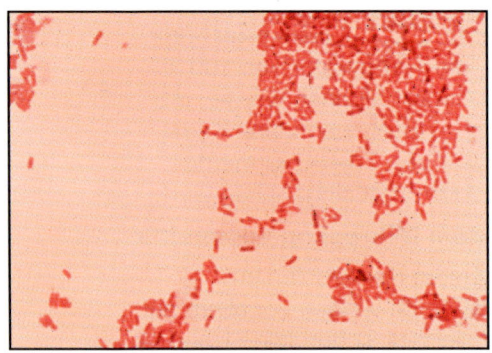

Mikroaufnahme von Escherichia coli

Sind die Erreger heute gefährlicher?

Nicht alle verderbniserregenden Mikroben sind gleichermaßen schädlich. Manche verbreiten nur Geruch oder fördern die Fäulnis. Viele gefährliche Erreger der Vergangenheit sind bedeutungslos geworden. Neben den schon lange bekannten Krankheitserregern bilden sich aufgrund von Umwelteinflüssen und anderen Faktoren immer wieder neue Erregertypen heraus, von denen einige uns Menschen stärker zusetzen als ihre Vorgänger.

Welches sind derzeit die häufigsten Krankheitserreger?

Die derzeit häufigsten meldepflichtigen Krankheitsverursacher in Speisen und Getränken sind die Salmonellen, Clostridium botulinum, Staphylococcen und Shigellen.

In der Statistik über Lebensmittelinfektionen sind außerdem die Bakterien Escherichia coli, Campylobacter, Bacillus cereus, Listerien, Streptococcus und Yersinia enterocolitica mit jeweils 0,3 – 2,3 % je Erreger aufgeführt.

Darmbakterien – wie sie sich auswirken

Darmbakterien (Enterobakterien) befinden sich vorwiegend im Darm von Tieren und Menschen. Sie bilden keine Sporen, sondern vermehren sich durch Querteilung. Sie haben die Fähigkeit, Kohlehydrate abzubauen. Zu dieser Gruppe gehören neben unproblematischen Vertretern viele krankmachende Gattungen.

Das sind vor allem die Salmonella enterititis oder Salmonella typhi, Salmonella paratyphi u.a., die Salmonelleninfektionen, Typhus und Paratyphus verursachen. Auch die Erreger der uns allen bekannten Ruhr – die Shigellen – gehören zu den Enterobakterien.

Salmonellen

Seit 1986 hat ein bestimmter Salmonellentyp – die Salmonella enteritidis, Phagentyp 4 (zuerst in Großbritannien bekanntgeworden), in ganz Europa zu einem Anstieg der Salmonellenerkrankungen beim Menschen geführt.

Von den gemeldeten Salmonellenerkrankungen konnten die meisten auf den Verzehr von belasteten Hühnern, Eiern oder Hackfleisch zurückgeführt werden. 1993 hatte eine Untersuchung zum Ergebnis, daß über 50 % der im Handel erhältlichen Tiefkühlhähnchen Salmonellen und andere Keime aufweisen. Salmonellen sind Bakterien, die uns sehr krank machen können. Während Salmonellen durch Hitze gut abgetötet werden, sind ihre Stoffwechselprodukte sehr temperaturbeständig und können zur Vergiftung führen.

Gesundheitliche Auswirkungen

Eine Salmonellen-Toxin-Vergiftung macht sich bereits kurz nach dem Verzehr verdorbener Lebensmittel durch starke Übelkeit und Erbrechen bemerkbar.

Die Zeit zwischen dem Verzehr salmonellenverseuchter Nahrung und dem Ausbruch einer Salmonellenerkrankung beträgt jedoch 6 – 8 Stunden und länger. Es kommt zu Fieber, Durchfall, Übelkeit und Erbrechen. Da das Krankheitsbild bei ansonsten gesunden Menschen einer Magenverstimmung gleicht, stellen viele Betroffene erst spät oder nie fest, daß sie sich mit Salmonellen infiziert haben. Für Säuglinge und ältere Menschen aber, kann die Krankheit gefährlich, ja sogar tödlich sein.

Auf das Frühstücksei verzichten?

Bei manchen Verbrauchern wurden Reaktionen, wie der Verzicht auf das Frühstücksei, ausgelöst. Nach Untersuchungen ist die Wahrscheinlichkeit, ein im Inneren mit Salmonellen befallenes, frisches Ei zu erwischen, gering. Viel größer ist die Wahrscheinlichkeit, daß beim Eierlegen salmonellenhaltiger Kot die Eischale verschmiert. Ist das Ei frisch und wird das Innere des Eies durch seine intakte, natürliche Schale geschützt, so können die Salmonellen nur schwer eindringen. Gefahr droht vorallem dann, wenn das Ei angeschlagen oder älter als 2 Wochen ist und ungekühlt gelagert wird. Die Schale wird nach einiger Zeit porös und die Salmonellen können eindringen. Bei Kühlschranktemperaturen unter +5° C können sich die Salmonellen nicht vermehren.

Shigellen

Shigellen sind die Erreger der bakteriellen Ruhr. Sie können in unseren Körper über Schleimhäute und den

Darm eindringen. Diese Bakterien finden nur im Menschen die Möglichkeit, sich zu vermehren. Sie werden mit Stuhl oder Harn ausgeschieden.

Gesund erscheinende Menschen, bei denen die sichtbaren Krankheitserscheinungen bereits abgeklungen sind, können weiterhin Krankheitserreger beherbergen und ausscheiden. Sie kommen deshalb neben akut Kranken in besonderem Maße als Überträger in Frage. Die Übertragung kann einmal beim direkten Kontakt (Schmierinfektion) oder indirekt über Nahrungsmittel, Fliegen, Schaben und Oberflächenwasser erfolgen.

Die Ruhr bedarf ärztlicher Behandlung

Die bakterielle Ruhr bricht nach 2–5 Tagen aus und macht sich in Form von wässrigen Durchfällen und Übelkeit bemerkbar. Die Stuhlentleerungen können sehr schmerzhaft sein und mit Fieber einhergehen. Der Stuhl kann Schleim, Eiter und Blut enthalten. Die Krankheit dauert 1–2 Wochen. Kranke gehören bei Verdacht auf Ruhr sofort in ärztliche Behandlung. Heute noch sind Ruhrepidemien in den Entwicklungsländern keine Seltenheit. 1992 wurden auch in Deutschland immerhin noch über 2.300 Ruhrerkrankungen gemeldet, 1993 konnte ein Rückgang von ca. 10 % verzeichnet werden. Enges Zusammenleben und hygienisch schlechte Verhältnisse

fördern die Krankheit. Auch Freizeitanlagen ohne ausreichende sanitäre Einrichtungen sind als Übertragungsorte der Ruhr bekannt.

Staphylococcen

Staphylococcus aureus ist der häufigste Verursacher bakterieller Infekte und nach den Salmonellen und Clostridien der schlimmste bakterielle Nahrungsvergifter. Diese Bakterienart ordnet sich in Haufenoder Traubenform an und gedeiht am besten bei einer Körpertemperatur von 37° C. Staphylococcen dringen durch Verletzungen, Haarfollikel oder Schleim in den Körper ein. Die beliebtesten Aufenthaltsorte sind die Haut und die Schleimhäute, besonders im Nasenbereich.

Gesundheitliche Auswirkungen

Bei Staphylococceninfektionen handelt es sich vorwiegend um lokale Entzündungen, die mit Eiterbildung

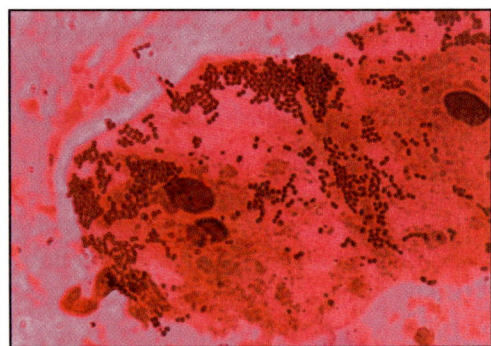

Rachenabstrich mit Staphylococcen

einhergehen. In Ausnahmefällen und bei immunschwachen Menschen können sie zu schwerwiegenden Komplikationen führen. Ihre Ausscheidungen sind so giftig, daß sie nach dem Verzehr von belasteter Nahrung zu Übelkeit, Erbrechen, Durchfall und im Extremfall zum Toxischen-Schock-Syndrom (TSS) führen können.

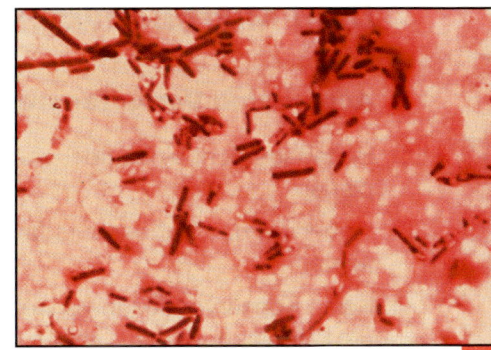

Mikroaufnahme von Clostridium perfringens

2

Clostridium botulinum und Clostridium perfringens – Vorsicht besonders giftig!

Es handelt sich hierbei um anaerobe Bakterien, die sich durch Sporenbildung vermehren. Sie sind besonders problematisch, da sie Eiweiß, Harnstoffe und Zellgewebe zersetzen können.

Die Keime kommen vorwiegend im Boden, im Darm von Tieren und Menschen, sowie in verschmutzten Wunden vor. Da sie sehr hitzeunempfindlich sind, bereiten sie beim Einkochen und bei Konserven große Probleme. Sie sind die Verursacher des Botulismus, einer Lebensmittelvergiftung, die durch den Verzehr der sehr giftigen Ausscheidungsprodukte dieser Bakterienart entsteht.

Gesundheitliche Auswirkungen

Es treten nach Stunden bis Tagen Lähmungen im Nervensystem auf. Es kommt zum Doppelsehen, zu

Schluck- und Sprechschwierigkeiten, Stuhlverstopfungen und trockenen Schleimhäuten. Wird Botulismus nicht behandelt, so kann diese Vergiftung tödlich sein (25–70 %).

Durch Behandlung mit einem Gegengift wird man heutzutage meistens schnell wieder gesund.

Dem Mikrobenwachstum keine Chance!

Allgemeine Verhaltensregeln:

❏ Bedarfsgerecht einkaufen, vorher gut planen.

❏ Immer auf das Haltbarkeitsdatum achten.

❏ Keine Konservendosen verwenden, die kein Vakuum mehr haben oder sogar aufgebläht sind.

❏ Entweichen beim Öffnen von Konserven Gase, so ist der Inhalt ungenießbar.

❏ Niemals in Richtung Nahrung husten oder niesen.

❏ Beim Vorbereiten größerer Speisemengen (z.B. für Feste) Haare mit einem Tuch abdecken.

❏ Zum Probieren immer einen zweiten Löffel zum Entnehmen der Speise verwenden.

❏ Zubereitete Speisen auch während der Arbeit mit Tellern oder Deckeln abdecken.

❏ Wunden, insbesondere eitrige, niemals mit Lebensmitteln in Berührung bringen.

❏ Wunden an den Händen bei der Nahrungszubereitung immer gut mit Verbandsmaterial, Fingerschutz oder Kunststoffhandschuhen abgedeckt halten.

Tips für's Einkaufen

Tiefkühlkost und Kühlware

❏ Auf die Verpackung achten. Ware mit beschädigter Verpackung nicht kaufen. Produkte, bei denen die Vakuumverpackung locker ist, können verdorben sein oder Qualitätsminderungen aufweisen.

❏ Auf einwandfreie Ware achten. Ware aus Tiefkühlgeräten mit Auftauspuren wie Reifbildung, Verformung, Auslaufspuren sowie Ware mit größeren roten, weißen oder grauen Flecken und sonstigen Verunreinigungen kann verdorben sein.

❏ Tiefkühlprodukte, die über der Markierungsgrenze oder dem Truhenrand gelagert sind, sollten nicht gekauft werden.

Eier

❏ Beim Kauf von Eiern auf das Legedatum achten. Für Roheiprodukte und weiche Frühstückseier nur ganz frische und saubere Eier verwenden.

❏ Eier, die älter als 10 Tage sind und ungekühlt im Regal lagern, sollten stehengelassen werden.

❏ Kotspuren auf Eiern sind Verunreinigungen, die beim Zubereiten von Mayonnaisen und anderen Roheiprodukten Probleme bereiten, weil durch die Handhabung leicht Mikroorganismen übertragen werden können.

Salmonellen, Shigellen und Co.

Fleisch

❏ Hackfleisch möglichst frisch zubereiten lassen, vor allem dann, wenn es
roh gegessen werden soll – nur
gekühlt und nicht länger als 12 Stunden aufbewahren.

❏ Besonders bei Fleisch, Geflügel und
Wild auf normales, frisches Aussehen achten.

❏ Es ist zu berücksichtigen, daß sich
an lange abgehangenem Fleisch
viele Bakterien befinden. Zu lange
abgehangenes Fleisch kann bereits
verdorben sein.

❏ Innereien sollten nur frisch nach der
Schlachtung eingekauft, gekühlt aufbewahrt und am gleichen Tag zubereitet werden.

Wurstware

❏ Aufschnittware ist immer frisch ein-
zukaufen, da sie besonders anfällig
ist. Es sollte darauf geachtet werden,
daß die Wurstscheiben nicht mit verunreinigten Händen angefaßt werden. Auf dem Schlachtbrett und auf
der Fleischwaage hat Wurst ungeschützt nichts zu suchen. Das
Fleischmesser darf nur gewaschen
zum Wurstschneiden verwendet werden. Dem Verbraucher ist zu empfehlen, Wurst möglichst im Ganzen
zu kaufen und sie zu Hause zu
schneiden.

Fisch und Krustentiere

❏ Fisch ist nicht lange haltbar. Ungekühlt verdirbt er besonders schnell.
Kaufen Sie deshalb nur dort, wo

davon ausgegangen werden kann,
daß der Fisch frisch ist und er über
Eis angeboten wird. Das Tauwasser
des Eises muß abfließen können.

❏ Für Krabben, Langusten, Muscheln
und andere Meeresfrüchte gilt das
gleiche.

Verpackung und Transport

❏ Verwenden Sie keine Zeitungs-,
Umwelt- und Altpapiere für die Verpackung ungeschützter Lebensmittel.

❏ Eingekaufte Lebensmittel sollten so
schnell wie möglich nach Hause
gebracht und richtig gelagert werden.

❏ Werden Tiefkühlprodukte nicht sofort
verbraucht, so sind sie in einem
Kühlbehältnis nach Hause zu transportieren, damit die Kühlkette nicht
unterbrochen wird.

❏ An warmen Tagen und bei langen
Transportzeiten sind auch Milch,
Milchprodukte, Eier, Fleisch, Fisch,
Meerestiere, Wild und andere Kühl-
produkte in isolierten Behältnissen
nach Hause zu transportieren.

❏ Wird ein von der Sonne aufgeheiztes
Auto zum Transport von Lebensmitteln verwendet, so sollten alle Türen
und der Kofferraum geöffnet werden,
um den Hitzestau zu beseitigen.

❏ Zu Hause sind die leichtverderbli-
chen Lebensmittel sofort in den
Kühlschrank bzw. ins Gefriergerät
nach Vorschrift einzulagern.

Tips zur richtigen Lagerung

❏ Beim Gefriergerät dürfen Temperaturen von -18° C nicht überschritten werden. Der Kühlschrank sollte nicht über +5° C eingestellt werden.

❏ In jedes Kühlgerät gehört ein Kontroll-Thermometer.

❏ Zum Einfrieren die Luft aus der Verpackung streichen oder die Ware vakuumverpacken.

❏ Speisen portionsweise einfrieren.

❏ Aufgetautes Speiseeis nicht noch einmal einfrieren.

❏ Geräte nach dem Öffnen schnell wieder schließen.

❏ Kühlschrank mindestens alle 14 Tage reinigen.

❏ Gefrierware während des Abtauens gut isolieren. Entweder in Kühltaschen mit Akkus aufbewahren oder mit dickem Zeitungspapier von allen Seiten gut einpacken und mit einer Decke abdecken.

❏ Rohe Lebensmittel, wie Eier und Gemüse, von zubereiteter Nahrung wie Wurst, Nachspeisen, Essensresten, Kuchen, Milchprodukten u.a. streng getrennt aufbewahren.

Tips zur Küchenhygiene

❏ Vor der Nahrungszubereitung und nach Unterbrechungen die Hände gründlich waschen.

❏ Auch nach dem Zubereiten von rohen Lebensmitteln die Hände waschen.

❏ Möglichst gekochte und rohe Zutaten nicht gleichzeitig zubereiten oder

vor dem Zubereiten gekochter Ware, besonders wenn diese angefaßt werden muß, erneut die Hände waschen.

❏ Handtücher, Spüllappen und Küchenschürze regelmäßig reinigen.

❏ Küchenwäsche nach dem Gebrauch zum Trocknen ausbreiten.

❏ Nach dem Zubereiten roher Ware die Geräte, Arbeitsbretter und Tischplatten, mit denen gearbeitet wurde, immer mit Seifenreiniger säubern, bevor gegarte Speisen damit weiterbearbeitet werden.

❏ Bretter, auf denen rohe Hähnchen, rohes Fleisch, Fisch oder Wild zugeschnitten wurden, besonders gründlich mit der Bürste und Seifenreiniger unter fließendem Wasser säubern.

❏ Abfallbehältnisse während der Nahrungszubereitung nicht anfassen, ansonsten nochmals die Hände waschen.

❏ Die Hände nicht an der Schürze abwischen.

Tips für's Zubereiten

Salate, Gemüse und Obst

❏ Salatsoßen separat zubereiten und anschließend sofort kühl aufbewahren, wenn sie nicht bald gegessen werden.

❏ Immer mindestens zweimal gründlich waschen.

❏ Erst kurz vor dem Verzehr waschen und zubereiten.

❏ Niemals gewaschen im Abtropfsieb stehen lassen, immer gut trocknen z.B. mit einem sauberen Küchenhand-tuch oder mit der Salatschleuder.

Fleisch, Fisch, Wild, Geflügel und Meeresfrüchte

❏ Tiefkühlgeflügel, Fleisch, Fisch oder Wild möglichst im Kühlschrank auf-tauen. Nicht vergessen, die Ware rechtzeitig in den Kühlschrank zu räumen und entweder separat in der Gemüseschale oder einem Auftau-behältnis auftauen, damit keine Auf-tauflüssigkeit mit anderen Lebens-mitteln in Berührung kommt. Anschließend das Behältnis gründ-lich mit Seifenreiniger abspülen.

❏ Beim Auftauen in der Küche sollte dies ebenfalls in einem separaten, geschlossenen Auftaubehältnis erfolgen, damit keine Keime durch Fliegen, Schaben und andere Tiere verbreitet werden können. Auch die Mikrowelle ist zum Auftauen geeignet.

❏ Hackfleischprodukte, wie Frikadellen und Königsberger Klopse, gut durch-garen. Wenn sie innen noch rosa sind, dann sind sie noch nicht durch-gebraten.

❏ Bratenfleisch eventuell durchschnei-den, damit es schneller gart.

❏ Mit dem Bratenthermometer die Innentemperatur kontrollieren.

❏ Krabben mindestens 10 Minuten schonend garen.

Tips für's Aufheben, Warm-halten und Aufwärmen

❏ Die Warmhaltetemperatur muß mehr als 60° C betragen, ansonsten lieber schnell abkühlen und neu erhitzen.

❏ Nach dem Abkühlen Speisen im Kühlschrank aufbewahren.

❏ Leicht verderbliche Lebensmittel sollten nicht aufgehoben werden.

❏ Werden Suppen, Puddings, Gulasch, Gemüse u.a. in größeren Mengen zubereitet und nicht gleich verzehrt, so sind sie nach dem Kochen in mehrere kleine Behältnisse zum schnellen Abkühlen umzufüllen und anschließend im Kühlgerät aufzube-wahren. Im Winter reicht es, sie geschlossen nach draußen zu stel-len.

❏ Wer Speisereste aufwärmt, sollte sie immer einige Minuten aufkochen.

❏ Auch die Mikrowelle eignet sich zum Erwärmen. Vorsicht, hier werden häufig Fehler begangen: wird die aufzuwärmende Nahrung nicht an allen Stellen heiß genug, dann ent-stehen Brut-Temperaturen für Mikro-ben. Unbedingt die Bedienungsanlei-tung beachten.

❏ Nahrung, die eingekocht werden soll, ist besonders gründlich zu säubern.

2

Urtierchen und Würmer im Essen?

Urtierchen

Es gibt eine Vielzahl von Urtierchen, die uns gesundheitliche Probleme bereiten können. Zu den Urtierchen (Protozoen) gehören auch Toxoplasmen, die die Toxoplasmose hervorrufen. Toxoplasmen werden durch rohes oder ungenügend erhitztes Fleisch oder über den Kontakt mit Katzenkot über den Mund (oral) aufgenommen. Bei Schwangeren kann eine Toxoplasmose-Erstinfektion zu Blindheit und anderen schweren Mißbildungen des Kindes führen.

Bei einer Untersuchung in Tirol wurden bei über 50 % der Frauen im gebärfähigen Alter Antikörper gegen Toxoplasmen festgestellt. Dies bedeutet, daß die Toxoplasmose sehr häufig vorkommt und meist ohne schwere Symptome verläuft. In Ländern, in denen Steaks „englisch" oder „medium" und rohes Hack-fleisch gegessen werden, tritt diese Krankheit häufiger auf als dort, wo hauptsächlich durchgebratenes Fleisch auf den Tisch kommt.

Würmer

Die „Kopfdüngung" von Salaten und Gemüsen mit unbehandelten Abwässern führte nach dem Krieg zu einer „Verwurmung" großer Teile der Bevölkerung. Heute ist der Wurmbefall in unseren Regionen, im Vergleich zu damals, gering. Eine Klärschlammverordnung sorgt dafür, daß nur gut behandelter Klärschlamm auf den Feldern ausgebracht wird. Die „Kopfdüngung" wurde in der Landwirtschaft verboten. „Kopfdüngung" bedeutet, daß Kot und Urin (z.B. Gülle) oder ungeklärte Abwässer auf Pflanzen gelangen.

Würmer im Fleisch

Neben dem Verzehr gereifter Wurmeier mit „kopfgedüngtem" Gemüse können, ebenso wie Toxoplasmen, mit rohem Fleisch auch Finnen aufgenommen werden. Finnen sind die aus den Wurmeiern geschlüpften Larven. Sie können sich in unserem Körper zu Würmern entwickeln.

Urtierchen und Würmer sowie ihre Larven werden beim Durchgaren der Speisen abgetötet.

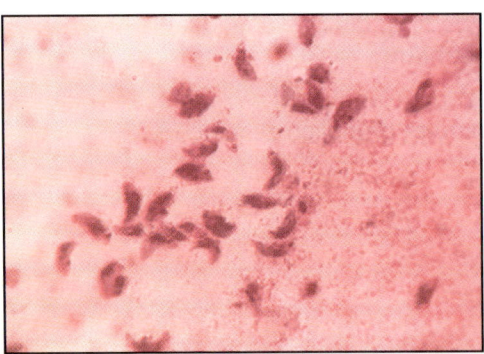

Toxoplasma gondi

Würmer durch Haustiere

Eine weitere Übertragungsquelle ist der Mensch selbst, vom After über die Hand in den Mund. Ebenso kann ein von Tieren verunreinigter Sandkasten für darin spielende Kleinkinder eine Wurminfektion zur Folge haben. Auch die geliebten Haustiere gefährden, wenn sie verwurmt sind, uns Menschen und insbesondere Kinder. Fliegen, Schaben und andere ungebetene Hausgäste können Wurmeier verbreiten.

Lebende „Eifabriken"

Schmarotzende Würmer benötigen immer ein Tier oder einen Menschen, auf dessen Kosten sie sich entwickeln und leben können. Die Wahrscheinlichkeit, über den After in den Mund von Tieren oder Menschen zu gelangen, ist sehr gering. Dies scheint der Grund für ihre unwahrscheinlich hohe Eiproduktion zu sein. So können geschlechtsreife Wurmweibchen bis zu 200.000 Eier pro Tag legen. Diese Eier sowie ihre Larven sind im Freien monatelang haltbar.

Gesundheitliche Auswirkungen

Würmer können Organschäden und Ausfallerscheinungen der Muskulatur und des Nervensystems zur Folge haben. Bei Wurmbefall kann es zu Abszessen, Blinddarmentzündungen, Zystenbildungen, Gallen- sowie Darmkomplikationen u.a. kommen.

Spulwürmer – ihre Larven gehen auf Wanderschaft

2

Sie werden mit „kopfgedüngtem" Salat, Gemüse, Obst und verunreinigtem Wasser aufgenommen. Die Spulwürmer haben eine Länge von ca. 20 cm. Spulwürmer sind weltweit verbreitet und auch bei Hunden die häufigsten Parasiten. Sie gelangen in Form von Eiern in unseren Körper und entwickeln sich zu Larven, die sich durch die Darmwand bohren und im Körper wandern. Damit sie sich zu ausgewachsenen Würmern entwickeln können, müssen sie wieder in den Darm gelangen. Dort leben sie und legen ihre Eier.

Spulwürmer können schwere Komplikationen hervorrufen. Um diese zu vermeiden, ist eine sofortige ärztliche Behandlung angebracht.

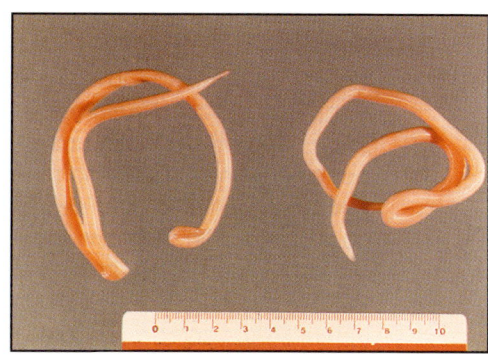

Spulwürmer

Bandwürmer – bis zu 10 m Wurm

Der Rinderbandwurm, auch „Menschenbandwurm" genannt, ist für viele ein Monster, zumal er neben seiner enormen Länge von ca. 10 m auch noch 2 cm große Bandwurmglieder abscheidet. Den Rinderbandwurm handeln wir uns über rohes Rindfleisch ein, in dem sich Larven des Rinderbandwurmes befinden.

Daneben sind für uns Menschen noch der Fischbandwurm, der Hundebandwurm und der Fuchsbandwurm von Bedeutung. Besonders letzterem wurde in jüngsten Pressemeldungen Aufmerksamkeit gewidmet. Es handelt sich hierbei um eine schwere, lebensgefährliche Wurminfektion.

Bekannte Verbreitungsgebiete des Fuchsbandwurmes gibt es in Süddeutschland und Ostdeutschland, aber auch im Odenwald scheint der Fuchsbandwurm, entsprechender Meldungen nach, in Erscheinung zu treten. Der Fuchsbandwurm ist ein Parasit, der über die Nahrung, aber auch offene Wunden in unseren Körper gelangen kann. Fuchsbandwurmerkrankungen sind sehr selten, und es ist ein großer Zufall, wenn ein Mensch Wildfrüchte und Pilze, die mit Kot eines infizierten Fuchses versehen sind, verzehrt. Für die Übertragung durch Wildfrüchte liegt zur Zeit kein wissenschaftlicher Beweis vor.

Gefährdet sind Jäger, Wildschlachter und Tierpräparatoren, wenn sie mit

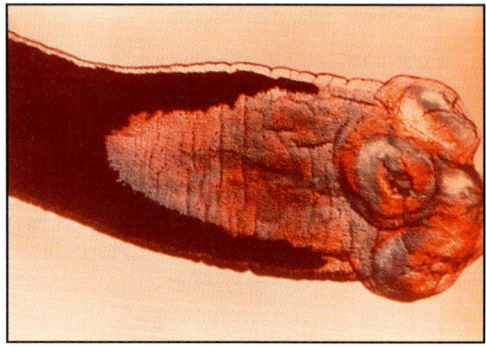

Bandwurm

toten Füchsen in Berührung kommen. Auch frei streunende Katzen kommen als Überträger des Fuchsbandwurmes in Frage, ebenso werden Hunde genannt.

Madenwürmer – oft im Kindergarten

Der derzeit häufigste Wurmbefall wird durch Madenwürmer verursacht. Diese etwa 5 mm langen Würmer können nur von Mensch zu Mensch übertragen werden. In Kindergärten gibt es sie häufig. Die Würmer legen ihre Eier am After ab und lösen einen Juckreiz aus, der zum Kratzen verleitet. Schon bald befinden sich die Eier auf der Hand oder unter den Fingernägeln und eventuell im Mund.

Diese Wurminfektion ist normalerweise ungefährlich und kann durch Einnahme von Medikamenten und hygienische Maßnahmen schnell behoben werden.

Urtierchen- und Wurmvorbeugung:

❏ **Schwangere** Frauen ohne Toxoplas-mose-Antikörper sollten besonders vorsichtig sein und auf rohes oder rosa Fleisch verzichten.
Auch die Reinigung der Katzentoilet-te ist anderen zu überlassen.

❏ Fleisch und Fisch gut durchgaren, damit Eier und Finnen der Würmer abgetötet werden.

❏ Rohes Gemüse und Salate gründlich waschen.

❏ Tiefhängende Wildfrüchte und Wald-pilze 10 Minuten garen.

❏ Vor dem Essen und der Nahrungszu-bereitung die Hände waschen – ebenfalls nach dem Umgang mit Haustieren.

❏ Regelmäßig Fingernägel säubern.

❏ Bei Haustieren niemals offene Spei-sen unbeobachtet stehen lassen.

❏ Darauf achten, daß Haustiere nicht in die Nähe von Lebensmitteln gelan-gen können.

❏ Haustiere regelmäßig entwurmen.

❏ Darauf achten, daß Tiere das Gemü-sebeet nicht als Toilette benutzen.

Schaben – nach dem Feind benannt

Schaben waren schon immer unbe-liebt und wurden in früheren Zeiten mit dem Namen des Feindes be-zeichnet, was in der Umgangsspra-che bis heute erhalten ist. So heißen sie in Mundart Kakerlaken, Preußen, Schwaben, Franzosen u.a. Im Schweizerischen werden sie Chuchi-schabe, Määlschabe, Brotschäfer und Kakerlaken genannt.

Sie können einiges aushalten

Dr. Fuchs, Schädlingsexperte der Bundeswehr und einer der bekannte-sten Spezialisten für Schaben, berichtete von Versuchen, bei denen Kakerlaken sogar 6 Stunden ein künstlich erzeugtes Vakuum überleb-ten. Daß diese Insekten, die bereits

seit Millionen Jahren auf der Erde leben, sehr widerstandsfähig sind, beweist auch ihr Überleben in Atom-versuchsgebieten.

Schaben an Apfel

Da fühlen sie sich wohl

Schaben fühlen sich in unseren Haushalten immer wohler. Um zur Plage zu werden, benötigen sie Wärme, Nahrung und Wasser.

Durch die Zentralheizung wird ihnen die ideale Temperatur geboten.

Sehr häufig sind sie in Großmarkthallen, Bäckereien, Einkaufszentren, Schlachtereien, Restaurants, Schwimmbädern, Saunen und Krankenhäusern zu finden. Auch in der Kanalisation oder über Müllbehältnisse können sie sich über ganze Viertel ausbreiten. Es gelingt ihnen sogar in Kunststoffsäcke und dicke Kunststoffverpackungen einzudringen. Intensive Abfall- und Essensgerüche sind besonders anziehend für sie.

Demzufolge kann davon ausgegangen werden, daß die Schabenplage noch zunimmt, wenn ungereinigte Wertstoffe und Abfälle über viele Wochen in unseren Haushalten bis zur Abholung aufgehoben werden.

Meldepflicht für Schaben

Schaben sind den gesetzlichen Bestimmungen zufolge dem Gesundheitsamt zu melden. Bei Schabenbefall in der Nachbarschaft von Restaurants und Lebensmittelbetrieben können Ordnungs-, Veterinär- oder Gesundheitsamt eingeschaltet werden.

Sie gehen an fast alles

Schaben sehen wie Käfer aus. Die meisten können nicht fliegen. Sie haben 2 fadenförmige Fühler, die länger als ihr Körper sind. Sie tragen am Körperende Anhänge. Ihr flacher Körper ermöglicht es ihnen, durch kleinste Ritzen zu schlüpfen. Sie gehen an alles Eßbare, das sie erreichen können. Abfälle, Vorräte und bereits für den nächsten Tag zubereitete Speisen sind vor ihnen nicht sicher. Auch der Napf mit Tierfutter eignet sich für diese ungebetenen Allesfresser vorzüglich. Sie können auch Materialien wie Textilien und Papier fressen.

Die Wärme von Motoren tut ihnen gut

Beliebte Aufenthaltsorte der Schaben in Küchen sind Geräteverkleidungen. In der Nähe von Backöfen, Kochherden, Kaffeemaschinen und Motoren von Kühlgeräten und Klimaanlagen fühlen sie sich besonders wohl. Elektroinstallateure, die Großküchen betreuen, können ein Lied davon singen. Beim Öffnen der Geräte finden sie manchmal solche Mengen an Schaben vor, daß erst ein Kammerjäger kommen muß, bevor sie weiterarbeiten können.

Draußen überstehen sie den Winter nicht

Bei uns sind vor allem die Deutsche Schabe, die Orientalische Schabe und die Amerikanische Schabe zu finden. Die Braunbandschabe und andere exotische Arten kommen selten vor. Aufgrund des großen Wärmebedarfs von Schaben überleben diese nur im Süden im Freien. Sie können aber auch sehr genügsam sein und lange Zeit ohne Nahrung auskommen oder kurzfristig

Kühlschranktemperatur ertragen, so daß auch Nahrung im Kühlschrank befallen werden kann, was allerdings selten passiert. Die scheuen Tiere sind lichtempfindlich. Sie verstecken sich tagsüber und werden nachts aktiv. Sie lieben Schlupfwinkel, was dazu führt, daß wir diese unwillkommenen Gäste meist erst bei Massenbefall entdecken.

Sie schützen und verstecken ihre Eier gut

Schaben können sehr schnell laufen, was sie ihren langen, kräftigen Beinen zu verdanken haben. Sie können nicht schwimmen. Schaben sind besonders schwer zu bekämpfen, da sie ihre Eier in Form von Eipaketen legen, die durch eine starke Chitinschicht geschützt sind. Die Weibchen tragen diese Eipakete zunächst am Hinterleib mit sich, bevor sie diese möglichst versteckt ablegen. Auch bei Bekämpfung und kurz vor ihrem Tod versuchen sie, dieses Eipaket noch abzuwerfen. Aus den Eipaketen schlüpfen Jungtiere, die den ausge-

junge Schabe

wachsenen Tieren ähneln. Bis sie geschlechtsreif sind, häuten sie sich mehrfach. Die Männchen werden von den Weibchen durch Sexualduftstoffe angelockt.

Um Schaben wirksam bekämpfen zu können, ist die Schabenart zu bestimmen, da die Entwicklung unterschiedlich verläuft. Für die einzelnen Schabenarten gibt es unterschiedliche Köderdosen.

Gesundheitliche Auswirkungen

Schaben sind eine Gesundheitsgefahr. Da sie sich sowohl im Schmutz, als auch auf unserer Nahrung wohlfühlen, können sie Überträger von Erregern wie des Milzbrandes, der Tuberkulose, von Salmonellenerkrankungen u.a. sein. Auch Wurmerkrankungen können durch Schaben übertragen werden, denn sie sind Zwischenwirte für Madenwürmer, unter denen es Arten gibt, die sich in unserem Körper sehr wohlfühlen und uns arg zu schaffen machen können. Schaben kommen auch als Auslöser von Allergien in Frage.

Handeln, aber sofort

Besonders gefördert wird die Gesundheitsgefahr und Ausbreitung von Schaben, wenn nach Bemerken eines Befalls nicht sofort gehandelt wird. Aus Furcht vor einem schlechten Ruf werden die gesetzlichen Bestimmungen oft nicht befolgt und die Tiere so lange toleriert, bis sie sich auf das ganze Gebäude verteilt haben und für jeden sichtbar sind.

Deutsche Schabe

Sie ist 1,1–1,4 cm groß, lehmfarben, mit einer dunkelbraun melierten Vorderbrust. Die Deutschen Schaben haben lange über den Hinterleib hinausragende Flügel. Die Weibchen tragen die blaßbraunen Eipakete, die 15–56 Eier (im Durchschnitt 30) enthalten können, etwa 4 Wochen am Körper. Die Larven schlüpfen gleich nach dem Abwerfen des Eipaketes aus. Nach 2–3 monatiger Entwicklungszeit, in der sich die stecknadelkopfgroßen Jungtiere mehrfach häuten, werden sie geschlechtsreif. Die Deutschen Schaben können auch an Wänden emporlaufen und 5–10 cm weit springen.

Orientalische Schabe (= Küchenschabe)

Bei den Orientalischen Schaben sind die kastanienbraunen Männchen 2,1–2,5 cm und die schwarzen Weibchen 2,2–2,8 cm groß. Die Weibchen haben kurze, zurückgebildete Flügel, beim Männchen bedecken die Flügel 2/3 des Hinterleibs. Die Eipakete sind kastanienbraun und enthalten 16 Eier. Die Weibchen tragen die Eipakete 1–5 Tage mit sich herum, bis sie diese ablegen. Nach 2–3 Monaten schlüpfen die Jungtiere aus. Die anschließende Entwicklung bis zur ausgewachsenen Schabe dauert 3–4 Jahre.

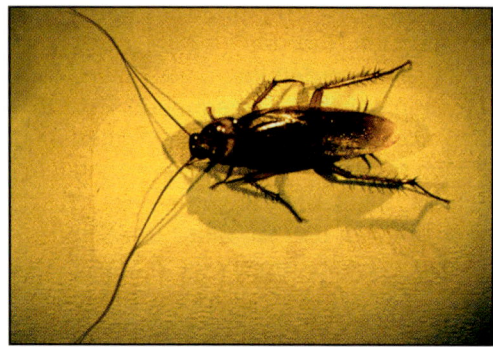

Deutsche Schabe

Orientalische Schabe

Schaben

Amerikanische Schabe

Diese Art ähnelt der Deutschen Schabe viel mehr als der Orientalischen. Nur ist die Amerikanische Schabe fast dreimal so groß (2,7–3,8 cm) wie die Deutsche. Sie ist in unseren Regionen seltener. Diese Schabenart ist rotbraun und hat ein rotgelbes Halsschild mit zwei braunen Flecken. Die Flügel überdecken den Hinterleib. Ihre Eipakete sind rotbraun und enthalten 15–20 Eier. Die Eipakete werden bis zu 6 Tagen herumgetragen. Die Larven schlüpfen 1–2 Monate nach der Ablage und entwickeln sich in 2–3 Jahren zu ausgereiften Tieren. Amerikanische Schaben können nachts fliegen.

Amerikanische Schabe

2

So können wir sie uns einhandeln:

➤ Mit der Handtasche und Kleidung in befallenen Betrieben.

➤ Mit Reisegepäck. Eine weibliche, befruchtete Schabe kann ein Eipaket mit bis zu 56 Eiern bei sich haben.

➤ Mit Getränkekästen, die zuvor in befallenen Restaurants, Geschäften und Großküchen gestanden haben.

➤ Mit Lieferungen warmer Speisen aus Großküchen, insbesondere in oder unter Thermobehältnissen.

➤ Mit Verpackungsmaterial. Besonders bei Wellpappe vorsichtig sein.

➤ Durch Zuwanderung. In Häuserblocks, dicht bebauten Wohnvierteln und in Wohnungen neben oder über Großküchen, Restaurants, Bäckereien, Schlachtereien und Lebensmittelgeschäften besteht eine besondere Gefahr.

➤ Gerne wandern Schaben auch über Fernheizungssysteme, Klimasysteme, Kanalisationen und Verbindungsschächte weiter.

➤ Mit Tierfutter und anderen Nahrungsmitteln.

Das deutet auf Schabenbefall hin!

Ein eigenartiger, vorher nicht dagewesener Geruch (Schabengeruch). Kot in Form von schwarzen harten Krümeln und Häutungsreste in der Nähe von Ritzen, Winkeln und möglichen Verstecken. Wer in befallenen Räumen nachts das Licht anschaltet, kann sie weghuschen sehen.

Vorbeugen

❏ Nach Reisen (besonders in Länder mit Schabenproblemen wie Florida, Fernost u.a.), Gepäck im Freien oder über der Badewanne auspacken und ausschütteln, evtl. Textilien sofort waschen und Koffer aussaugen.

❏ Handtaschen sollten niemals offen in befallenen Betrieben herumstehen. Mitgebrachtes Essen beim Betreten dieser Betriebe aus den Taschen nehmen und bis zum Verzehr separat von Kleidung und Tasche verpackt lagern. Kleidung, Taschen und Schirme vor Verlassen des befallenen Betriebes kontrollieren, damit keine Schaben oder deren Eipakete mit nach Hause genommen werden.

❏ Wer gebrauchte Kartons aus Lebensmittelgeschäften für den Transport verwendet, sollte diese nach dem Ausladen sofort aus dem Haus entfernen.

❏ Nahrungsmittel nach dem Einkauf in entsprechende Behältnisse umfüllen und kühl lagern.

❏ Verbindungsschächte möglichst gut abdichten.

❏ Auf Sauberkeit achten. Abfälle nicht über Nacht in der Küche lassen.

❏ Keine Lebensmittel offen herumstehen lassen.

❏ Regelmäßige Reinigung der Küche einschließlich der Küchenschränke.

❏ Die Besteckkästen sind zum Reinigen herauszunehmen.

❏ Auch unter den Einbauschränken, wenn möglich, auf Sauberkeit achten.

❏ Nahrung immer gut verschlossen oder abgedeckt aufheben, denn offene Nahrung ist auch im Kühlschrank, wenn er nicht ganz schließt, vor Schaben nicht sicher.

❏ Als Abwehrmittel ist Eukalyptusöl bekannt. Es kann aber keinen bereits vorhandenen Befall beseitigen.

❏ Abfallbehältnisse täglich leeren. Mülltonnen nie direkt am Haus unterbringen.

❏ Wasseransammlungen entfernen.

Bekämpfen

❏ Eine Bekämpfung ist nur dann erfolgreich, wenn sie im gesamten befallenen Bereich erfolgt. Das bedeutet, daß in befallenen Mehrfamilienhäusern die Bekämpfung in nur einer Wohnung nicht den gewünschten Erfolg bringt.

❏ Darüber hinaus ist eine Schabenbekämpfung nur dann wirksam, wenn sie in bestimmten Zeitabständen wiederholt wird. Diese richtet sich entsprechend der jeweiligen Schabenart nach der oben beschriebenen Entwicklungszeit der Eier. Die Bekämpfung muß solange dauern bis alle Schaben geschlüpft und auch alle Jungtiere gestorben sind.

❏ Regelmäßig die Ecken und Ritzen aussaugen und Staubsauger anschließend gründlich reinigen.

❏ Die Spalten, Fugen, Ritzen und Rohrdurchbrüche verfugen. Hohlräume abdichten. Lüftungsöffnungen und Abflüsse mit feinmaschigem Fliegendraht verschließen.

Amerikanisches Hausrezept zur Schabenbekämpfung

(aus: Southern Medical Journal):

Zutaten:

60 g fein gehackte Zwiebeln
450 g Borax
150 g Mehl
150 g Zucker
150 g Margarine

Diese Zutaten mischen und soviel Wasser hinzugeben, bis ein fester Teig entsteht. Daraus formt man Kügelchen von 1–1,5 cm Durchmesser und lege diese unter Ausgüsse, entlang von Rohren, Fußleisten und an andere Stellen, an denen Schaben vermutet werden. Die Kügelchen werden noch besser angenommen, wenn sie in künstliche Verstecke z.B. aus Holzwolle oder Wellpappe gelegt werden.

Da Borax nicht nur für Schaben, sondern auch für Haustiere und Menschen – insbesondere Kinder – giftig ist, ist Vorsicht geboten. Die Giftpräparate dürfen für Kinder und Haustiere nicht erreichbar sein. Außerdem sollten entsprechende Warnhinweise angebracht werden! Häufig liest man, daß Schaben nach dem Verzehr eines Zucker-Backpulver-Gemischs platzen. Das hat sich in Versuchen nicht bestätigt!

Auch präparierte Gläser mit Ködern wie Fisch, Kaffee u.a., die an der Glasinnenseite mit Glycerin eingestrichen sind, damit die Schaben nicht mehr hinaus können, haben wissenschaftliche Prüfungen nicht bestanden. Damit werden nur einzelne Schaben gefangen, nicht aber die ganze Population.

Biologische Bekämpfung

Die Schabeneier sind so gut geschützt, daß diese von im Handel erhältlichen „Nützlingen" nicht geknackt werden können. Es ist bekannt, daß im Orient zahme Schlangen zur Bekämpfung von Schaben eingesetzt wurden. Nach geeigneten Nützlingen zur Schabenbekämpfung muß noch geforscht werden.

Chemische Bekämpfung

❏ Diese sollte nur durch geprüfte Schädlingsbekämpfer erfolgen. Lassen Sie sich einen guten, geprüften Schädlingsbekämpfer vom Gesundheitsamt empfehlen.

❏ Wer auf eine eigene chemische Bekämpfung nicht verzichten will, sollte im Haushalt Schabenköderdosen einsetzen.

❏ Eine Liste der vom Institut für Wasser-, Boden- und Lufthygiene geprüften anerkannten Entwesungsmittel und -verfahren zur Bekämpfung tierischer Schädlinge enthält auch Schabenbekämpfungsmittel und -verfahren (siehe S. 175).

❏ Im Handel sind sehr wirksame Lockstoffallen erhältlich. Damit durch diese Köderdosen keine Schaben aus anderen Wohnungen angelockt werden, muß im Mehrfamilienhaus eine gemeinschaftliche Bekämpfung durchgeführt werden.

❏ Auch beim Einsetzen des aus Chrysanthemen gewonnenen, natürlichen Pyrethrums müssen alle Vorsichtsmaßnahmen beachtet werden. Besonders problematisch sind synthetische Pyrethroide (siehe S. 172).

Solange Pyrethrum, synthetische Pyrethroide und andere Gifte nicht abgebaut sind, können sie zu Vergiftungen bei Menschen und Haustieren führen. Besonders giftig sind diese Chemikalien, wenn sie über offene Wunden in den Organismus gelangen. Deshalb sollten beim Umgang mit Giften höchste Sicherheitsbedingungen gelten (Schutz von Menschen und Haustieren) und generell Handschuhe getragen werden.

❏ Auch im Handel frei erhältliche Schabenlacke sollten vom Laien nicht eingesetzt werden.

❏ Wer Gifte einsetzt, muß sich darüber im klaren sein, daß durch unsachgemäßes Handeln das Problem verschlimmert werden kann.

❏ Bei Gifteinsätzen muß die Giftwirkung auch in allen angrenzenden Räumen des Bekämpfungsortes berücksichtigt werden. Wird anschließend gelüftet, müssen die Fenster rund herum geschlossen sein. Es ist darauf zu achten, daß Menschen, Haustiere und Nahrungsmittel nicht mit Giften belastet werden.

❏ Die Räume dürfen erst nach vollständigem Abbau der Gifte benutzt werden. Vor der Wiederbenutzung sind die Räume mit Seifenreiniger zu reinigen, wobei der direkte Hautkontakt mit diesem Putzwasser unterbleiben sollte.

❏ Bei Ködern, die zu lange stehen, können die Gifte unwirksam werden. Schabenköder sind in Abständen zu erneuern und die alten verschlossen zum Sondermüll zu bringen.

Heimchen am Herd

„Heimchen am Herd" ist ein Begriff für übertrieben häusliche Frauen, der oft als Abwertung verwendet und empfunden wird.

Das Tier, das als Heimchen bezeichnet wird, ist gar nicht so harmlos, wie es oft in der Literatur beschrieben wird. Es ist etwa 1,6 cm lang, graubraun gefärbt mit dunkelbrauner Körperzeichnung. Heimchen sind sehr wärmeliebend. In der Nähe von Herd und Ofen, besonders in Bäckereien, fühlen sie sich am wohlsten. Sie legen – anders als die Schaben – keine Eipakete, sondern einzelne Eier in Ritzen und Spalten ab. Ansonsten sind sie den Schaben in ihren Lebensansprüchen und Auswirkungen sehr ähnlich, nur kommen sie seltener in Haushalten vor. Wenn sie sich aber eingenistet haben, können sie zum Gesundheitsproblem werden.

Nächtliche Gesänge

Wie die Schaben sind sie Allesfresser, verunreinigen die Nahrung und übertragen gefährliche Krankheiten. Sie vermehren sich noch schneller als Schaben, denn es dauert nur 1–2 Wochen, bis die winzigen Jungtiere aus den Eiern schlüpfen. Nach nur 4–6 Wochen können sich diese bereits wieder paaren und Eier legen. Bei Dunkelheit beginnen die männlichen Heimchen zu zirpen. Sie können empfindlichen Menschen nachts durch ihren „Gesang" den Schlaf rauben.

Bekämpfung

Es gelten die gleichen Empfehlungen wie bei der Schabenbekämpfung (siehe S. 58 ff.).

Heimchen

Abfall

2

Tiere sind schon seit Tausenden von Jahren als Vertilger menschlicher Abfälle bekannt. Sie wurden vom Menschen jedoch nur dann als Abfallverwerter toleriert, wenn sie nicht feindselig waren und nicht die Menschen und ihre Vorräte angriffen. Zwischen abfallfressenden Tieren und Menschen kann sich also durchaus eine positive Beziehung entwickeln, wie dies die Domestikation der Hunde und Schweine belegt. Als Gegenleistung schützten Hunde die Menschen vor Wildtieren und frem-

den Eindringlingen, und durch die Schweine wurden Abfälle zu Fleisch verwertet. Ohne Lebewesen, auch wenn sie noch so klein sind, kann eine Zersetzung und Umwandlung unserer Abfälle und Abwässer in fruchtbaren Boden und Schlamm nicht vonstatten gehen.

Je mehr es stinkt, desto schneller sind sie da

Da Tiere einen ausgezeichneten Geruchssinn haben, ist es für sie ein leichtes, durch Gerüche Abfälle

Wanderratte neben Mülltonne

und Beseitigung in den Griff zu bekommen. Stattdessen handelten wir uns eine explosionsartige Zunahme des Müllberges ein. Diese Verlagerung unserer Abfallprobleme führte zu einem „Müllnotstand" verbunden mit Boden-, Rohstoffverschwendung und nicht verkraftbaren Wasser-, Boden- und Luftbelastungen.

Vorsicht Seuchengefahr!

Noch befinden wir uns in der Krise, denn die Müllflut ist nicht verebbt und unsere Müllsammel- und Müllverwertungssysteme sind noch im Aufbau und in der Erprobung.

Auch in Zukunft ist die richtige Verwertung unserer Abfälle für uns lebenswichtig. Soll aber die Ausbreitung neuer Seuchen vermieden werden, so müssen die Verantwortlichen in Industrie und Politik, insbesondere die Initiatoren und Entscheidungsträger, schnell handeln. Zum einen ist die Bevölkerung besser aufzuklären und zum anderen müssen die Gesundheits- und Umweltaspekte in neuen Abfallsystemen stärker berücksichtigt werden. Die Verantwortlichen sollten sich darüber im klaren sein, daß sie großen Schaden anrichten können wenn sie Gesundheitsaspekte vernachlässigen.

Tierische Abfälle schnell beseitigen

Seit dem Mittelalter gab es in unserer zivilisierten Welt außer in Kriegszeiten und Ausnahmefällen keine Abfallkonzepte, bei denen tierische Abfälle (Fleischknochen u.a.) und

schon von weitem wahrzunehmen. Je mehr es stinkt, um so schneller sind sie da. Damit es zu diesem Gestank kommt, sind Kleinstlebewesen, wie Bakterien, Pilze und Hefen erforderlich, die in Nahrungsresten die besten Brutstätten finden. Da pflanzliche Nahrungsreste in ihren Zellen viel Wasser gespeichert haben, ist es wunderbar feucht, und bei warmen Temperaturen entwickeln sich dann Massen von Lebewesen.

Vor allem in der Biotonne kann es zur Bildung besonders schädlicher Mikroorganismen kommen.

Das Müllproblem nicht im Griff

Seit dem Mittelalter, zu einer Zeit, in der nachlässiges Abfallverhalten zu Seuchen und einem Massensterben führte, haben wir nicht viel dazu gelernt. Wir glaubten, unseren Müll durch eine regelmäßige Abholung

Müll länger als eine Woche in den Häusern blieben. Weise Herrscher wie Alexander der Große erließen sogar Gebote, daß derartige Schlachtabfälle aufgrund von Seuchengefahr innerhalb von 3 Tagen verbrannt werden mußten.

Wenn das Abfallverhalten und der Standard unserer Abfall- und Wertstoffsammlungen sowie die Verwertungsanlagen nicht alsbald verbessert werden, ist damit zu rechnen, daß sich die Lebewesen, die sich von unseren Abfällen ernähren, in den Städten und Siedlungen so vermehren, daß sie zur akuten Gesundheits- und Seuchengefahr werden (wenn sie dies nicht bereits in einigen Städten sind!).

Keine Risiken in Kauf nehmen

Wenn Kommunalpolitiker und Abfallfirmen aus Kostengründen beschließen und es einige Bürger sogar fordern, Hausmüll und Wertstoffe in Abständen von bis zu 4 Wochen abzuholen, kann dies über kurz oder lang nicht gut gehen. Besonders gefährdet sind die Menschen, die an Sortieranlagen ein bis zu 8 Wochen altes, oft stinkendes, verdrecktes Wertstoffgemisch sortieren müssen. Auch kann das Risiko für eine Massen- oder Neuentwicklung von Erregern unter diesen noch nie dagewesenen Bedingungen nicht ausgeschlossen werden.

Wertstoffe sammeln ohne Gesundheitsgefahren

Für jeden Einzelnen ist es deshalb um so wichtiger, Müll zu vermeiden und darüber hinaus Abfälle und Wertstoffe so zu sammeln, daß keine zusätzlichen Gesundheitsgefahren entstehen. Neben den vielen Mikroben und Schaben, die bereits behandelt wurden, sind es vor allem die Fliegen, Ameisen und Ratten, die uns in Zusammenhang mit Abfällen immer mehr zu schaffen machen.

Was ist zu beachten, damit ungebetene Gäste keine Chance bekommen:

❏ Abfallbehältnisse weit weg von der Küche aufstellen damit keine Keime von den Abfällen auf die Nahrung durch Fliegen u. Co. verschleppt werden.

❏ Nutzen Sie die kommunalen Angebote, Bio- und Restmülltonnen regelmäßig reinigen zu lassen.

❏ Abfallbehältnisse und ihr Umfeld sollten mindestens einmal wöchenlich mit Essigreiniger gründlich gesäubert werden.

❏ In Wertstoffsäcke, die lange in den Häusern bis zur Abholung lagern, gehören keine stinkenden Verpackungen, die noch Nahrungsreste enthalten.

Wertstoffe sammeln – aber richtig!

Allgemeines:

❏ Kunststoffe, Metalle und Verbundverpackungen nur sauber und trocken sammeln. Im letzten Spülwasser oder in der Spülmaschine, zwischen das Geschirr geklemmt, können sie ohne zusätzlichen Wasserverbrauch gereinigt werden.

❏ Besonders Milchverpackungen sind kurz auszuspülen. Um Faltschachteln besser ausspülen zu können, sind sie aufzuscheiden. Anschließend läßt man sie umgekehrt zum Austrocknen stehen, damit sie trocken in die Wertstoffsammlung gegeben werden können. Milchkartonverpackungen gehören zu den Verbundmaterialien und nicht in die Papiertonne.

❏ Alte Folien, in die Fleisch, Fisch, Geflügel, Krabben, Butter oder verdorbene Lebensmittel eingepackt waren, gehören in den Restmülleimer.

Papier und Kartonagen:

❏ In die Papiertonnen oder Papiercontainer gehören keine hygienisch problematischen Papiertaschentücher und gebrauchte Küchenpapiere. Auch alle mit Lebensmittelresten verunreinigten Papiere, insbesonders Küchenpapier, haben in Papier- und Kartonsammlungen nichts suchen.

Bioabfälle:

❏ In die Biotonne gehören keine tierischen Abfälle wie Fleisch und Knochen, es sei denn, die Verantwortlichen in der Kommune ordnen dies an. Werden nämlich bei den Kompostanlagen tierische Abfälle im Freien abgeladen, wie dies noch bei einigen Anlagen geschieht, entstehen besondere Gesundheitsgefahren für die Anwohner.

❏ Der Bioeimer, die Biotonne oder der Hauskompost sollten immer an einem möglichst kühlen Ort stehen. Sie gehören niemals in die pralle Sonne.

❏ Alle pflanzlichen Küchenabfälle möglichst abgetropft und dick in Zeitungs- oder Küchenpapier verpackt in den Bioeimer geben.

❏ Wer 10–15 % Papier (Zeitungs-oder Küchenpapier) zwischen die pflanzlichen Küchenabfälle gibt, verhindert längere Zeit Fäulnis und Gärung und damit Gestank und Ungeziefer.

❏ Feines Gesteinsmehl und Sägespäne eignen sich im Bioabfall ebenso als Feuchtigkeits- und Geruchsbinder.

❏ Im Handel sind seit kurzem geruchsbindende Mittel auf Kalkbasis erhältlich.

❏ Bio- und Mülleimer sollten möglichst täglich aus der Küche entfernt und geleert werden.

Glas:

❏ Die Milchflaschen sind sofort nach Gebrauch mit kaltem Wasser auszuspülen.

❏ Es gehören nur gut geleerte Gläser, Saft- und Limonadenflaschen in die Glassammlung.

Achtung Fliegen!

Auch bei noch so feinen Sommer-
partys und Gruppenveranstaltungen
sind nicht nur geladene Gäste zu finden. Salate, Grillgut und vieles mehr
stehen offen zur Bedienung und
laden besonders Fliegen ein.
Während man die Stechmücken
noch abwehrt und beklagt, schaut
man zu, wie sich die nette Stubenfliege als gewohnter Hausgast mit
uns an den Leckerbissen erfreut.
Diejenigen, die sich auskennen,
schweigen, weil es ihnen unangenehm ist, die Geselligkeit zu stören.
Die meisten aber wissen nicht, daß
die Fliegen die Nahrung regelrecht
Tröpfchen für Tröpfchen einspei-
cheln. Denn nur so können sie die
Nahrung aufnehmen.

So kommen Krankheitserreger ins Essen

Sie geben aber nicht nur frischen
Speichel auf die Nahrung, sondern
erbrechen dabei auch das, was sie
zuvor zu sich genommen haben, und
das kann für uns ekelhaft sein, wenn
wir an ihre Lieblingsorte denken.

Außer durch ihren Speichel können
die Fliegen ebenso mit ihrem Körper
und insbesondere mit ihren Füßen,
die schlimmsten Krankheitserreger
wie Ruhrerreger, Typhuserreger (insbesondere die derzeit so in der Diskussion stehenden Salmonellen),
Choleraerreger, Pilze und Wurmeier
auf die Nahrung übertragen.

Schmeißfliege am Fleisch

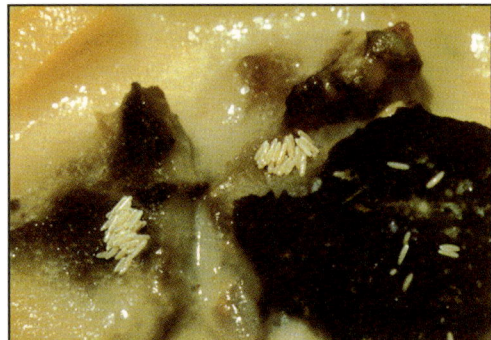

Fleischfliegeneier

Fliegenmaden am Käse

Sie sind unglaublich fruchtbar

Eine einzelne Fliege legt während ihres Lebens durchschnittlich zwischen 300 und 800 Eier. Je nach Temperatur schlüpfen nach einiger Zeit die wurmförmigen Larven (Maden) aus den Eiern.

In warmer Sonne wimmelt's

Bei Temperaturen von 22°–25° C kann das Ausschlüpfen schon 12 Stunden nach der Ablage erfolgen. Dann dauert es wieder einige Tage bis sich die Maden verpuppen. Nach 2–4 Tagen entschlüpft aus dieser Puppenhülle dann die fertige Fliege. Die Lebenszeit beträgt zwischen einer und 6 Wochen. Die Fliegen haben Facettenaugen, die auch seitlich und rückwärts sehen können. Sie haben ein empfindliches Nervensystem, das gesichtete Reize schnell verarbeitet und sofort reagiert. Sie können schnell wegfliegen und beherrschen die unterschiedlichsten Flugtechniken, den Sturzflug eingeschlossen.

Von Gerüchen werden sie angelockt

Sie lassen sich durch Gerüche anlocken und halten sich gern in der Wärme auf, insbesondere am sonnenbeschienenen Fenster. Wenn sich aus allen Eiern Fliegen entwickeln würden, könnte sich eine einzige Fliege in einem Jahr billionenfach vermehren.

Die Maden und fertigen Fliegen lassen sich wie alle Insekten durch Kälte oder Hitze abtöten. Am leichtesten gehen die Maden ein. Diese benötigen zum Leben Feuchtigkeit und Wärme. Aber auch Spinnen und Pilze machen ihnen das Leben schwer. Besonders widerstandsfähig sind die Puppen.

Es gibt sehr viele Fliegenarten, die oft nur schwer voneinander zu unterscheiden sind. Die Fliegen sind eine Plage – insbesondere auf der südlichen Halbkugel. Die Tsetsefliege verursacht in Afrika die Schlafkrankheit und verheerende Viehseuchen.

Um der Gefahr von Lebensmittelvergiftungen und Krankheitsübertragungen durch Fliegen besser begegnen zu können, behandeln wir die wichtigsten im Haus vorkommenden Fliegen gesondert. Die Fliegenabwehr- und -bekämpfungsmaßnahmen gelten aber für alle Fliegen. Auch ist die Entwicklung bei allen Fliegen gleich.

Gemeine Stubenfliege

Sie ist 0,7–0,8 cm groß, grau gefärbt mit 4 dunklen Längsstreifen am Brustkorb. Der Hinterleib ist braun, und sie hat stempelförmige, saugende Mundwerkzeuge, die zum Betasten und bei Nahrungsaufnahme ausgestreckt werden.

Sie liebt Speisen und Vorräte und hinterläßt Fliegenschmutz auf Nahrung, Geschirr, Fenstern, Wänden, Lampen, Vorhängen u.a..

Die Stubenfliege ist, wie oben beschrieben, sowohl Nahrungsverschmutzer als auch Überträger gefährlicher Krankheiten. Sie legt ihre Eier auf Kot oder auf faulende und gärende Stoffe. Hier entwickeln sich die Maden. Hauptbrutstätten sind Mist, Tierställe, Abortgruben, Bioabfälle, Fleisch und tote Tiere.

Kleine Stubenfliege – auch als Hundstagsfliege bekannt

Sie hat die gleichen gesundheitlichen Auswirkungen wie die Stubenfliege. Sie wird etwa halb so groß wie die Gemeine Stubenfliege. Die Maden haben seitlich und auf dem Rücken dornenartige Fortsätze. Sie leben von organischen Abfällen. Sofern die Maden mitgegessen werden und den Magen unversehrt passiert haben, sind sie im Darm des Menschen lebensfähig und können Unwohlsein und ernsthafte Krankheitserscheinungen hervorrufen.

Schmeißfliege – die unserem Fleisch Beine macht

Sie ist eine Fleischfliege und hat einen dunkelstahlblauen Hinterleib. Aus den an Fleisch oder Käse abgelegten Eiern entstehen fußlose, weiße Maden. Die Nahrungsmittel werden durch die Schmeißfliegen sehr rasch ungenießbar. (Bilder siehe S. 66)

Stubenfliege

Kleine Stubenfliege

Stechfliege, Wadenstecher – saugt auch Blut

Sie ist leicht mit der Stubenfliege zu verwechseln aber immer noch kleiner als diese. Sie hat einen gefleckten, bräunlichen Hinterleib und einen spitzen Stechrüssel. Die Stechfliege saugt Blut an Tieren. Wenn diese nicht vorhanden sind, oder sie im

Herbst Zuflucht in den warmen Wohnhäusern sucht, kann sie auch Menschen anfallen und stechen. Sie ist hauptsächlich auf dem Land zu finden.

Kleine Stechfliege – zieht Tiere vor

Sie ähnelt der Stubenfliege. Die Maden leben im Dunghaufen. Während eines Sommers entwickeln sich mehrere Generationen.

Mit ihrem Rüssel saugt sie beim Tier. In seltenen Fällen sticht sie auch Menschen. Im Herbst sucht sie Schutz in Häusern. Beim Blutsaugen können, wie auch bei der Stechfliege, Krankheitserreger übertragen werden.

Goldfliege – macht Fleisch ungenießbar

Sie ist durch ihre goldgrüne Färbung leicht zu erkennen. Sie legt wie die Schmeißfliege ihre Eier an Fleischwaren. Die Maden bohren sich innerhalb kurzer Zeit in das Fleisch und fressen sich durch. Das Fleisch wird ungenießbar. Selbst das Lagern in Kühlschränken unterbricht die Entwicklung der Maden nicht. Erst durch starkes Erhitzen oder Einfrieren weden die Maden abgetötet.

Käsefliege

Sie liebt besonders Speck, Schinken, Käse und Rauchfleisch.

Sie vermehrt sich sehr rasch. Die Maden kriechen und springen. Sie können Käse und Räucherwaren innerhalb kurzer Zeit verderben. Die Rinde können sie aber nicht oder nur schwer durchfressen.

2

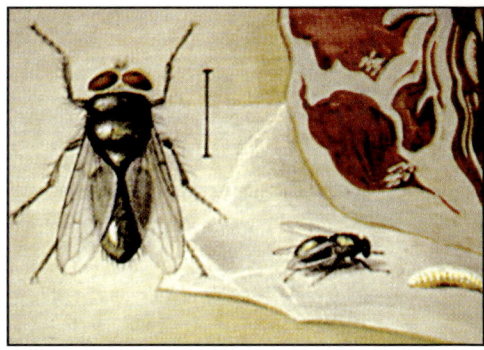
Goldfliege

Käsefliege

Essigfliege

Sie ist ein winziges, durchsichtig wirkendes, rotäugiges Geschöpf von kaum 3 mm Länge. Sie tritt oft massenhaft in gärendem Obst und Fruchtsäften auf und vermehrt sich sehr schnell. Auch an eingemachten Früchten, Bier, Wein, Milch usw. findet sie Gefallen. Durch ihre Verunreinigungen bringt sie Fruchtsäfte zum Gären.

Essigfliege

Abwehr von Fliegen

❑ Keine Brutstätten im oder vor dem Haus bieten.

Als diese eignen sich vor allem unsachgemäß behandelte Abfalleimer, Biotonnen, Komposter, Mist und Gülle auf dem Lande, Kleintierkot insbesondere von Hunden und Katzen, Abortgruben, schmutzige WC's u.a..

❑ Keine ungereinigten Wertstoffe offen sammeln.

❑ Lockende Gerüche vermeiden.

Bettpfannen, Toiletten, schmutziges Geschirr, Müll- und Bioeimer sollten immer abgedeckt sein.

❑ Auch gut abgehangenes oder mürbes Fleisch hat eine große Anziehungskraft und sollte deshalb ebenso wie andere verderbliche Nahrungsmittel immer im Kühlschrank aufbewahrt oder schnellstens verarbeitet bzw. beseitigt werden. Bei der Zubereitung ist es während der Wartezeiten gut abzudecken.

❑ Mit einigen Düften halten wir uns Fliegen vom Leib.

Mit einer halben Zitrone mit Nelken gespickt, ätherischen Ölen wie Nelkenöl, Zitronenöl, Lavendelöl, Sandelholzöl auf den Fensterrahmen, aufgehängten Farnblättern, Rizinuspflanzen ans Fenster gestellt, Basilikum oder Brennessel auf die Fensterbank gelegt und Lorbeeröl in Schalen aufgestellt, vertreibt man alten Haushaltsrezepten zufolge Fliegen.

❑ Beim Kochen und Essen Fenster schließen. Lüften kann man auch vorher und nachher.

❑ Fliegen mögen keinen Durchzug.

Wer auf Lüftung beim Kochen nicht verzichten will, sollte Durchzug machen.

❏ Am Einflug hindern (Fliegengaze oder Draht).

Am Fenster durch kleinmaschige Stores, die wir beim Fensteröffnen zuziehen, durch gut schließende, luftige Stoffrollos, Holzperlen- und sonstige Gehänge an Türen, durch Fliegennetze wie Moskitonetze, Gemüsebeetnetze oder einfachen Tüll. Es gibt aber auch spezielle Insektenschutzrollos, -türen und Spannrahmen, die außer Fliegen auch andere Insekten abwehren.

❏ Durch regelmäßiges Reinigen von Hunde- und Katzen-WC, Kleintierkäfigen, Mülleimern, Bioeimern und Biotonne, indem man diese gründlich mit einem Reiniger auf Apfel- oder Essigsäurebasis säubert. Reiniger mindestens 10 Minuten einwirken lassen, dann gründlich abwaschen, eventuell mit einer Bürste abbürsten – auch Fugen und Ritzen – anschließend kurz mit heißem Wasser, evtl. mit einer Handdusche, abspülen.

Fliegen umweltbewußt bekämpfen!

❏ Zunächst Fliegen möglichst durch das Fenster oder die Tür mit Hilfe eines Fächers vertreiben und aussperren.

❏ Durch Einfangen und Freilassen (kann bei Massenbefall zur Lebensaufgabe werden!).

❏ Mit der Fliegenklatsche auf Jagd gehen (auch eine richtig zusammengefaltete Zeitung oder ein Tuch mit dickem Knoten tut's im Notfall). Will man die Fliegen im Flug erledigen, ist eine neuentwickelte Doppelfliegenklatsche besser als die traditionelle, altbewährte.

❏ Mit Fliegenfängern, die man möglichst in Nähe von Lampen oder am Fenster aufhängt. Achtung: Leimbandfänger nicht in Kindernähe aufhängen. Sie können Allergien auslösen, wenn sie bestimmte Berührungsgifte auf dem Streifen haben.

❏ Durch eine Flüssigkeitsfalle in Form einer enghalsigen Flasche, gefüllt mit Honig-, Sirupwasser oder Limo und zusätzlich einem Tropfen Spülmittel.

❏ Mit dem Staubsauger die Fliegen absaugen. Diesen erst nach einiger Zeit abschalten und anschließend den Staubsaugerbeutel leeren.

Biologische Fliegenbekämpfung

❏ Gerade in der ländlichen Hauswirtschaft mit Tierhaltung ist eine biologische Fliegenbekämpfung sinnvoll. Gegen verschiedene pflanzenschädigende Fliegenarten sind bereits Nützlinge im Handel erhältlich (siehe S. 169 ff). Gegen Stallfliegen werden derzeit in der Bundesrepuplik noch keine Nützlinge angeboten. In den USA und den osteuropäischen Ländern werden aber bereits Parasiten gegen Stallfliegen eingesetzt. Es ist zu erwarten, daß auch bei uns in absehbarer Zeit Nützlinge gegen Stallfliegen zur Verfügung stehen.

❑ In Gärtnereien/Blumengeschäften sind fliegenfressende Pflanzen erhältlich, die jedoch bei starkem Befall nutzlos sind.

Chemikalien zur Fliegenbekämpfung

Sie sind in Innenräumen als problematisch anzusehen, um so mehr, wenn sich Kinder oder Haustiere im Haushalt befinden. Derzeit gibt es im Handel Fliegenkugeln, chemische Kontaktkleber, Spritz- und Sprühmittel. Wer aufgrund von Massenbefall, insbesondere in der Landwirtschaft, auf Chemikalien als Berührungsgifte nicht verzichten will, sollte die Bekämpfung möglichst geprüften Fachleuten überlassen oder beim Institut für Wasser-, Boden-, und Lufthygiene (WaBoLu) Informationen, wie die aktuelle Liste der geprüften und anerkannten Entwesungsmittel und -verfahren zur Bekämpfung tierischer Schädlinge (Gliedertiere – Arthropoden) anfordern (siehe S. 175).

Ameisen – nicht ohne Königin

In der freien Natur bringen wir den Ameisen Bewunderung entgegen, denn wenn wir sie beobachten, sind sie immer emsig und gesellig. Nicht begeistert sind wir aber, wenn wir Ameisenstraßen in unseren Wohnungen antreffen.

Die nützlichen Waldameisen, deren Bestand immer kleiner wird, verirren sich nur selten in unsere Häuser. Viel häufiger und lästiger sind die schwarz-grauen und die braunen Wegameisen, die auch als Garten- und Hausameisen bezeichnet werden. Aber auch ihnen kommt, wie ihren Artgenossen, eine bedeutende Rolle im Naturhaushalt zu. Als Insektenräuber töten sie eine große Anzahl von Schädlingen, zerschneiden sie und transportieren sie als Nahrung in ihr Nest. Richtig gefährlich für unsere Gebäude und uns Menschen sind die Pharaoameisen, die sich immer mehr ausbreiten und nur sehr schwer loszuwerden sind.

Wo ist ihre Heimat?

Ameisen haben ihre Hauptverbreitung in den Tropen, wo sie auch heute noch aufgrund der Wärme, Feuchtigkeit und des reichlichen Nahrungsangebotes bevorzugt leben. Von dort aus haben sie sich über die ganze Erde verbreitet und sind mittlerweile sowohl in Lappland, als auch in den Alpen auf über 3000 Metern Höhe zu finden.

Die Waffen der Ameisen

Ameisen haben einen Kopf mit 2 Fühlern und eine Brust mit drei Brustringen, an denen sich 3 Beinpaare befinden. Der Hinterleib, der mit der Brust durch eine stielförmige Brücke verbunden ist, besteht aus

Ameisenpuppen

Ameisennest an Margerite

auch farbtüchtig, können aber sehr schlecht sehen und nur hell und dunkel unterscheiden. Schwimmen können sie nur sehr kurze Zeit. Sie laufen nicht gern über feinpudrige Substanzen. Die große Masse des Volkes ist lebenslang flügellos und bewegt sich zu Fuß fort. Nur die jungen Königinnen, die etwa doppelt so groß wie die Arbeiterinnen sind, und die Männchen haben zwei Flügelpaare.

Ameisen gehören immer kleineren oder größeren Staaten mit einem Nest an. Sie haben einen sehr hohen Entwicklungsstand und schaffen es, durch Arbeitsteilung viele existentielle Probleme zu lösen.

Viele Tausende von einer Königin

Solange die Königin eines Ameisenstaates lebt, ist für dessen Fortbestand gesorgt. Auch wenn die nahrungsuchenden Arbeiterinnen weggenommen werden, kann der Staat weiter bestehen. Die Königin hat bereits bei der Paarung soviele Spermien aufgenommen und in ihrer Samentasche gespeichert, daß sie bis an ihr Lebensende Eier legen kann. Eine Ameisenkönigin kann bis zu 30 Jahre leben, so daß sie sehr viele Nachkommen haben kann. Aus den mit einer Spermapumpe befruchteten Eiern werden weibliche Ameisen. Es können geflügelte Königinnen oder flügellose Arbeiterinnen sein. Die Männchen entwickeln sich aus den unbefruchteten Eiern. Sie haben ebenfalls Flügel. Nach der Paarung, die meistens während des

4 – 5 Körperringen. Es gibt Ameisenarten, bei denen die Weibchen als Waffe im Hinterleib einen Stachel besitzen, der in Verbindung mit einer Giftdrüse Beutetieren, aber auch uns Menschen, zusetzen kann. Alle haben am Kopf scharfe Zangen, mit denen viele Arten beißen und schneiden und danach mit ihrer Giftdrüse noch Gift in die Wunde spritzen können.

Sie sind gute Riecher

Ameisen haben einen besonders guten Geruchssinn, sind zum Teil

sogenannten Hochzeitsfluges in der Luft erfolgt, sterben die Männchen.

Und plötzlich fliegen sie ...

Entdeckt man am Boden massenweise schwärmende, geflügelte Ameisen, so stehen diese kurz vor dem Hochzeitsflug (etwa Anfang Juli). Zu einem bestimmten Zeitpunkt nehmen alle jungen Ameisenköniginnen und Ameisenmännchen einer Gegend zur Paarung am Hochzeitsflug teil. Während die Männchen anschließend sterben, suchen sich die befruchteten Jungköniginnen ein Nest, um einen eigenen Staat zu gründen. Erfolg haben nur die wenigsten von ihnen. Als Nistplätze im häuslichen Bereich kommen verlassene Ameisen- und Mäusenester, Mauerfugen, Löcher unter Gehwegsplatten, Müllschränke, Heizungs- und Müllschächte, Hohlräume in Einbauschränken und andere Hohlräume, die feucht und nicht zu kalt sind, in Frage.

Schwarz-graue Wegameise (Gartenameise)

Eine der häufigsten bei uns lebenden Ameisen ist die 2–5 mm lange schwarz-graue Wegameise. Sie hat zwischen Brust und Hinterleib nur ein schuppenförmiges Verbindungsstück und unterscheidet sich dadurch von den Pharaoameisen. Sie dringt auf ihrer Nahrungssuche auch in unsere Häuser ein. Ganz selten fliegen uns Ameisenköniginnen zu und finden in

Ameise melkt Blattläuse

unseren Häusern einen geeigneten Nistplatz für die Aufzucht ihrer Nachkommen. Dann haben wir einen hartnäckigen Befall.

Das Geheimnis der Gerüche

Einzelne Arbeiterinnen auf Nahrungssuche stellen noch kein Problem dar. Findet eine Ameise aber Nahrung, so verständigt sie ihre Artgenossen und legt eine Duftspur, durch die bald Hunderte zur Futterstelle geleitet werden. Da die Verständigung der Ameisen und die Futtersuche anhand von Düften erfolgt, lassen sie sich auch durch bestimmte Düfte abwehren und anlocken.

Sie bevorzugen zuckerhaltige Nahrung, verschmähen aber auch eiweißhaltige Speisen wie Fleisch und Eier nicht. Sie sind überall im Freiland, seltener in Häusern zu finden.

Da Wegameisen zuwandern oder zufliegen, Nahrung und Feuchtigkeit benötigen, kann man sich am besten durch vorbeugende Maßnahmen gegen sie wehren (siehe S. 77 f).

Ameisen

Pharaoameise

Die niedlichste und kleinste Ameise ist die Pharaoameise, doch gehen von ihr, im Vergleich zu anderen Ameisen, die meisten Gefahren aus.

1901 wurde in Hamburg eine ganze Kolonie in einer Messerscheide mit einem Schiff eingeschleppt. Da die Pharaoameisen so klein sind, konnten sie zusammen mit Königinnen einwandern und sich bei uns ausbreiten. Wenn man sie sieht, traut man ihnen die von ihnen ausgehenden gesundheitlichen Gefahren und die Hartnäckigkeit gegen Bekämpfungsmaßnahmen nicht zu. Sie verschleppen leicht Keime und sind als Krankheitsüberträger besonders in Krankenhäusern bekannt. Wer Pharaoameisen entdeckt, muß dies, entsprechend gesetzlicher Vorschriften, sofort dem Gesundheitsamt melden.

Der Laie schenkt ihr zunächst keine Beachtung, weil sie nur 1,5 – 2,5 mm lang und hellgelb (bernsteinfarben) ist. Die Königinnen sind doppelt so groß. Die Pharaoameisen unterscheiden sich außerdem von den unproblematischeren Hausameisen durch ein zweiknotig aussehendes Verbindungsstück zwischen Brust und Hinterleib.

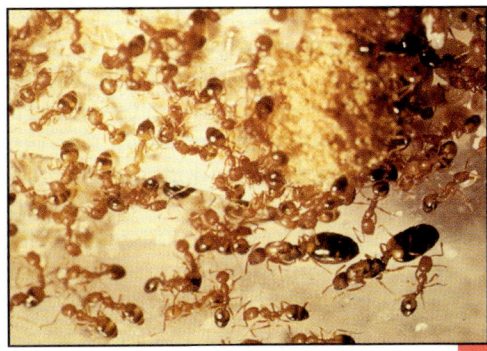

Pharaoameisen

Pharaoameisen am Fleisch

Sie mögen auch Blut

Diese Ameisenart benötigt zum Füttern ihrer Larven eiweißhaltige Speisen wie Fleisch, Innereien, Rahm, Eier, Käse und Blut. Sie kann sich aber auch von Brot, Zucker und anderen Speisen ernähren.

Woher die Einschleppung droht

Die Pharaoameise kann mit Tierfutter, Nahrungsmitteln, Thermosbehältnissen von Großküchen, Reisegepäck, Wäsche aus Wäschereien,

Backwaren aus Bäckereien oder Krankenhauswäsche u.a. eingeschleppt werden. Auch wandert sie von einem warmen Gebäude ins andere oder verbreitet sich durch warme Verbindungsschächte und Fernheizungen. Beliebte Aufenthaltsorte in Küchen sind warme Rückseiten von Kühl- und Gefrierschränken, Herden sowie Warmwasserspeicher.

Frost bringt sie um

Die Pharaoameise kann bei uns im Freien nicht überleben. Am besten gedeiht sie bei Temperaturen zwischen 25 und 35° C. Langfristig findet keine Vermehrung unter 20° C statt, das heißt bei normalen Raumtemperaturen kann sie auf Dauer nicht existieren. Oft stirbt sie einschließlich ihrer Larven bereits bei 0–5° C.

Ganze Nester werden verlegt

In einem Nest leben oft viele Königinnen; sie werden nur 3–4 Monate alt, produzieren aber sehr viele Arbeiterinnen, Männchen und Jungköniginnen. Die Königinnen und Männchen müssen zur Paarung nicht erst am sog. Hochzeitsflug teilnehmen, sondern können sich direkt an ihren Aufenthaltsorten paaren. Wird es den Ameisen zu eng, wandern befruchtete Jungköniginnen mit Arbeiterinnen ab und gründen einen neuen Staat. In befallenen Gebäuden stehen alle Nester miteinander in Verbindung. Die Pharaoameisen sind vor allem aufgrund ihres Wanderverhaltens schlecht zu bekämpfen. Bei Hitze, Kälte, Trockenheit und anderen Gefahren können sie in nur einer

Pharaoameisenkönigin

halben Stunde ein ganzes Nest verlegen und zum Beispiel in feuchte Bettwäsche, Speiseschränke und andere geeignete Orte umziehen.

Auch das Weiße Haus mußte dran glauben

Pharaoameisen wurden bisher in Krankenhäusern, Bäckereien, Großküchen, Hallenbädern, Schokoladenfabriken, Bienenstöcken, Heizsystemen, Sanatorien, Gemeinschaftsunterkünften und an vielen anderen Orten, an denen es warm und feucht ist, gefunden. Sogar das Weiße Haus in Washington wurde von Pharaoameisen heimgesucht.

Ameisen vorbeugen

❏ Wer mit normaler Raumtemperatur (ca. 20° C) auskommt und regelmäßig gut querlüftet, spart nicht nur Geld und Energie, sondern beugt auch dem Massenbefall durch Ameisen und anderem Ungeziefer vor.

❏ Nach Reisen, besonders in südliche Regionen, nach Aufenthalten in Krankenhäusern und Großhaushalten, sollte man dort gelagerte, mitgebrachte Kleidung und Wäsche sichten und möglichst im Freien ausschütteln. Verschmutzte Textilien auf jeden Fall waschen. Auch mitgenommene Nahrungsmittel (besonders zuckerhaltige) sollten inspiziert und schnell in verschlossene Behältnisse umgepackt werden.

❏ Fenstersimse, Terrassen- und Hauseingänge beobachten, vor allem dann, wenn sich Ameisennester und Ameisenstraßen direkt am Haus befinden.

❏ Einzelne Ameisen sofort mit einem Besen aufkehren und ins Freie befördern, denn es könnten Ameisenarbeiterinnen auf Futtersuche sein. Pharaoameisen sollten sofort aufgesaugt und der Staubsauger danach gründlich gereinigt werden. Bei Verdacht auf Pharaoameisen, diese sofort bestimmen lassen (Siehe S. 175).

❏ Besondere Reinlichkeit beim Abfallsammeln walten lassen.

❏ Gut verschließbare Abfallbehältnisse verwenden.

❏ Blumentöpfe nach Ameisen inspizieren, da sich in ihnen Nester befinden können. Ameisen an Freilandsträußen sind dagegen Einzelgänger und somit unproblematisch.

❏ Findet ein Hochzeitsflug in unseren Räumen oder in Hausnähe statt, so müssen wir Sorge tragen, daß alle Tiere ins Freie gelangen und sich nicht im Haus oder im umgebenden Mauerwerk festsetzen. Wichtig ist es, die Fenster zu öffnen, wenn die fliegenden Ameisen im Haus schwärmen, denn sie bewegen sich auf das Licht zu. Auch ein eingeschalteter Ventilator kann hilfreich beim Vertreiben sein. Empfohlen wird auch, die restlichen im Haus befindlichen Ameisen mit einem Staubsauger aufzusaugen.

❏ Wer Terrarien mit Schildkröten, Fröschen u.a. oder sonstige Tiere wie Mäuse und Meerschweinchen in seiner Wohnung hält, sollte die Tierbehausungen zum Schutz gegen Ameisen auf Tische stellen, deren Beine in Wasserbecher oder Schüsselchen gestellt werden. Statt Wasser kann auch dünnflüssiges Paraffinöl verwendet werden, denn es verdunstet nicht so schnell. Es muß aber ebenfalls wie Wasser in Abständen erneuert werden, um Schutz vor Ameisen und anderem Ungeziefer zu bieten.

❏ Blattläuse ziehen Ameisen an. Deshalb verlauste Pflanzen separieren und behandeln.

❏ Zum Schutz eignen sich auch gelöschter oder ungelöschter Kalk, Talkum, Backpulver u.a. feinpudrige

Substanzen, die an überdachten, trockenen Stellen an Haus- und Fensteröffnungen in Form einer Linie verteilt werden.

❏ Ameisen gehen auch nicht gerne über klein gemörserte oder zerdrückte Eierschalen. Diese können, als Barrieren vor Fenstern oder Türen ausgelegt, Ameisen abhalten.

❏ Fugen und geeignete Hohlräume abdichten.

❏ Als Abwehrmittel eignen sich auch intensive Düfte. So wurde uns von Erfolgen mit Lavendel, getrockneten Tomatenstauden, Rainfarn, Kerbelkraut, Zimt, Kaffeesatz, Majoran, Nußblättern sowie Gewürznelken berichtet.

Ameisen bekämpfen

❏ Oft werden Hefepräparate als Bekämpfungsmittel empfohlen – diese sind aber Forschern zufolge völlig unwirksam.

❏ Ritzen und Mauerlöcher, durch die Ameisen ein- und ausgehen, ausfindig machen und abdichten.

❏ Bei starkem Befall ist es wichtig, die Ameisenstraßen zu verfolgen und das „Ameisenfutter" wie Abfälle, Vorräte und sonstige Lebensmittel oder von Blattläusen befallene Pflanzen ausfindig zu machen und diese zu beseitigen. Oft verschwinden die Ameisen, wenn sie nichts zu fressen finden.

❏ Da wir normalerweise nur Arbeiterinnen zu sehen bekommen, nützt es nicht viel, diese zu töten. Nur wenn die Königin stirbt, vermehren sich die Ameisen eines Nestes nicht mehr.

❏ Ameisennester im Freien sollten toleriert werden.

❏ Wer auf eine Bekämpfung nicht verzichten will, kann Nester mit kochendheißem Wasser übergießen. Wichtig ist, daß das kochendheiße Wasser das gesamte Nest durchdringt und so sichergestellt wird, daß auch die Königin vernichtet wird. Auch das Einstampfen des Nestes kann zum Erfolg führen.

❏ Befinden sie sich unter Gehwegplatten, müssen diese entfernt werden, um die Ameisen im Nest zu bekämpfen.

❏ Ameisen kann man einfangen, indem ein mit Zuckerwasser getränkter Schwamm ausgelegt wird, der anschließend in einen Topf mit heißem Wasser getaucht wird. Dies ist die humanste, weil schnellste Art.

❏ Besonders Pharaoameisen können mit Kälte bekämpft werden. Dies ist in Mehrfamilienhäusern sehr schwierig, in kleineren Häusern aber eine preiswerte Möglichkeit, das Haus zu sanieren. Man muß dazu das Haus bei Frost winterfest machen, also das gesamte Wasser ablassen und alle frostgefährdeten Gegenstände entfernen. Sodann sind alle Gefrier- sowie Kühlgeräte abzuschalten, ebenso Heizungen, Warmwassergeräte und sonstige Wärmequellen. Alle Fenster sind zu öffnen. Vorsicht: Bei alten und feuchten Mauerwerken ist diese Methode ungeeignet, da die

Mauern auffrieren können. Lassen Sie sich möglichst von einen Baufachmann beraten, bevor Sie zur Tat schreiten. Sie selbst sollten die Nacht nicht frierend im Haus verbringen.

Bekämpfung mit Chemikalien

❏ Zunächst sind die genauen Befallsorte und die Stärke des Ameisenbefalls festzustellen. Diese kann man ermitteln, indem man an verschiedenen Stellen zur gleichen Zeit Zucker (bei Pharaoameisen gemahlene Leber) auf Pappe (ohne Gift!) auslegt und am nächsten Tag feststellt, ob und wieviele Ameisen sich um und auf den einzelnen Ködern befinden. Dort wo Befall ist, können Giftköder in Köderdosen ausgelegt werden. Vorsicht bei Haustieren. Diese müssen von den entsprechenden Räumen ferngehalten werden und man muß damit rechnen, daß Ameisen die Köder auch verschleppen. Es darf keine Nahrung für Ameisen erreichbar sein, da sie die Gifte auf die Nahrung schleppen können.

❏ Borax-Zucker-Gemisch im Verhältnis 1:1 ist ein wirksames Gift gegen Wegameisen, das in Köderdosen ausgelegt werden kann.

❏ Für Pharaoameisen sollte man als Giftköder stattdessen gemahlene Leber, mit 5 % Borax vermischt, in Köderdosen auslegen.

❏ Im Handel sind Köderdosen gegen Ameisen und spezielle gegen die Pharaoameise (andere sind ungeeignet) erhältlich. Wenn Sie sich für Giftköder entscheiden, informieren Sie sich bei Ameisen- und Schädlingsbekämpfungsexperten über den neusten Wissensstand bei der Bekämpfung (siehe: „Wo bekomme ich Hilfe?").

❏ Während der Bekämpfung mit Giften herumlaufende Ameisen nicht töten, damit sie die Fraßgifte ins Nest tragen können.

❏ Bei Pharaoameisen sollte auf jeden Fall ein empfohlener geprüfter Schädlingsbekämpfer eingeschaltet werden. Bei Neubefall von Pharaoameisen sind 1 bis 2 Monate für eine fachgerechte Bekämpfung einzuplanen. Haben sich die Pharaoameisen schon länger eingenistet und viele Völker hervorgebracht, so kann die erfolgreiche Bekämpfung 9 bis 12 Monate dauern.

❏ Nach Abschluß der Bekämpfungsmaßnahme sind alle Giftköderdosen einzusammeln. Sie gehören selbstverständlich in den Sondermüll. Man sollte Köderdosen nie länger und grundlos herumstehen lassen.

2

Mäuse und Ratten als Strafe?

Ratten lassen immer öfter den Besuch des stillen Örtchens zum Horrortrip werden, vor allem in Häusern mit verkalkten, rauhen Abflußrohren und mit Bewohnern, die ihre Speisereste in die Toilette werfen. Die „schlauen" Tiere versuchen, um satt zu werden, ganz nah an die Futterstelle zu gelangen. Ratten können nicht nur schwimmen und tauchen, sie haben auch einen langen Schwanz, der beim Klettern hilfreich ist. So können sie über rauhe Mauern, Abflußrohre und Toiletten in die obersten Wohnungen von Hochhäusern gelangen.

Man glaubt es nicht!

Die Zunahme von Ratten in Städten und Gemeinden wird immer augenscheinlicher. Die an sich so scheuen Tiere bewegen sich nicht mehr nur nachts in der Nähe unserer Häuser und Kanalisationen, sondern tummeln sich mittlerweile tagsüber auf Straßen und in Stadtparks. Auch seriöse Zeitschriften berichten immer öfter über Rattenplagen. So sollen derzeit die zwei Millionen Einwohner Bukarests von 13 Millionen Ratten geplagt werden, und auch in unseren Städten rechnet man mit mindestens einer Ratte je Einwohner.

Nach einem Jahr das gleiche Problem

In den Kommunen wurden regelmäßige Rattenbekämpfungsmaßnahmen durchgeführt. Die jahrelangen, breitangelegten Bekämpfungen mit Giften haben allerdings zu Resistenzen geführt, so daß Ratten heutzutage gegen viele Gifte immun sind. Außerdem vermehren sie sich so schnell, daß innerhalb eines Jahres bereits wieder genau so viele Tiere wie vor der Bekämpfung vorhanden sind, sofern ein Rattenpärchen überlebt hat.

Wir sind selbst dran schuld

Zu fressen finden die Tiere in unseren Städten aufgrund unseres nachlässigen, verschwenderischen Umgangs mit Lebensmitteln genug. Wo eine Ratte gesichtet wird, ist das dazugehörige Rudel nicht fern. Anders als die häuslichen Mäuse haben Ratten größere Reviere und legen auch weitere Strecken zurück.

Sie gehören zur Mäusefamilie

Sowohl die Wanderratte, die sich immer mehr breit macht, als auch die Hausratte und die kleinere Hausmaus, gehören der Mäusefamilie an. Wenn sie jung sind, kann sie der Laie nur schwer unterscheiden.

So machen sie sich bemerkbar

Mäuse- und Rattenbefall ist an Fraß-, Nage- und Kotspuren sowie Nagetierhaaren erkennbar. Auch der intensive Geruch des Urins, mit dem sie ihr Revier markieren, verrät sie. Meist werden die Tiere erst bei Dämmerung aktiv: Sie finden sich auch bei völliger Dunkelheit zurecht. Oft verraten sie sich durch Geräusche.

Wanderratte

Die Wanderratte ist in unseren Regionen stark verbreitet. Die Ratten können einschließlich Schwanz bis zu 50 cm lang werden, wobei der Schwanz etwas kürzer als der plumpe, bis zu 500 g schwere Körper ist. Der Schwanz wird ruhig gehalten. Am Kopf befinden sich eine abgerundete Schnauze und kleine Ohren. Wanderratten sind sehr fruchtbar. Sie werfen pro Jahr 4–6 Mal jeweils 8–12 Junge. Bereits nach 2–3 Monaten sind diese geschlechtsreif und bringen ihre Jungen etwa 3 Wochen nach der Paarung auf die Welt.

Wanderratten sind Tiere, die meist in Rudeln auftreten, zu denen bis zu 200 Tiere gehören können.

Gute Taucher und Schwimmer

Ratten sind friedliebende Tiere. Werden sie bei Gefahr aggressiv, so sollte man schleunigst das Weite suchen. Wanderratten lieben Feuchtigkeit, Speisen aller Art und sind sehr wanderfreudig. Da sie sehr gut schwimmen können, fühlen sie sich auch in unseren Abwasserkanälen und -rohren und in der Nähe von Uferbereichen sehr wohl. Sie treten aber vor allem in unseren Städten dort auf, wo sie sich an Vorräten und Abfällen jeglicher Art bedienen können, z.B. an Müllplätzen und Lebensmittelmärkten. Auch Müll- oder Wertstoffsäcke sind ihnen willkommen, wenn sie darin Nahrungsreste finden.

2 Wanderratten links, 3 Hausratten rechts

Hausratte

Die Hausratte ist einschließlich Schwanz ca. 40 cm lang. Sie hat ein dunkelbraunes oder schwarzes Fell, das nur am Bauch gräulich ist. Sie unterscheidet sich von der Wanderratte durch eine spitzere Schnauze, schlankeren Körperbau und dadurch, daß der sehr bewegliche Schwanz einige Zentimeter länger als der Körper ist. Sie hat größere Augen und Ohren als die Wanderratte und wiegt ca. 300 g. Die Hausratte wird 2–3 Jahre alt.

In den neuen Bundesländern ist die Hausratte stärker vertreten. Dieses wird auf den jahrelangen Einsatz des Wirkstoffes Wafam zurückgeführt, gegen den viele Hausratten resistent sind. In Westdeutschland gehört sie inzwischen zu den vom Aussterben bedrohten Säugetieren.

Die Hausratte bevorzugt Wohnungen, Ställe und Toiletten. Sie ist sehr klettergewandt und eher auf dem Dachboden zu finden als die Wanderratte. Die größten Schäden richtet sie durch Verbreitung von Trichinen und anderen Nahrungsmittelverunreinigungen an.

Mäuse

Zu Mäusen haben wir ein ganz besonderes Verhältnis. Micky Maus erfreut sich seit der Nachkriegszeit großer Beliebtheit. Gezüchtete Mäuse sind zu Haustieren geworden, die man niedlich findet. Was unsere Vorfahren darüber denken würden, die wegen Mäusen hungern mußten, sei dahingestellt.

Durch sie kamen Hungersnöte

Seit Jahrtausenden sind Mäuse die größten Nahrungskonkurrenten der Menschen. Mäuseplagen brachten früher immer Hungersnöte mit sich, begleitet von einer hohen Sterblichkeit der Menschen. Ganze Auswanderungswellen wurden durch Mäuseplagen ausgelöst.

Mäuseplage als Folge ökologischer Störungen?

Unbestritten ist, daß eine natürliche Mäuseanzahl zum biologischen Gleichgewicht gehört. Wissenschaftler vertreten die Meinung, daß Mäuse- und Rattenplagen die Folgen ökologischer Störungen sind. Dies wird auch von Epidemiologen des „Center of Desease Control and Prevention (CDC)" in Atlanta behauptet, die vor kurzem ein neuartiges Virus, das Pulmonary Syndrom Hantavirus (HFRS), nachgewiesen haben.

Rattenfraß an Maiskörnern

Ist das eine neue Pest?

Klaus Koch berichtete im Januar 1994 im deutschen Ärzteblatt, daß die durch das Virus (HFRS) verursachte Krankheit wie eine Grippe beginnt, aber bei fast zwei Drittel der Erkrankten durch Zerstörung von Lungengewebe innerhalb einer Woche zum Tod führt. In Amerika erkrankten im Frühjahr 1993 mindestens 42 Menschen an dieser Krankheit, von denen 26 starben. Als natürlicher Wirt wurde eine in weiten Teilen Amerikas verbreitete Mäuseart ausfindig gemacht, die sich in der letzten Zeit verzehnfacht hat.

Auch in Europa erkranken Menschen an Hantaviren. Nach einer aktuellen Untersuchung wird in Deutschland von jährlich ca. 1.600 Erkrankungen durch den Hantavirus Typ Puumala (Sterblichk. 1–2 %) und vereinzelten Erkrankungen durch den Typ Hantan (Sterblichk. 18–20 %) ausgegangen. Bereits 1,8 % der deutschen Bevölkerung weisen Antikörper gegen den Hantavirus Typ Puumala auf, das

Hausmaus am Meisenknödel

heißt sie hatten sich bereits mit diesem Erreger infiziert. Überträger dieser Viren sind Mäuse und Ratten.

Hausmaus

Die Hausmaus ist der kleinste der häuslichen Schadnager. Das Fell ist mausgrau und samtweich. Sie sieht der jungen Hausratte zum Verwechseln ähnlich. Ihre Hinterpfoten und ihr Kopf sind nur etwas kleiner. Ihr Schwanz ist mindestens genauso lang oder länger als ihr Körper. Bei einem Gewicht von ca. 20 g erreicht die ausgewachsene Maus eine Gesamtlänge von unter 20 cm. Sie ist nach etwas mehr als einem Monat geschlechtsreif, bringt ihre 5 – 6 Jungen 19 Tage nach der Paarung zur Welt und ist bis zu 8 mal jährlich trächtig.

Eine Maus kommt selten allein

Wer eine Maus in seinem Haus entdeckt, sollte davon ausgehen, daß sich eine ganze Mäusefamilie eingefunden hat. Hausmäuse sind – wie die mit ihnen verwandten Ratten – soziale Tiere, die nur in Ausnahmefällen alleine auftreten.

Eine Ausnahme sind einzelne Spitzmäuse und Tiere, die im Winter bei uns Unterschlupf suchen.

Ein ganzes Leben lang

Die bei uns vorkommende Hausmaus hält sich bevorzugt in Häusern und Getreidespeichern auf. Wo sie sich einmal eingenistet hat, bleibt sie oft ihr ganzes Leben, und das können 3 bis 20 Monate sein. Hausmäuse halten sich eher auf dem Dachboden und in Heizungsschächten als im Keller auf. Sie sind gute Kletterer und können, wie man sieht, auf Bäume und dementsprechend auch Mauern emporklettern.

Eine einzelne Maus braucht nicht viel

Entdeckt man Fraßschäden, so kann durch Wiegen des ausgelegten Köders die Stärke des Mäusebefalls abgeschätzt werden. Mäuse verzehren ca. 1 – 3 g Nahrung täglich. Sie huschen von einer Nahrungsquelle zur nächsten und sättigen sich möglichst an mehreren Futterplätzen.

Gesundheitsgefahren durch Mäuse und Ratten

➤ Mäuse und Ratten kommen als natürliche Wirte einer Vielzahl gefährlicher Erreger in Frage. Auch heute noch gibt es Pestgebiete auf der Welt, hauptsächlich in Asien.

➤ Die Untersuchung einer Vielzahl von Ratten hatte zum Ergebnis, daß jede

2. Ratte eine potentielle Gefahr ist; Versuchsratten eingeschlossen.

➤ Ratten, insbesondere Wanderratten, können beim Beißen die Rattenbißkrankheit übertragen. Dabei werden Streptobazillen, die am Zahnfleisch und an den Zähnen von Ratten sitzen, übertragen.

➤ Eine von Ratten und Mäusen übertragene, lebensgefährliche Krankheit mit einer Todesrate von 10–70 % ist die Weil'sche Krankheit (Leptospirose). Diese Krankheit beginnt grippeähnlich mit Kopf-, Fieber- und Muskelschmerzen. Anschließend entsteht eine lebensgefährliche Gelbsucht.

➤ Ratten und Mäuse verbreiten außerdem durch ihren Urin und Kot gefährliche Keime. Besonders, wenn diese Ausscheidungen in Sandkästen, Getreidesilos oder auf Kartoffeln und sonstige Nahrungsmittel gelangen, können sie für uns Menschen katastrophale Auswirkungen haben.

➤ Auch sind Ratten und Mäuse die Hauptüberträger von Schweinetrichinen, da sie das Tierfutter mit den Erregern verunreinigen. Weiterhin sind sie Überträger von Salmonellen, die sich in feuchten Kornsilos gut entwickeln können. Ratten kommen außerdem als Überträger von Fleckfieber (Typhus), Lepra, Ruhr, TB, Rotlauf, Cholera, des Rattenbandwurms u.v.m. in Frage.

➤ Milben und Flöhe, die von Mäusen und Ratten abfallen und den Menschen stechen, können viele gefährliche Krankheiten übertragen.

Von Hausmäusen angefressenes Toilettenpapier

➤ Ratten und Mäuse haben deshalb in unserer Nähe, vor allem in unseren Häusern und an unseren Vorräten nichts zu suchen. Um so unverständlicher ist es, wenn in jüngster Zeit besonders Jugendliche Ratten als Haustiere halten und mit sich herumtragen. Sie müssen dieses ausgeflippte Verhalten nicht selten mit schweren Krankheiten büßen.

Ratten und Mäusen vorbeugen

❑ Die Toilette nicht als Abfalleimer benutzen. Durch Speisereste zieht man sich Ratten ins Haus und züchtet ganze Rudel in der Kanalisation.

❑ Toilettendeckel nach Gebrauch wieder schließen.

❑ Möglichst keine Nahrung und Nistplätze bieten. Im Keller und auf dem Dachboden alle Einwanderungsmöglichkeiten verschließen. Dies kann durch engmaschiges Vergittern von Fenstern und Öffnungen erfolgen sowie durch Zumauern von Wandöffnungen und nicht verwendeten Abflüssen. Auch kleinere Tür-, Fenster- und Fußbodenritzen sind mit einzubeziehen.

❏ Abfälle immer unter Verschluß halten. Überfüllte, offene Mülltonnen ziehen auch Ratten an. Kunststoffsäcke mit Abfällen immer an einem ratten- und mäusesicheren Ort aufbewahren und erst kurz vor der Abholung auf die Straße stellen.

❏ Bei der Hauskompostierung in dicht bewohnten Gebieten einen im Handel erhältlichen ratten- und mäusesicheren Kompostbehälter einsetzen oder den Kompost nach allen Seiten mit feinmaschigem Draht absichern. (siehe Zeitschrift „TEST" der Stiftung Warentest, Juni 94)

❏ Da gekochte Essensreste und tierische Abfälle, wie Knochen und Fleisch, durch ihren Geruch besonders Nagetiere anziehen, gehören sie nicht auf den Hauskompost. Wer dies nicht akzeptieren will, sollte derartige Bioabfälle nur gut in Zeitungs- oder Küchenpapier eingepackt in den Hauskompost eingraben.

❏ Die Fütterung von Haustieren sollte immer kontrolliert erfolgen. Tierfutter nicht im oder vor dem Haus offen stehenlassen. Nach Sättigung der Haustiere ist der Futternapf zu entfernen und zu reinigen.

❏ Das Füttern von Goldfischen und Enten in Teichen oder Seen sowie die Fütterung von Wildtauben ist von Besuchern zu unterlassen, da bei Überfütterung auch Ratten satt werden. Ebenso sollten im Freien keine Essensreste weggeworfen werden.

Biologische Bekämpfung – war früher Gesetz!

Von Feldmausplagen berichtete bereits Aristoteles (384–322 v. Chr.). Es gab Länder, in denen das Halten von Katzen zur Bekämpfung der Mäuseplage Gesetz war. Werden die Katzen nicht durch Überfütterung oder zu gutes Futter verzogen, so sind sie auch heute noch die besten Mäusebekämpfer. Wer keine eigene Katze hat, findet vielleicht einen Freund oder Nachbarn, der ihm seine Katze zur Mäusebekämpfung ausleiht. Die Katze sollte nach und nach an die neue Umgebung gewöhnt werden. Auch müssen wegen Fluchtgefahr die Haustüren sowie Fenster geschlossen bleiben. Im Haus sollten Keller-, Boden- und sonstige Türen offenstehen, um der Katze das Fangen zu erleichtern.

Ratten und Mäuse bekämpfen

❏ Wer Mäuse oder Ratten in seinem Haus entdeckt, sollte zunächst nach Kotspuren, Nageschäden und Nestern suchen. Sodann sollte er das Haus nach Einschlupfmöglichkeiten absuchen und diese verschließen.

❏ Die meistgekaufte Falle ist die Schlagfalle, bei der dem Tier das Genick gebrochen wird. Umweltbewußte und Tierschützer setzen zum Fangen der Mäuse stattdessen Lebendfallen ein, die in Gartencentern, Drogerien, Zoohandlungen und Haushaltsgeschäften erhältlich sind. Allerdings ist das Aussetzen der

Tiere ebenfalls ein ökologischer, bedenklicher Eingriff.

❏ Wer eine Maus oder Ratte einfangen will, muß immer gleichzeitig mehrere Fallen einsetzen.

❏ Mäuse fressen Schokoladennußcreme, Erdnußbutter und aromatisches Pumpernickel für ihr Leben gern. Ein bewährter Rattenköder ist süßer Kartoffelbrei. Dieser Köder ist auch deshalb geeignet, weil er nur schlecht verschleppt werden kann.

❏ Um sicherzustellen, daß alle Jungtiere beseitigt sind, sollte eine erfolgreiche Bekämpfung mindestens 8 Wochen dauern.

❏ Haben sich nur einzelne Tiere in die Wohnung oder das Haus verirrt und hat man nicht gleich eine Falle zur Hand, so eignen sich ebenso hohe glatte Behältnisse, die neben einfach zu erkletternde Möbel, an rauhe Wände oder Mauervorsprünge gestellt werden. Die Innenseiten der Behältnisse sind einzufetten, damit die Nagetiere nicht wieder heraus können. In die Behältnisse werden neben den Ködern noch Holzwolle oder aufgebauschtes Zeitungspapier gelegt, damit die Nager den Sprung in das Behältnis wagen. Sind Tiere gefangen, so ist das Behältnis so zu verschließen, daß die Ratte oder Maus nicht mehr entweichen kann.

❏ Beim Umgang mit Fallen sollten immer dicke Handschuhe und Stiefel getragen werden, damit keine Bißverletzungen entstehen können.

❏ Alle Gegenstände insbesondere die Hände sind nach der Aktion gründlich mit einem Desinfektionsmittel zu reinigen. Werden die Fallen anschließend weiter eingesetzt, so sollten sie nicht gereinigt werden, da sie dann angeblich besser angenommen werden.

❏ Vorsicht beim Beseitigen von Mäuse/Rattenkot und -urin. Dieser enthält gefährliche Krankheitserreger. Möglichst durch feuchtes Aufwischen beseitigen. Dem Putzwasser ein Desinfektionsmittel zugeben. Während der Reinigung eine Atemschutzmaske, in Baumärkten erhältlich, tragen. Besonders das Einatmen von Keimen kann verheerende Folgen haben.

❏ Zur Tötung und Vertreibung von Nagetieren werden Ultraschallgeräte und Apparate mit elektromagnetischen Wellen angeboten. Eine Wirksamkeit konnte in Tests nach Aussage des ehem. Bundesgesundheitsamtes nicht nachgewiesen werden.

❏ Leimverfahren sind tierschutzwidrige Maßnahmen und sollten bei der Mäusebekämpfung auf keinen Fall eingesetzt werden.

Chemische Bekämpfung

❏ Die Ratten- und Mäusebekämpfung mit Chemikalien ist geprüften, erfahrenen Schädlingsbekämpfern zu überlassen.

❏ Nachteil der Bekämpfung mit Giften ist, daß bei nicht sachgerechtem Verhalten die Plage noch größer werden kann. Außerdem können die Tiere an verborgenen Stellen verenden und unerträglichen Verwesungsgeruch verbreiten, mit dem sie weiteres Ungeziefer anziehen. Das gilt nicht für das Gift Cumarin. Oft sind die häuslichen Bekämpfungsmaß-nahmen von wenig Erfolg gekrönt, wenn die Ratten und Mäuse ihre Nester in der Umgebung haben.

❏ Bei der chemischen Bekämpfung von Ratten und Mäusen verwendet man kaum noch starke Gifte, sondern Cumarine. Diese verursachen nach Verzehr tödliche innere Blutungen. Die verendeten Tiere geben keinerlei Gerüche ab – sie vertrocknen.

❏ Vor und während einer Bekämpfungs-maßnahme sollte, um schnelleren Erfolg zu haben, nicht entrümpelt werden und alles beim alten bleiben.

❏ Wichtig ist, daß zunächst ungiftige Köder an mehreren Stellen im ge-samten Bereich des Befalls ausge-legt werden und eine ständige Kon-trolle über die Nahrungsaufnahme erfolgt. Nach einiger Zeit wird unter die Köder, die von den Nagetieren angenommen wurden, Gift gemischt. Es empfiehlt sich, die Giftköder in Köderboxen auszulegen, diese sind 2 x wöchentlich aufzufüllen. Wenn aufgrund der eintretenden Giftwir-kung die Fraßmenge nachläßt, reicht 1 x wöchentlich.

❏ Die Giftköderaktion muß nach einiger Zeit wiederholt werden, damit auch kleine, im Nest befindliche Tiere ein-bezogen werden. Anschließend ist wieder mit ungiftigen Ködern zu kon-trollieren, ob noch Tiere vorhanden sind.

❏ Damit es nicht zu Resistenzen gegenüber dem Gift kommen kann, müssen die Giftköder, wenn die

Bekämpfung erfolgreich war, nach Vorschrift entfernt werden.

❏ Bei der Bekämpfung von Nagetieren sind die Vorschriften des Tier-und Gesundheitsschutzes besonders zu beachten. Stark gefährdet sind Kin-der und Haustiere. Deshalb empfiehlt Dr. Iglisch, Experte des Instituts für Wasser-, Boden- und Lufthygiene (WaBoLu), auch während der Bekämpfung die Sicherheitsvorkeh-rungen regelmäßig zu überprüfen und gegebenenfalls zu erneuern. Es sind nur Mittel einzusetzen, die wirk-sam und geprüft sind. Neben einer Liste, in der geprüfte, wirksame Mit-tel aufgeführt sind, können beim WaBoLu auch ausführliche, aktuelle Informationen angefordert werden (Siehe S. 175).

❏ Mäuse- und Rattenkadaver sind in Plastiksäcken einzusammeln und zu der für die Kommune zuständigen Tierkörperverwertung zu bringen. Giftabfälle und restliche Giftköder gehören nach Gebrauch zum Son-dermüll.

Wanderratte sucht Box auf

Bad und Toilette

Bad

Duschen oder sich in der Badewanne zu aalen ist für die meisten Menschen eine Wohltat. An der dabei entstehenden Feuchtigkeit haben auch Schimmelpilze, Milben und Silberfischchen Nutzen und Gefallen. Trocknen die Niederschläge, die beim Waschen, Duschen und Baden entstehen, nicht schnell genug ab, können sich insbesondere in den Badecken, Duschkabinen, an Fensterrahmen und schlecht isolierten Außenmauern Schimmelpilze ansiedeln. Diese wiederum ziehen Milben an, die auch von Schimmelpilzen leben. Die Pilze werden allerdings beim Verdauen von den Milben nicht abgetötet, sondern können sich nach dem Ausscheiden noch besser entwickeln. Hauptsächlich ernähren sich die Milben jedoch von Hautschuppen und befinden sich vor allem im Schlafzimmer, wo sie Hausstauballergien auslösen können (s. Seite 97 ff).

Brutstätten im Wasser

Auch Stechmücken können durch das Badfenster kommen. In manchen Häusern finden Stechmücken sogar Brutstätten in Blumenübertöpfen mit stehendem Wasser oder in Ausgüssen, die nicht benutzt werden.

Kleine Tiere, wie Silberfische oder Käfer, können auch durch Abflüsse von Waschbecken, Badewannen und WC einwandern. Größere Tiere wie Ratten und Mäuse gelangen über große, unverschlossene Abflußöffnungen ins Haus.

Die Verursacher der Legionärskrankheit

Manche Kleinstlebewesen, die sich im Wasser aufhalten und vermehren können, sind ein Gesundheitsrisiko. Erst seit kurzem ist eine Bakterienart bekannt, die sich vor allem in ste-

hendem, warmen Wasser vermehrt und Lungenentzündungen mit sogar tödlichem Ausgang hervorrufen kann. Diese Bakterien heißen Legionellen. In großer Anzahl inhaliert, kann dies die Legionärskrankheit, eine gefährliche Lungenentzündung oder das Pontiacfieber zur Folge haben.

Obwohl man noch am Anfang der Forschung steht, wird davon ausgegangen, daß Legionellenerkrankungen häufig sind. Sie können durch entsprechende Vorsorgemaßnahmen reduziert werden.

Kampf den Schimmelpilzen und Modermilben

Tips zur Vorbeugung

❏ In's Bad gehören keine Teppichböden.

❏ Jedes Bad sollte gut belüftbar sein.

❏ Bei Innenbädern ist auf einen ausreichend starken Ventilator zu achten.

❏ Möglichst in Innenbädern keine nasse Wäsche trocknen.

❏ Dusche und Badewanne nach Benutzung trockenreiben und Duschkabinentür offen lassen.

❏ Fenster und Badezimmertür öffnen, bis Kondenswasser abgetrocknet ist.

❏ Im Winter sollte das Fenster aus Energiespargründen spätestens nach 5 Minuten geschlossen werden. Falls Fenster oder Spiegel danach noch beschlagen sind, ist der Belüf-

tungsvorgang nach Erwärmung des Raumes zu wiederholen.

❏ Bei Innenbädern Ventilatoren nach Benutzung so lange laufen lassen, bis das Kondenswasser abgetrocknet ist.

❏ Bademmatten gut trocknen lassen.

❏ Regelmäßig die Fugen an den Kacheln überprüfen und ggf. abdichten.

❏ Darauf achten, daß kein Wasser hinter die Sanitärobjekte laufen kann.

❏ Bei einfach verglasten Fenstern sind bei starker Kondenswasserbildung Fenster und Rahmen abzuwischen.

❏ Wasserleitung und Abflußrohre regelmäßig auf undichte Stellen überprüfen.

- Bei längerer Abwesenheit eine Soda-Wasser-Lösung zur Reinigung in die Abgüsse schütten und diese verschließen.

Bekämpfung

- Den Boden regelmäßig wischen und gut nachtrocknen.
- Badematten möglichst oft waschen und nur gut getrocknet auslegen.
- Schimmelpilze mit 5 %igem Essig, Sodalösung oder Spiritus abbürsten.

Bei Eindringen der Schimmelpilze ins Mauerwerk mit einem starken Fön auf heißester Stufe langsam abfönen. Abstand halten, damit der Fön nicht überhitzt. Sicherheitsvorschriften für den entsprechenden Fön und Bäder sind zu beachten, vor allem aber während des Fönvorgangs nicht mit Wasser und Nässe in Berührung kommen.

- Schimmelpilzbefallene Kunststoff- und Zementfugen entfernen und erneuern.

Silberfischchen, die Zuckergäste aus der Urzeit

Silberfischchen sind Gäste aus der Urzeit. Seit 300 Mio. Jahren bewohnen sie die Erde. Die ca. 1 cm kleinen Insekten werden höchstens 2 Jahre alt. Der silbrige, gegliederte Körper hat am Kopf 2 Fühler und am Schwanz 3 fadenförmige Anhänge. Die Tierchen werden bei Dunkelheit aktiv. Schaltet man das Licht an, so huschen sie schnell weg und verstecken sich in Löchern und Ritzen.

Ein paar sind harmlos

Silberfische sind harmlos und bereiten nur in Massen Probleme. Als Nahrung bevorzugen sie stärkehaltige Stoffe, wie Kleister, Kleber, Bucheinbände, gestärkte Textilien und alte Fotos. Sie können diese durch Schabe- und Lochfraß schädi-

gen. Im Haus können sie an allen feuchten Orten auftreten. Auch der Vorratsschrank kann ihr Aufenthaltsort sein. Dort bevorzugen sie stärkehaltige Lebensmittel und Zuckerwaren, was schon der Name „Zuckergast" besagt.

Silberfischchen

Silberfischchen-Befall an Schallplattenhülle

men, kann man ab und zu kochendes Wasser einlaufen lassen

❏ Mit der Fugendüse des Staubsaugers gezielt die in Fugen und Löchern abgelegten Eier absaugen.

❏ Bei Dunkelheit in die Mitte des Bades einen feuchten, mit Gips bestreuten Baumwollappen als künstliches Versteck auslegen. Am Morgen den Lappen mit den darunter versteckten Silberfischchen aufnehmen und diese im Freien ausschütteln oder in heißem Wasser vernichten.

❏ Beliebte Aufenthaltsorte sind auch Hohlräume unter der Dusche und Badewanne. Die dort lebenden Silberfischchen vertrocknen, wenn ein Heizlüfter vor das geöffnete Revisionstürchen gestellt und Warmluft eingeblasen wird. Sicherheitsvorschriften sind dabei zu beachten. Nur tropfwassergeschützte Heizgeräte im Bad einsetzen. Geräte nur kurze Zeit laufen lassen, lieber mehrmals wiederholen.

Massenbefall nur bei starker Feuchtigkeit und Wärme

Bad und Toilette sind aber ihre bevorzugten Aufenthaltsorte, da sie dort sowohl Feuchtigkeit als auch die notwendige Wärme finden. Als Nahrung bieten sich die am Boden liegenden Haare und Hautschuppen sowie der Schmutz an. Die Silberfische legen ihre Eier in Ritzen und Spalten. Sie entwickeln sich am besten bei Temperaturen zwischen 25 und 30° C. Bei Kälte ist keine Vermehrung möglich.

Vorbeugung

Die Tips zur Vorbeugung von Schimmelpilzen und Modermilben gelten auch für die Silberfischchen (siehe S. 89).

Bekämpfung

❏ Da Silberfische oft in Überläufen von Badewannen und Becken vorkom-

Chemische Bekämpfung

❏ Bei Massenbefall trotz ausgetrockneter Räume können im Handel erhältliche Köderdosen eingesetzt werden.

❏ Als Hausmittel zur Bekämpfung wird ein Borax-Zuckergemisch (1:1) empfohlen, das vor die Schlupflöcher gestreut wird. Vorsicht bei Kleinkindern und Haustieren – Köderdosen sind sicherer!

Legionellen statt Sabotage

Großes Aufsehen und den Verdacht auf Sabotage erregte 1976 nach einem Treffen in Philadelphia (USA) eine Massenerkrankung älterer Veteranen, die für 29 Erkrankte tödlich endete. Wissenschaftler kamen dem mysteriösen Tod auf die Spur und machten als Erreger eine bis dahin unbekannte Bakterienart aus. Diese erhielt den Namen Legionella. Als Infektionsquelle wurde eine legionellenverseuchte Klimaanlage ausfindig gemacht, deren feuchte Luft in den Tagungsraum geblasen wurde.

Mittlerweile ist eine Vielzahl von Todesfällen besonders immungeschwächter, aber auch gesunder Menschen durch Legionelleninfektionen bekannt. Eine süddeutsche Klinik mußte sogar aufgrund mehrerer Legionelleninfektionen – mit Todesfolge bei 2 Erkrankten – vorübergehend geschlossen werden. Das Bundesgesundheitsamt schätzt die Dunkelziffer von Legionelleninfektionen sehr hoch. Derzeit wird in der BRD von 5000 – 8000 Krankheitsfällen jährlich ausgegangen.

Legionella pneumophilia

Legionellen sind stäbchenförmige, bewegliche, für uns unsichtbare Kleinstlebewesen. Es sind bereits über 40 verschiedene Arten mit vielen Untergruppen bekannt. Sie können praktisch in jedem Süßwasser vorkommen. Nicht alle in der Umwelt nachweisbaren Legionellen sind krankheitsauslösend. Problematisch ist die Legionella pneumophilia. Bei welcher Legionellenzahl es zu Erkrankungen kommt, ist abhängig von den individuellen, körpereigenen Abwehrkräften und evtl. Lungenschädigungen wie z.B. bei Rauchern. Die krankheitsauslösende Erregerzahl ist nicht genau bekannt, wird aber ab ca. 1000 Erreger pro Liter Wasser geschätzt.

Geringes Risiko bei kaltem Wasser

Legionellen sind in kaltem Wasser nur selten und in kleiner Zahl zu finden, sie lieben es warm. Sie entwickeln sich besonders bei Temperaturen von 30 – 45° C in stehendem Wasser; unter optimalen Bedingungen verdoppeln sie sich alle 3 Stunden. Sie vermehren sich deshalb auch in Kaltwasserleitungen, wenn diese durch benachbarte Heizungen und Warmwasserrohre erwärmt werden.

Legionellen können Temperaturen von 55° C ertragen. Bei einer Dauertemperatur von 60° C können sie sich Wissenschaftlern zufolge kaum vermehren und sterben ab. Bei einer kurzfristigen Erhitzung auf über 70° C werden sie abgetötet.

Wo sie sich aufhalten

Bevorzugte Aufenthaltsorte sind wasserführende Systeme. Sie wurden in Wasserleitungen vom Boiler bis zu den Armaturen (wie in Dusch-

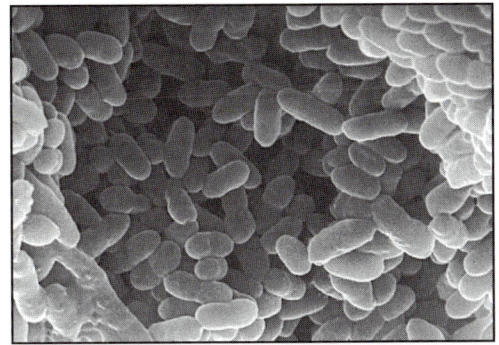

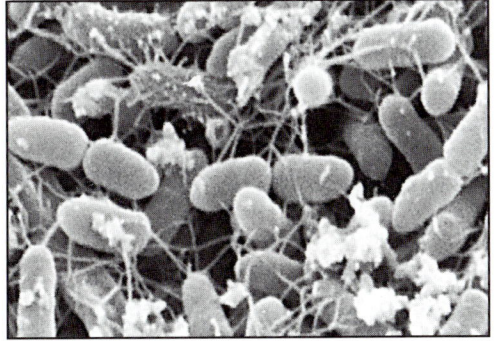

Mikroaufnahmen von Bakterien und Legionellenkolonien: auf Schlauch und Rohroberflächen

köpfen, Perlatoren, Dichtungen, Duschschläuchen und Wasserhähnen), ebenso in Whirlpools, Kühltürmen, Klimaanlagen, Luftbefeuchtern und Inhalationsgeräten gefunden.

In Verstecken können sie überleben

Bei Befall der Rohre können sich die Legionellen nach Erhitzung, auch wenn sie zunächst nicht mehr nachweisbar sind, wieder vermehren. In den Leitungssystemen finden sie meist genügend nicht erreichbare Ver-

stecke. Bei regelmäßiger thermischer Bekämpfung werden sie reduziert.

Geringes Risiko in Einfamilienhäusern

Nach heutiger Erkenntnis haben Privathäuser, im Vergleich zu großen Wohnblocks und Großhaushalten mit zentraler Wasserversorgung, nur ein sehr geringes Legionellenrisiko. Besonders stark belastet sollen Wohnheime, Krankenhäuser und öffentliche Bäder sein. Es sind bereits umfassende Vorschriften erlassen worden, um auch dort das Risiko zu reduzieren.

So dringen sie ein

Das Inhalieren von minimalen Wasserpartikeln ist nach heutigem Wissensstand die wichtigste Erkrankungsursache.

Schwere Infektionen können aber auch durch Verschlucken oder Waschungen offener Wunden mit legionellenverseuchtem Wasser – besonders bei Frischoperierten – ausgelöst werden.

Bei Legionelleninfektionen sind 2 Krankheitsverläufe bekannt: Einmal die als Legionärskrankheit bekannt gewordene schwere Lungenentzündung mit möglicherweise tödlichem Verlauf (ca. 20 %) und das ohne Lungenentzündung ablaufende Pontiac-Fieber, nach einer im Krankenhaus in Pontiac (USA) aufgetretenen Epidemie benannt.

Von einer direkten Übertragung der Krankheit auf andere Personen ist nichts bekannt. Anfällig für Legionelleninfektionen sind vor allem immun-geschwächte Menschen.

Es beginnt wie eine Grippe

Die Legionärskrankheit tritt 2 – 10 Tage nach Inhalation von keimhalti-gem Wasser oder Sprühnebel in Form einer schweren Lungenentzün-dung auf. Das Pontiac-Fieber ähnelt einer Grippe mit Fieber, Kopfschmer-zen und Mattigkeit. Eine Legionellen-infektion rasch und sicher zu erken-nen ist sehr schwierig.

Legionellen liegen nach den Strepto-coccen und Viren als Verursacher schwerer Lungenentzündungen an dritter Stelle. Legionellenerkrankun-gen werden mit Erythromycin, Roxi-thromycin, Clarithromycin sowie Gyrasehemmern (Ofloxacin, Ciproflo-xacin) behandelt. Bei Krankheitsver-dacht ist sofort ein Arzt aufzusuchen.

Legionelleninfektionen vorbeugen

❏ Warmwasserspeicher in Abständen von 7 – 9 Tagen auf über 70° C erhit-zen, alle Zapfstellen nach einander öffnen und somit das gesamte Lei-tungsnetz durchspülen. Falls dies nicht möglich ist, Dauertemperaturen von 60° C einstellen.

❏ Auf langes Duschen verzichten - kur-zes Duschen und das Abstellen des Wassers während des Einseifens reicht aus.

❏ Beim Duschen möglichst kein Was-ser oder Wassernebel inhalieren

❏ Sofern längere Zeit kein warmes Boi-lerwasser benötigt wird, den Boiler abstellen.

❏ Bei Anstellen des Boilers zunächst die Höchststufe einstellen und erst nach erfolgter Aufheizung auf über 70° niedrigere Temperatur wählen.

❏ Vor dem Baden das Wasser auf über 70°erhitzen und einlassen, erst dann kaltes Wasser dazugeben.

❏ Bei längerer Abwesenheit: gestande-nes Wasser ablassen.

❏ Warmwasserboiler und Wassertanks regelmäßig warten und den abge-setzten Schlamm entfernen lassen. Das ist besonders bei großen Was-serspeichern (z.B Mehrfamilienhäu-ser) wichtig.

❏ Duschköpfe und Armaturen regel-mäßig nach Vorschrift reinigen.

❏ Inhalationsgeräte vor Wiederinbe-triebnahme gründlich reinigen und nur frisch abgekochtes Wasser ver-wenden.

❏ Klimaanlagen regelmäßig vorschrifts-gemäß warten lassen.

❏ Prüfen, ob Einrichtungen zur Luftbe-feuchtung notwendig sind, zumal der Nutzen einer Luftbefeuchtung umstritten ist. Pflanzen sind bewähr-te Luftbefeuchter. Auch regelmäßi-ges, kurzes Durchlüften und der Ver-zicht auf überheizte Räume schafft ein gutes Raumklima.

❏ Fachleute empfehlen, Luftbefeuch-teranlagen regelmäßig zu warten und zu reinigen, Wasser im Vorratsgefäß täglich zu erneuern, nur mit abge-kochtem Wasser zu befüllen, wöchentliche Desinfektion und häufi-ger Wechsel des Filters bzw. Entkal-kersystems.

- Bei längerer Abwesenheit das Wasser ablassen und Rohre, falls möglich, offen lassen. Vor neuer Inbetriebnahme Wasserleitung mit heißem Wasser durchspülen.

- Ältere und kranke Menschen sollten sich bei Anschaffung eines Wassererhitzers für einen Durchlauferhitzer ohne Speicherung entscheiden.

- Medikamente mit abgekochtem Wasser bzw. mit Sprudel einnehmen.

- Für Warmwassersprudelbecken (Whirlpools) empfiehlt das Bundesgesundheitsamt den Einsatz von 0,7-1,0 mg/l freiem Chlor.

- Auch beim Springbrunnen im Haus auf die Hygiene achten.

- Beim Hausbau: Kaltwasserleitungen so verlegen lassen, daß sie nicht durch Warmwasserleitungen oder andere Wärmequellen erwärmt werden.

- Beim Renovieren: Keine Leitungsrohre stillegen – Alte Leitungsrohre entfernen, damit sich darin keine Bakterienbrutstätten entwickeln.

Informationen über Probeentnahmen und Ansprechpartner (siehe S. 177).

Toilette

Besonders gefährlich ist die Abfallentsorgung durch die Toilette. Nicht nur Toilettenpapier, Binden, Strumpfhosen sondern auch Knochen, Fleisch, Kartoffeln und viele andere Speisereste werden in das WC geworfen. Damit werden vor allem die Wanderratten in der Kanalisation gefüttert und können sich stark vermehren. (Ratten siehe S. 80ff).

Sauberkeit auf der Toilette

Für das stille Örtchen gilt das gleiche wie für das Badezimmer. Darüber hinaus spielen verschmutzte Handtücher, Armaturen, Türgriffe, Toilettenbrille und -bürste bei der Übertragung von Krankheitserregern eine wesentliche Rolle.

3

Schlafzimmer

Beim Thema „Betten lüften" beginnt die Diskussion oft in der eigenen Familie. Während die Oma die Betten noch bei Wind und Wetter im Freien lüftete, kann sich die Tochter nur zu gelegentlichen Aktionen aufraffen und die Enkelin hält gar nichts von dieser „Zeitverschwendung". Die Wenigsten wissen, warum diese Tradition, wenn sie richtig angewendet wird, der Gesundheit förderlich ist und durchaus ihre Berechtigung hat.

Zuviel Wasser!

Nach dem Aufstehen ist das Schlafzimmer besonders feucht, denn jeder Mensch verdunstet nachts 2 – 3 Liter Flüssigkeit. Wenn das Schlafzimmer außerdem weniger als die anderen Wohnräume geheizt wird und die Türen offen stehen, schlägt sich eine Menge Kondenswasser an den kühlen Schlafzimmerwänden nieder. Das führt bei mehr als der Hälfte der hiesigen Schlafzimmer zu Schimmelbildung, vor allem an den Außenwänden und hinter Schränken. Untersuchungen zeigen, daß meistens nicht bauliche Mängel die Ursache für Schimmelbildung sind, sondern falsches Heizund Lüftverhalten der Bewohner.

Schimmelpilze fühlen sich wohl

Bleibt in unseren Betten zuviel Feuchtigkeit, so vermehren sich dort unsichtbare Schimmelpilze, und Hausstaubmilben finden einen optimalen Lebensraum. Da die Zahl der Menschen, die unter einer Hausstauballergie leiden, ständig ansteigt, wird im folgenden Kapitel erläutert, wie im Schlafzimmer richtig zu lüften ist und wie dadurch der Massenvermehrung von Milben vorgebeugt werden kann (Schimmel vorbeugen siehe S. 89f). Nicht nur geplagte Hausstauballergiker finden viele Tips zur chemiefreien Milbenbekämpfung.

Mitbewohner im Kleiderschrank

Kleidermotten sind zwar gesundheitlich unbedenklich, sie können aber auch heute noch einigen Schaden anrichten, da ihre Larven besonders gerne teure Wollstoffe und Pullover anfressen.

Wenn es juckt und sticht

Die leidigen Bettgenossen, wie Flöhe (siehe S. 143 ff) und Bettwanzen (siehe S. 146 ff), sind im Kapitel „Parasiten" zu finden und die Stechmücken (siehe S. 124 ff), die nachts um unsere Köpfe surren und uns den Schlaf rauben, finden sich im Kapitel „Balkon und Terrasse".

4

Hausstaubmilben – im Vormarsch!

Betrachtet man einen durch's Fenster einfallenden Sonnenstrahl, so sind in der Luft zahlreiche, schwebende Staubteilchen zu sehen. Von diesem in der Regel unsichtbaren Staub sind wir permanent umgeben. Im Hausstaub leben unzählige Hausstaubmilben, auf deren Kot eine immer größer werdende Zahl von Menschen allergisch reagiert. Der Kot wird mit dem Staub in der Luft verwirbelt und reizt die Schleimhäute der empfindlichen Personen. Hausstaubmilben sind sehr klein und lassen sich nicht vollkommen aus unserem Leben verbannen. Allerdings sollten wir die Anzahl der Milben in unseren Wohnungen möglichst gering halten, um die Gefahr einer Hausstauballergie zu verringern.

Fressen sie Staub ?

Hausstaubmilben sind zwischen 0,1 und 0,5 mm groß und finden sich in Höhen bis 1300 m überall. Sie ernähren sich von den Hautschuppen des Menschen sowie seiner Haustiere und von den unsichtbaren Schimmelpilzen, die unter anderem auf unseren Matratzen wachsen. Ein Mensch verliert am Tag etwa 1,5 g Hautschuppen, ausreichende Nahrung für 100 000 Milben. Hautschuppen sammeln sich dort, wo der Mensch seine Kleider ablegt, also z.B. im Schlafzimmer, vor dem Bett.

Auch im Bett, wo sich der Mensch längere Zeit mit spärlicher Bekleidung aufhält, verliert er eine Menge Hautschuppen.

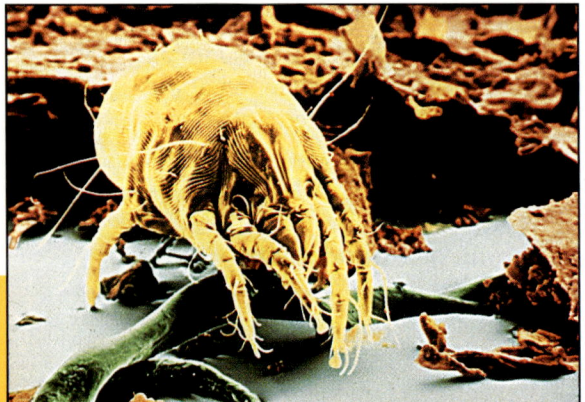
Hausstaubmilbe

Gesundheitliche Gefahren

Die Hausstaubmilbe selbst beißt nicht und überträgt keine Krankheiten. Allerdings entwickelt eine immer größer werdende Zahl von Menschen eine Allergie gegen den Milbenkot und die Zersetzungsprodukte abgestorbener Milben. Diese Allergie kann sehr beschwerlich sein, da die Milben das ganze Jahr über im Haus sind.

Besonders im Herbst

Die meisten Hausstaubmilben-Allergiker haben im Herbst die größten Beschwerden, da zu dieser Jahreszeit besonders viel Kot und tote Milben in den Räumen zu finden sind. In Mitteleuropa herrscht von Mai bis Oktober ein gemäßigtes Klima (25–30° C und hohe Luftfeuchtigkeit). Zu dieser Zeit vermehren sich die Hausstaubmilben besonders stark, sterben aber zu Beginn der Heizperiode zum Großteil ab.

Allergiesymptome

Die Beschwerden treten vor allem an den Atmungsorganen und den Augen auf. Es kommt aber auch zu Unverträglichkeitsreaktionen der Haut (sog. Ekzeme). Hausstauballergiker leiden unter Augentränen, Niesanfällen, ganzjährigem Schnupfen, Husten, Atemnot und Asthma.

Milben reduzieren

Hausstauballergiker sollten zur Linderung ihrer Beschwerden dafür sorgen, daß die Milbenanzahl und

Hausstaubmilben vermehren sich besonders stark bei Temperaturen zwischen 20 und 30 °C und einer Luftfeuchtigkeit von 70 – 80 %. Bei niedriger Luftfeuchtigkeit sterben sie. Dies kann man sich bei der Bekämpfung zunutze machen.

Sie lieben's kuschelig

Den idealen Lebensraum bieten Materialien, die den Milben Unterschlupf gewähren, z. B. Teppiche, Teppichböden und Matratzen. Glatte Bodenbeläge und glatte Sitzmöbelbezüge bieten den Hausstaubmilben keinen Unterschlupf, wodurch sie sich nicht so stark vermehren können.

Hitze, Kälte, Trockenheit und UV-Strahlen töten Hausstaubmilben zuverlässig ab, so daß eine wirksame Bekämpfung auch ohne Chemie möglich ist.

deren Kot in der Wohnung reduziert werden. Eine völlige Milbenfreiheit läßt sich nicht erreichen, da sie aufgrund ihrer geringen Körpergröße immer wieder eingeschleppt werden. Die Anzahl der Milben kann man mit Hilfe eines Milben-Tests, der in Apotheken erhältlich ist, ermitteln.

Hausstaubmilben vorbeugen und bekämpfen

❏ Glatte Fußbodenbeläge wie Fliesen, Parkett, Linoleum, Marmor usw. bevorzugen.

❏ Glatte Fußböden regelmäßig staubsaugen und gelegentlich feucht wischen.

❏ Couchgarnituren mit Glattlederbezug bieten den Milben keinen Lebensraum.

❏ Die Luftfeuchtigkeit sollte weniger als 50% betragen (mit einem Hygrometer kontrollieren).

❏ Beim Kochen, Duschen oder Baden den Wasserdampf schnell abführen. Möglichst Durchzug schaffen.

❏ Die Feuchtigkeit im Schlafzimmer nach dem Aufstehen sofort abführen. Dazu die Tür schließen und die Fenster weit öffnen.

❏ Bettbestandteile häufig lüften und sonnen.

❏ Bei feuchtem Wetter Bettdecken und Kissen nicht ins Freie hängen und nur kurz lüften, da sie ansonsten noch mehr Feuchtigkeit aufnehmen.

❏ Nur gut gelüftetes, trockenes Bettzeug mit Tagesdecken zudecken, sonst herrscht im Bett ein optimales Milbenklima!

❏ Berufstätige, die morgens aus dem Haus müssen, sollten die Betten aufgeschlagen lassen und sie nach Dienstschluß lüften.

❏ Bettdecken und Kissen dürfen nur vollkommen trocken in Bettkästen verstaut werden, da sich die Milben aufgrund der nicht entweichenden Feuchtigkeit hier besonders gut entwickeln.

❏ Schlafanzüge, Bettlaken oder Spannbettücher zum Entfernen der Hautschuppen und Milben regelmäßig über der Badewanne ausschütteln oder zum Fenster hinaus.

❏ Im Schlafzimmer nicht aus- und ankleiden, nicht kämmen und bürsten, da hierbei sehr viele Hautschuppen zu Boden fallen.

❏ Alle Staubfänger wie Teppiche, Teppichböden, schwere Gardinen, Polstermöbel, Tierfelle, Topfpflanzen und Strukturtapeten im Schlafzimmer vermeiden.

❏ Bettwäsche und Schlafanzüge häufig wechseln und bei 60° C waschen.

❏ Matratzen regelmäßig absaugen (empfindliche Menschen sollten dabei eine Staubmaske tragen).

❏ Matratzen auf einen Latten- oder Drahtrost legen, nicht aber auf luftundurchlässiges Material.

❏ Matratzen, die älter als 8 Jahre sind, sollten gegen neue ausgetauscht werden, da sich meist große Mengen Milbenexkremente angesammelt haben.

❏ Teppiche in den Schnee legen und klopfen. Dieser alte Brauch ist auch heute noch zu empfehlen, da Staub und Dreck herausgeklopft werden, die Farben wieder frisch aussehen und die Milben durch die Kälte zum Teil absterben.

❏ Auch Kinderzimmer täglich mehrmals lüften und möglichst glatte Bodenbeläge verwenden. Waschbare Teppiche sind festverlegten Teppichböden vorzuziehen.

❏ Schmusetiere sind ideale Milbenfänger, sie sollten regelmäßig gewaschen oder eingefroren werden. Im Wäschetrockner können Kuscheltiere von Milben befreit werden, durch die Trockenheit und Wärme vertrocknen sie.

❏ Auch alle anderen Zimmer sollten regelmäßig von Staub befreit werden, vor allem Teppichböden, Teppiche, Polstermöbel, Sofakissen, Vorhänge, Gardinen und Stofftapeten.

❏ Keine Luftbefeuchter verwenden, sie begünstigen nicht nur die Vermehrung von Hausstaubmilben, sondern auch die Vermehrung der gesundheitsschädlichen Schimmelpilze.

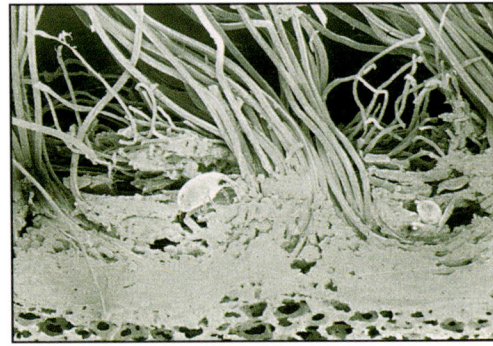

Hausstaubmilben in Textilfasern

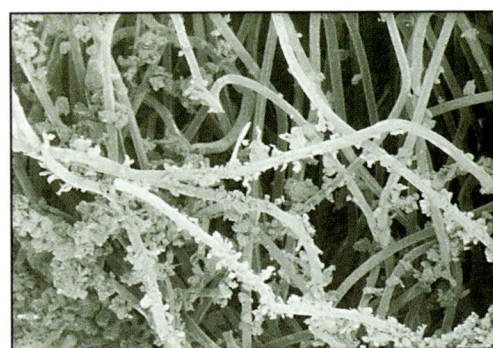

Kot an Textilfasern

Zusätzliche Maßnahmen für Hausstauballergiker

Ist eine Hausstauballergie durch einen Arzt bzw. Allergologen festgestellt worden, so sollten die folgenden zusätzlichen Maßnahmen ergriffen werden, um die nächtlichen Beschwerden zu verringern.

❑ Nacht- und Bettwäsche mindestens einmal pro Woche für mindestens 10 Minuten bei 60° C waschen.

❑ Bettbestandteile möglichst täglich ausschütteln. Bettbezüge und Bettlaken aus glatten Materialien lassen sich besser ausschütteln als solche aus Frottee oder Biber.

❑ Kopfkissen und Bettdecken, die mit waschbaren, synthetischen Materialien gefüllt sind, bevorzugen.

❑ Matratzen, Kopfkissen und Federbetten in waschbare, atmungsaktive, milbendichte Schutzbezüge stecken.

❑ Wasserbetten bieten Hausstaubmilben keine guten Unterschlupfmöglichkeiten.

❑ Strenge Winter zum Abtöten der Milben durch Kälte nutzen, indem Matratzen, Federbetten und Teppiche für 24 Stunden dem Frost ausgesetzt werden.

❑ Im Sommer können Teppiche und Bettbestandteile der Sonne ausgesetzt werden, denn die Milben werden durch die UV-Strahlung abgetötet – Vorsicht bei Wolle und Seide!

❑ Im Schlafzimmer unter Umständen sogenannte „Raumtrockner" einsetzen, die die Luftfeuchtigkeit sehr stark reduzieren (Sicherheitsbestimmungen beachten). Im Raum dürfen sich weder Menschen oder Haustiere aufhalten, noch Topfpflanzen oder antike Möbel stehen.

❑ Beim Staubwischen ein feuchtes, besser noch ein antistatisches Tuch benutzen, das den Staub nicht aufwirbelt. Zu häufiges feuchtes Wischen erhöht die Luftfeuchtigkeit unnötig.

❑ Das Staubsaugen sollte möglichst von unempfindlichen Personen übernommen werden. Oder: Staubsauger mit hoher Saugleistung und Mikrofilter oder Wasserfilter anschaffen (vorher beim Deutschen Allergie- und Asthma-Bund oder bei der Stiftung Warentest informieren).

❑ Nach dem Staubsaugen sollte ein Hausstauballergiker mindestens zwei Stunden den gesaugten Raum nicht betreten, bis sich die aufgewirbelten Staubpartikel abgesetzt haben.

❑ Nur solche Gegenstände mit einem milbenvernichtenden Produkt behandeln, die weder gewaschen noch chemisch gereinigt werden können. Bei Patienten mit extrem empfindlichen Atemwegen sollten gesunde Familienmitglieder oder Bekannte die Behandlung durchführen.

❑ Weitergehende Informationen sind bei der jeweiligen Ortsgruppe des Allergie- und Asthma-Bundes erhältlich (Siehe S. 178).

4

Motten im Kleiderschrank? – Nein danke!

Löcher im besten Anzug oder im teuren Wollpullover sind mehr als ärgerlich, denn oft werden nicht nur materielle Werte durch Schrankungeziefer vernichtet. Meistens hat der Besitzer des angefressenen Kleidungsstückes gerade zu diesem Teil eine besondere Beziehung.

Der Schrecken der Hausfrau

Früher waren die Kleider- und Pelzmotten das Schreckgespenst aller Hausfrauen. Ihre hungrigen Larven konnten die wenigen Kleider, die eine Familie besaß, so stark schädigen, daß sie nicht mehr zu gebrauchen waren. Vorsorglich wurden alle Winterkleider während des Sommers „eingemottet" und mußten des öfteren kontrolliert werden, um eventuellen Befall sofort bekämpfen zu können. Der Lochfraß an Kleidern kann nicht nur durch die Mottenlarven, sondern auch durch die Larven der Teppichkäfer, Pelzkäfer oder Speckkäfer verursacht werden. Der deutsche Name dieser Textilschädlinge ist zwar etwas irreführend. Sie haben jedoch eines gemein: ihre Larven mögen auch Kleider, vor allem Wolle (siehe S. 109).

Mit Düften gegen Motten

Im „ABC des Hauswesens" (1900, S. 100) von Hermine Clar wird unter anderem empfohlen: „Man gehe mit frischgebrannten, noch dampfenden Kaffeebohnen durch alle Zimmer, an die Schränke und sonst verdächtige Stellen, und die Motten verschwinden in kurzer Zeit. Wenn man dies, sooft man Kaffeebohnen brennt, wiederholt, wird man nie einen Mottenschaden haben und durch den die Luft reinigenden Kaffeebohnengeruch eine behagliche Wohnung haben."

Lavendel & Co.

Heutzutage ist dieser Tip nicht so leicht umzusetzen, das Prinzip der Mottenvertreibung wird aber deutlich: intensive Gerüche sind den Motten zuwider. Der Duft von Lavendel, Steinklee, Zedernholz, Holunderholz, Citronella, Nelken, Patchuli oder Kaffeebohnen hält die Motten von unseren Schränken fern. Sind die Textilien schon befallen, müßten diese Gerüche aber so intensiv sein, daß sie auch uns Menschen vertreiben.

Für Motten und Käfer unverdaulich

Jahrzehntelang wurde die Eulanisierung von Wolltextilien als große Errungenschaft im Kampf gegen die Textilschädlinge gepriesen. Darunter versteht man die Motten- und Käferschutzbehandlung von Wolle, die heute zur Grundausrüstung vieler Wollwaren gehört. Verschiedene chemische Substanzen werden wie Farbstoffe auf die Fasern gebracht und dort mehr oder weniger dauerhaft gebunden, wodurch das Wolleiweiß für Motten und Käfer unverdaulich wird. Wurde früher zur Eulanisierung Lindan eingesetzt, verwendet man heute z.B. Permethrin – ein Pyrethroid.

Ungesund für Menschen?

Die anfängliche Euphorie bekommt in letzter Zeit allerdings einen schalen Beigeschmack, seit nachgewiesen wurde, daß die eingesetzten Pyrethroide beim Menschen Gesundheitsstörungen hervorrufen können (siehe S. 172 f). Die Hersteller versichern zwar, daß die Gifte fest an die Fasern gebunden seien, das Bremer Umweltinstitut fand aber bei ausgedehnten Untersuchungen mehrere Hundert Milligramm Pyrethroide pro Kilogramm Hausstaub. Das Bundesgesundheitsamt gibt als Höchstwert 1 mg/kg an, der nicht überschritten werden sollte.

Ohne Chemie – aber wie?

Die mechanische Abwehr der Tiere sowie die thermische Behandlung (Hitze oder Kälte) von befallenen Textilien sollte immer Vorrang vor chemischen Mitteln haben, da sich keinerlei Rückstände bilden können. Dies gilt unserer Meinung nach nicht nur für Privathaushalte, sondern auch für Großläger und Textilverarbeitungsbetriebe.

Kleidermotten – schon eine biblische Plage

Kleidermotten sind die bedeutsamsten Textilschädlinge, weil die Anzahl der nimmersatten Larven sehr groß sein kann. Schon in der Bibel wird die Kleidermotte als Plage beschrieben. Die Motten sind nach dem Schlüpfen sofort geschlechtsreif und bereit, sich zu paaren. Aufgrund ihrer enormen Eierfracht sind die Weibchen kaum flugfähig. Mit Sexualduftstoffen locken sie die Männchen an. Findet sich ein Mottenmännchen zur Paarung ein, so legen die Weibchen ihre Eier gleich wieder ab. Wenn abends Motten um die Lampe schwirren, so sind das neben anderen Kleinschmetterlingen meist die Männchen der Kleidermotte. Sie wegzufangen bedeutet, die Paarung und somit die Zeugung von Nachkommen zu verhindern.

Kleidermotten mit Larven

Kleidermotten werden nur 6 – 9 mm lang. Die Vorderflügel sind lehmgelb gefärbt, die Hinterflügel meist heller. Die Spannweite beträgt ca. 14 mm. Beide Flügelpaare tragen einen Fransensaum.

Babyboom in warmen Sommern

Während ihres dreiwöchigen Lebens legen die Weibchen bis zu 200 Eier ab, aus denen nach etwa 14 Tagen die Larven (Raupen) schlüpfen. Die meist schmutzig-weißen Larven haben eine braune Kopfkapsel und werden bis zu 1 cm lang. Die Entwicklungsdauer vom Ei über Larve, Puppenstadium zur geschlechtsreifen Motte beträgt bei 25° C etwa drei Monate. In ungeheizten Räumen ist in kühlen Sommern mit nur einer Generation zu rechnen. In geheizten Räumen und warmen Sommern können allerdings bis zu 4 Generationen auftreten, die beträchtlichen Schaden anrichten können.

Dem Lochfraß auf der Spur

Die Raupen befallen vor allem Wolle, Stoffe mit einem Wollanteil von mindestens 20 %, Wollteppiche, Pelze und Federn. Sie verursachen unregelmäßig ausgefranste Löcher und Kahlstellen. Besonders gefährdet sind Wolltextilien, die ungereinigt und ungewaschen längere Zeit aufbewahrt werden, denn Schweißgeruch und Hautschuppen wirken besonders anziehend. Kleidermottenlarven können sich sogar vom Staub und den Hautschuppen in unseren Wohnungen ernähren, da er genug Nährstoffe enthält. Dies sollte bei der Bekämpfung immer bedacht werden.

Kleidermotten-Raupen

Pelzmotten – haupt-sächlich an der Küste

Die Pelzmotte wird bis zu 9 mm lang und bevorzugt kühle, feuchte Räume. Auch sie legt ihre Eier an Pelzen und Wolltextilien ab und verursacht ein ähnliches Schadbild wie die Kleidermotte. Früher, als die Häuser noch nicht mit Zentralheizung ausgestattet waren und somit die Raumtemperatur wesentlich niedriger lag als heute, war die Pelzmotte häufiger als die Kleidermotte. Heutzutage findet sie sich vor allem in der Küstenregion der Nord- und Ostsee. Die Pelzmotte unterscheidet sich von der einheitlich lehmgelben Kleidermotte durch die hellbraun gefärbten, mit dunklen Flecken versehenen Vorderflügel.

Sie fliegen herein

Sie kann durchaus durch die Fenster hereinfliegen und unsere Kleider befallen, da sie auch im Freien vorkommt.

Pelzmottenlarven bauen sogenannte Raupensäcke, die sie ständig mit sich herumtragen und in denen sie sich auch verpuppen. Dadurch sind sie viel beweglicher als die Larven der Kleidermotte, die sich in ihren an der Unterlage festhaftenden Gespinströhren bewegen.

Kot an unserer Kleidung

Sobald die kleine Raupe anfängt zu fressen, beginnt sie eine Röhre zu spinnen, in der sie lebt, und die sie ständig vergrößert. In der Nähe der Gespinströhren findet man Kotbrocken, die ebenso wie die Nahrung gefärbt sind, da die Farbstoffe nicht verdaut werden. Sie können fälschlicherweise als Eier angesehen werden. Die Größe der Kotbrocken hängt von der Größe der Raupen ab. Kleidermottenbefall läßt sich eindeutig an den Gespinströhren, den Kotbrocken und an den unregelmäßig ausgefransten Löchern und Kahlstellen erkennen. Demgegenüber fressen die Larven der Teppich-, Pelz- und Speckkäfer kleine, regelmäßige Löcher in die Textilien und legen keine Gespinströhren an.

4

Motten im Kleiderschrank vorbeugen:

❑ Nur trockene, gut ausgedampfte Wäsche in den Schrank räumen, denn bei hoher Luftfeuchtigkeit entwickeln sich die Schädlinge schneller.

❑ Kleidung, die zur längeren Aufbewahrung bestimmt ist, immer erst waschen oder reinigen, damit Hautschuppen und Schweiß entfernt werden.

❑ Wertvolle Kleidungsstücke sollten nach Großmutters Sitte in dickes Leinentuch oder Zeitungspapier eingepackt werden. Auch Plastiktüten sind bedingt geeignet.

❑ Alte Bettlaken zu Säcken nähen und oben zubinden, um die Kleidung vor Mottenfraß zu schützen.

❑ Lavendelsäckchen oder ein Tuch mit Lavendelöl, Steinklee, Holunderholz oder ein Stück stark duftende Seife in den Wäscheschrank legen, um die Motten zu vertreiben. Übrigens: Lavendelsäckchen duften wieder intensiver, wenn sie ab und zu mit der Hand geknetet werden!

❑ Auch Zedernholz in Form von Kleiderbügeln, Holzplättchen, Kugeln oder ähnlichem eignet sich. Das Holz entfaltet seinen Duft jahrelang, wenn es gelegentlich mit Schmirgelpapier angerauht wird.

❑ Mittlerweile gibt es im Handel auch Mottenstrips auf der Basis von ätherischen Ölen, um die Motten abzuhalten. Sie sind den chemischen Mottenstrips vorzuziehen.

❑ Kleider und Wäschestücke zweimal im Jahr ausräumen, Textilien ausklopfen, bürsten, in die Sonne hängen und kontrollieren. Vorsicht: Textilien aus Wolle, Seide oder anderen empfindlichen Materialien vertragen keine direkte Sonneneinstrahlung!

❑ Kleiderschrank trocken reinigen, entstauben, aussaugen – die Unterseite der Regalböden und Schubladen nicht vergessen!

❑ Kein Schrankeinlegepapier verwenden, darunter können sich die Larven der Schädlinge gut verstecken.

❑ Winterkleidung im Laufe des Sommers kontrollieren, um möglichen Befall rechtzeitig zu erkennen.

Textilmotten bekämpfen

❑ Wichtig ist es, den Ausgangspunkt des Befalls zu finden. Die Larven können sich auch hinter dem Schrank und hinter Fußbodenleisten aufhalten. Bei der Suche auch an ausgestopfte Tiere oder Felle an der Wand denken.

❑ Kleidung absaugen oder bürsten, um Eier und Larven der Textilschädlinge zu entfernen.

❑ Bohrlöcher für Regalböden im Kleiderschrank kontrollieren, da sich die Larven darin zum Verpuppen zurückgezogen haben könnten. Die Gespinste können mit Hilfe eines Zahnstochers oder Wattestäbchens entfernt werden.

- Befallene Textilien, die nicht heiß gewaschen werden können, für mindestens eine Woche in einer Plastiktüte verpackt einfrieren, um die Larven und Eier abzutöten. Anschließend waschen oder reinigen.
- Auch Bügeln vernichtet die Schädlinge.
- Durch periodische Wechsel zwischen Wärme- und Kälteeinwirkung können Kleidermotten sehr zuverlässig abgetötet werden. Eine längere Kälteperiode im Winter kann zur Schädlingsbekämpfung genutzt werden, indem die befallenen Kleider über Nacht bei minus 10°C ins Freie gehängt und tagsüber wieder ins Warme gebracht werden. Prozedur mehrmals durchführen!

Biologische Bekämpfung

Neu auf dem Markt sind Kleidermotten-Pheromonfallen. Mit Sexuallockstoffen werden die Männchen abgefangen, wodurch eine Begattung verhindert wird (Anwendung nur bei geschlossenen Fenstern, um keine Mottenmännchen aus dem Freien anzulocken).

Chemische Bekämpfung

Da sich die Hausfrauen zuerst rasch an die naphthalin- oder paradichlorbenzolhaltigen Mottenkugeln, dann an die Sprays und Strips zur Mottenbekämpfung gewöhnten, geriet jahrhundertealtes Wissen über die Lebensweise dieser Hausgäste in Vergessenheit.

Die chemischen Produkte versprechen hier nahezu Wunder. Stiftung Warentest warnte jedoch im Oktober 1987 vor dem Einsatz von Mottenstrips und Mottenpapieren, da sich Gesundheitsstörungen bei den Bewohnern des Zimmers einstellen können. Vor allem in kleinen Räumen, wenn nicht ausreichend gelüftet wird, können hohe Wirkstoffkonzentrationen auftreten. Personen mit Atemwegserkrankungen und Leberkranke sind besonders gefährdet.

4

Wohnräume

5

Wer erinnert sich nicht an den Früh-
jahrsputz?! Bei schönem Frühlings-
wetter wurden die Möbel weg-
gerückt, die Teppiche kamen zum
Lüften und Ausklopfen ins Freie.
Einige Tage herrschten Schrubber,
Besen, Bürsten und Teppichklopfer.
Auf dem Herd köchelte der Eintopf
vor sich hin, damit genügend Zeit für
den „Kehraus" blieb. So wurde nicht
nur der Winter ausgetrieben, sondern
auch aller Schmutz, einschließlich
der Tierchen, die den Winter über
Herberge gefunden hatten, hinaus-
befördert. Im Zeitalter der Technik

verschwindet dieser sinnvolle Brauch
leider mehr und mehr.

In unseren Wohnräumen kommen
eine ganze Reihe Zufallsgäste vor,
die manchmal nur irrtümlich hereinfliegen oder krabbeln und von alleine
wieder gehen. Wir selbst locken aber
auch viele Kleintiere durch Gerüche
herein oder wenn wir nachts, bei ein-
geschaltetem Licht, Fenster und
Türen offenhalten.

Werden Nahrungsmittel in Wohnräumen aufbewahrt, können sich auch
Vorratsschädlinge in Wohnräumen

einnisten. In Massen treten gelegentlich Materialschädlinge, wie Teppich- und Pelzkäfer oder Kleidermotten auf, deren Larven unter Umständen unsere Naturhaarteppiche oder Felle durchlöchern.

Keinerlei Schaden richten dagegen Spinnen an, die bei gutem Raumklima gerne unsere Gäste sind.

In Wohnräumen können außerdem vorkommen:

Silberfischchen (s. S. 90 f), Speckkäfer (s. S. 29 f), Parkettkäfer (s. S. 166 ff), Poch- oder Klopfkäfer (s. S. 164 ff), sowie verschiedene Vorratsschädlinge (s. S. 22 ff).

Käfer als Materialschädlinge

Teppichkäfer – zum Verwechseln ähnlich

Teppichkäfer, Kabinettkäfer und Wollkraut-Blütenkäfer ähneln sich in Aussehen und Lebensweise sehr, daher werden sie hier gemeinsam behandelt. Sie sind lebhaft braun-weiß-schwarz gefärbt und 2 – 4 mm lang. Irrtümlicherweise werden diese kleinen Käfer manchmal mit Marienkäfern verwechselt, sind aber viel kleiner. Während sich die Käfer von Blütenpollen und Nektar ernähren, bevorzugen ihre Larven Wolle, Federn, Pelze, trockene Fleischwaren und tote Insekten. In der freien Natur legen Teppichkäfer und ihre Verwandten ihre Eier oft in Vogelnester, wo sich die Larven von den Federn ernähren (daher sollte das Nistmaterial von verlassenen Vogelnestern entfernt werden).

Teppichkäfer

Die Käfer sind Blütenbesucher

Nach der Begattung legen die Weibchen 10 – 20 Eier, aus denen schon wenige Tage später behaarte Larven schlüpfen. Die 4 – 6 mm langen Larven tragen sogenannte „Pfeilhaare", die mit Giften versehen sind. Empfindliche Menschen können beim Berühren der Larven allergisch reagieren. Die Puppenruhe erfolgt in der letzten Larvenhaut, diese platzt beim

Schlüpfen des erwachsenen Käfers am Rücken auf.

Nach dem sogenannten „Reifefraß" (Blütenpollen und Nektar) sind die Käfer zur Paarung bereit und suchen erneut dunkle Verstecke unter anderem auch in Häusern, die den Larven genügend Futter bieten (Wolle, Teppiche).

Im Dunkeln läßt sich's gut munkeln

Im Frühling fliegen die Käfer auch in Wohnungen und Warenläger und suchen dort zur Paarung und Eiablage dunkle Orte auf. Die Larven kriechen manchmal in Richtung Raumdecke, um dann wieder in dunklen Ecken zu verschwinden. Während ihrer Wanderung nach oben können sie gut abgelesen oder abgesaugt werden. Die nach der Puppenruhe schlüpfenden, geschlechtsreifen Käfer suchen wiederum das Helle und sind dann an den Innenseiten der Fenster und auf Fensterbänken zu finden.

Die Entwicklungsdauer beträgt meist ein Jahr, unter günstigen Bedingungen auch weniger. Besonders gefürchtet ist der Wollkraut-Blütenkäfer, da die Käferweibchen auch ohne „Reifefraß" ihre Eier legen können. Dadurch kann es zu großen Schäden kommen, wenn naturwissenschaftliche Sammlungen oder Textilien nicht regelmäßig kontrolliert werden (Vorbeugung und Bekämpfung siehe S. 112 f).

Pelzkäfer – auch an der Hutfeder

Die Pelzkäfer sind nahe verwandt mit den Teppichkäfern. Ihre Lebensweise und der Schaden, den die Larven anrichten, sind ähnlich. In unseren Wohnungen können vor allem der schwarze Pelzkäfer und der gefleckte Pelzkäfer, dessen schwarze Flügeldecken jeweils einen weißen Fleck tragen, Probleme bereiten.

Pelzkäfer sind 3,5 – 5,5 mm lang. Die Weibchen legen zwischen 40 und 50 Eier. Die goldgelb behaarten Larven ähneln den Teppichkäferlarven, tragen aber am Hinterende einen Haarschweif. Vom Ei über Larve zum erwachsenen Käfer dauert es mindestens ein Jahr, manchmal 2 – 3 Jahre. Daher ist ein Massenbefall nicht allzu häufig (Vorbeugung und Bekämpfung siehe S. 112 f).

Pelzkäfer

Kräuterdiebe – sind nicht wählerisch

Diese Käfer, die spinnenähnlich aussehen, fressen fast alles. Sie kommen auch als Textilschädlinge in Betracht. Der Kräuterdieb ist hierzulande der bedeutendste Vertreter der Diebskäfer. Die erwachsenen Käfer sind braun und 2 – 4 ,3 mm lang.

Sie schädigen Getreide, Getreideprodukte, Backwaren, Teigwaren, Drogen, Kakao, Sämereien, Wollstoffe und Pelze. Diebskäfer fressen kleine, runde Löcher in die Textilien. Bei der Bekämpfung von Diebskäfern sollte unbedingt der Ursprungsort des Befalls erkundet werden. Verlassene Vogelnester können auch hier die Quelle immer wiederkehrenden Befalls sein – daher Nistmaterial von verlassenen Nestern entfernen (Materialschädlinge bekämpfen S. 112 f).

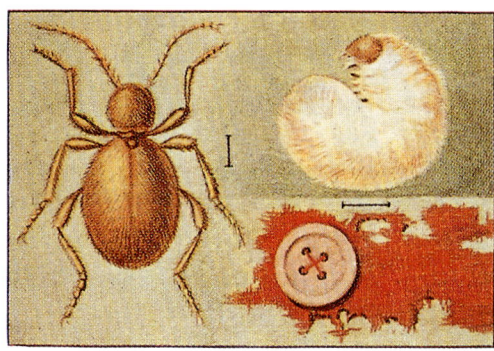

Messingkäfer

5

Messingkäfer – mögen alte Häuser

Die kleinen, 3 – 4,5 mm langen, messingfarbenen, flugunfähigen Käfer sind auf der ganzen Erde verbreitet und fressen fast alle organischen Stoffe. Die Käfer, die fast ausschließlich in alten Häusern vorkommen, leben dort oft jahrelang unentdeckt, da sie sich tagsüber in feuchten Hohlräumen verstecken. Im Gegensatz zu den anderen Textilschädlingen sind die Larven der Messingkäfer harmlos. Die Käfer können als Allesfresser ausgefranste Löcher in Textilien hineinfressen. Messingkäfer befallen nicht nur Nahrungsmittel und Textilien sondern auch Gewürze, Tabakwaren, Badeschwämme und Leder.

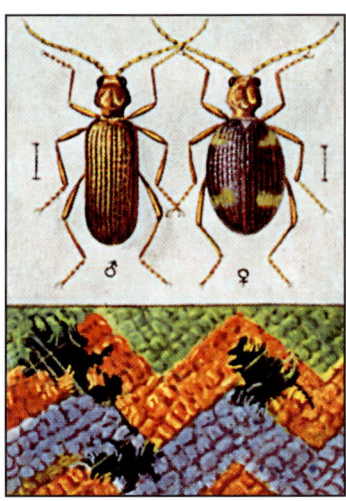

Kräuterdieb

Materialschädlingen vorbeugen

❏ Polstermöbel, Teppiche und Gardinen regelmäßig pflegen (bürsten, klopfen, saugen oder waschen), damit sich die Schädlinge nicht einnisten und vermehren können.

❏ Auch an unzugänglichen Stellen regelmäßig staubsaugen.

❏ Vorsorglich sollten alle Möbelstücke etwas von der Wand abgerückt stehen, damit die Luft zirkulieren kann.

❏ Fenster mit Fliegengittern lassen keine Motten und Käfer herein.

❏ Beim abendlichen Lüften Licht löschen.

❏ Vogelfedern, Tierhaare, tote Kleintiere und Überreste von Insekten im Haus regelmäßig entfernen.

❏ Textilien oder Pelze, die längere Zeit aufbewahrt werden sollen, erst waschen oder reinigen, denn Körpergeruch, Hautschuppen und Schweiß locken die Tiere an.

❏ Verlassene Vogelnester in Hausnähe entfernen; verlassene Nistkästen säubern. Nistmaterial verpacken und in den Restmüll geben (evtl. Handschuhe tragen).

Materialschädlinge bekämpfen

❏ Die Quelle des Befalls suchen (verlassene Vogelnester in Hausnähe, vergessene Wollkleidung in einem Wäschekorb usw.).

❏ Käfer, die an der Innenseite der Fenster sitzen, ins Freie befördern und Fenster schließen, bei Massenbefall töten.

❏ Larven, die an der Wand herumkrabbeln, entweder absaugen oder mit einem Tuch entfernen.

❏ Wohnung trocken halten durch regelmäßiges Lüften.

❏ Befallene Textilien ausbürsten, klopfen, waschen, reinigen oder bügeln (Pflegeanleitung der Textilien beachten!).

❏ Befallene Textilien oder Felle abwechselnd einfrieren und anschließend schnell wieder auftauen. Kalte Wintertage oder Gefriergeräte dazu nutzen (siehe Kleidermotten bekämpfen S. 106 ff).

Käfer

Spinnen – die nützlichen Helfer

„O weh! Wie wurde ihr zu Sinne! Hernieder senkt sich eine Spinne.... Von Angst beseelt, in Todesschrecken, sucht sich das Untier zu verstecken..." Schon Wilhelm Busch widmete eine Bildgeschichte der Morgenspinne und nahm den volkstümlichen Spruch „Spinne am Morgen, bringt Kummer und Sorgen" auf die Schippe.

Fräulein Piep fällt nach einer wahren Verfolgungsschlacht und dem Mord der Spinne vor Entsetzen rückwärts über die Tischbeine und wird von Hannchen erschlafft ins Bett geschafft.

Ekel vor behaarten Beinen?

Panikreaktionen und Verfolgungsjagden sind typisch beim Entdecken von Spinnen, obwohl die in unseren Regionen vorkommenden Spinnen harmlos und sogar nützlich sind. Befragungen ergaben, daß sich der Ekel vieler Menschen vor allem gegen die acht langen, teils behaarten Beine der Spinnen richtet. Diese Beine sollten vielmehr bewundert werden, da sie nicht nur der Fortbewegung dienen, sondern auch viele andere Funktionen erfüllen. Spinnen riechen, hören, tasten und schmecken mit Sinnesorganen an den Beinen. Außerdem dienen ihre Beine zum Beutefang und helfen bei der Herstellung von Fangfäden. Wer die Liebesspiele verschiedener Spinnen beobachtet, wird fasziniert sein, wie die Männchen ihre Beine bei der Brautwerbung einsetzen und die Weibchen mit den Beinen „betrillern".

Durch Wind verbreitet

Nach der Paarung legen Spinnenweibchen Eier, die sie fürsorglich betreuen. Manche Spinnenweibchen bewachen sie, andere erzeugen Kokons für ihre Eier, die an einem Gespinst aufgehängt oder von der Mutter herumgetragen werden. Aus den Eiern schlüpfen Jungspinnen, die den Erwachsenen ähneln. Die ausgeschlüpften Jungtiere können noch eine zeitlang auf dem Rücken der Mutter herumgetragen werden. In der freien Natur erklettern sie vor allem im Altweibersommer einen günstigen Platz, spinnen einen Faden und warten auf den Wind, der sie fortträgt und so verbreitet.

Insekten sind ihre Leibspeise

Bei der Regulierung von Schadinsekten spielen Spinnen eine wesentliche Rolle. Sie helfen im Freien, durch Fangen und Vertilgen verschiedener Insekten, das ökologische Gleichgewicht aufrecht zu erhalten.

Sie saugen ihre Beute aus

Spinnen haben eine außergewöhnliche Art, ihre Nahrung aufzunehmen. Nachdem sie ihre Beute durch einen Giftbiß erlegt haben, spritzen sie Verdauungssäfte in die Beute. Anschließend saugen sie das vorverdaute Innere aus den Tieren, so daß nur noch der Hautpanzer übrig bleibt. Ausgesaugte Hüllen von

5

Insekten und anderen Kleintieren in Spinnennetzen oder Raumecken sollten unbedingt regelmäßig entfernt werden, da durch sie Teppich-, Pelz- und Speckkäfer angezogen werden können.

In unseren Häusern leben bis zu 20 Spinnenarten. Wir beschränken uns in diesem Buch auf die auffälligsten Arten.

Nicht töten, sondern draußen freilassen

Im Haus können Spinnennetze an Türöffnungen oder Fenstern das Einfliegen von Insekten verhindern. Es ist eine Frage des Geschmacks, wieviele Spinnen im Haus verbleiben dürfen. Haben sich zuviele Spinnen in der Wohnung eingefunden, sollten sie sanft hinaus transportiert werden, damit sie draußen ihr nützliches Werk fortsetzen können. Nichts zu suchen haben Spinnen bei der Nahrungszubereitung, denn keiner kann wissen, wo sie vorher waren und welche Keime an ihnen haften.

So fängt man sie

Um die Spinne unbeschadet zu fangen, stülpt man am besten ein Glas über sie. Anschließend wird eine feste Pappe zwischen das Glas und die Unterlage geschoben, auf der die Spinne sitzt. So kann die Spinne auch in aller Ruhe betrachtet werden. Einige schwören auf das Einfangen mit einem Tuch, dies ist bei schnell laufenden Exemplaren erfolgreicher.

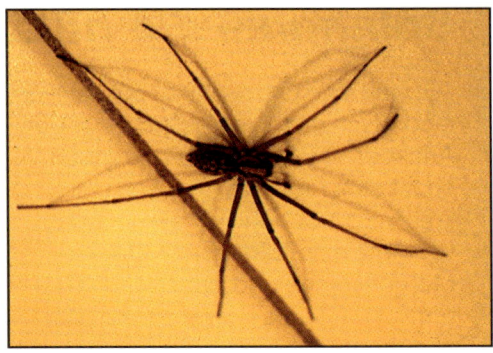

Hausspinne

Hausspinnen – können riesig werden

Hausspinnen haben sich dem Menschen angeschlossen. Sie leben vor allem innerhalb von Häusern und Schuppen und bauen dort große Trichternetze. Da die Netze meist in Winkeln oder Ecken angelegt werden, werden sie auch Hauswinkelspinnen genannt. Die bis zu 18 mm langen Tiere können eine Spannweite von bis zu 8 cm erreichen. So manche Spinne, die in einer Badewanne angetroffen wurde, mußte ihr Leben lassen, weil sich die Menschen vor ihr fürchteten, obwohl sie nicht beißt und uns Menschen auch sonst nichts tut. Besser wäre es, sie am Leben zu lassen, denn auch sie frißt lästiges Ungeziefer (einfangen und draußen freilassen, siehe oben). Während die meisten Spinnen etwa 1 Jahr alt werden, kann die Hausspinne einige Jahre lang treuer Untermieter sein. Hausspinnen

5

haben die Angewohnheit, ihre Trichternetze zu verlassen, wenn sie am falschen Platz angelegt waren. Verlassene, verstaubte Netze können ruhig entfernt werden, weil sie im allgemeinen nicht mehr bewohnt sind. Bewohnte Netze sollten möglichst erhalten bleiben.

Kellerspinne

Kellerspinnen – zwischen Kisten und Gerümpel

In dunklen Kellern, Schuppen und Garagen wohnt eine der größten in Deutschland vorkommenden Spinnenarten, die Kellerspinne. Durch ihre Größe (bis zu 16 mm) und ihre dunkle Färbung ist sie der Schrecken in allen dunklen, feuchten Kellern und Schuppen. In Ecken, zwischen Kisten und Gerümpel baut sie ihr unregelmäßig gesponnenes, trichterförmiges Netz, dem ein Netzteppich vorgelagert ist. Wird das Netz erschüttert, stürzt die Kellerspinne blitzschnell aus ihrer Röhre, erlegt die Beute durch ihren Biß und zieht

sie rückwärts in ihr Versteck hinein. Da Asseln, Fliegen, Ameisen und andere lästige Kleintiere als Beute in Betracht kommen, sollten wir sie trotz ihres bedrohlichen Aussehens als nützliche Hausgenossen ansehen.

Kreuzspinnen – Glückstiere

Im Altertum hielt man die Kreuzspinne wegen ihres kreuzförmigen Zeichens auf dem Hinterleib für ein Glückstier, das Haus und Hof vor Blitzschlag bewahrte. In der Volksmedizin wurde sie gegen Fieber, Gelbsucht, Augenkrankheiten und Nasenbluten verabreicht. Auch in der heutigen Zeit halten sich noch einige Gerüchte über diese Spinnen.

Viele Menschen glauben, daß sie sehr angriffslustig und giftig sind. Mittlerweile ist jedoch wissenschaftlich belegt, daß sie normalerweise nicht beißen. Sollte dies ausnahmsweise einmal passieren, so ist die Giftigkeit des Bisses ähnlich der eines Wespenstiches.

Kreuzspinne

5

Die Männchen verstecken sich

Kreuzspinnen können sehr unterschiedlich gefärbt sein. Die bis zu 15 mm langen Tiere tragen aber auf dem Hinterleib immer eine kreuzförmige Zeichnung, die ihnen den Namen gab. Eine Kreuzspinne spinnt senkrecht stehende, radförmige Netze, in deren Mitte das Weibchen kopfunter mit gekreuzten Beinen sitzt. Die wesentlich selteneren, viel kleineren Männchen verstecken sich meist in der Nähe des Netzes. Auch wenn Kreuzspinnen ihre Schlupfwinkel aufsuchen, halten sie mit den Beinen Kontakt zu den Netzfäden, um über jede Bewegung informiert zu sein. Erwiesenermaßen können Kreuzspinnen bis zu 2 kg Insekten im Jahr vertilgen. Auf ihrem Speisezettel stehen vor allem Fliegen und Blattläuse (im Freien), die sie in ihren Netzen fangen und aussaugen.

Weberknechte – können Beine abwerfen

Weberknechte werden erst bei Dunkelheit aktiv. Auf der Suche nach Nahrung nagen sie auch an Kuchenresten und Krümeln. Ihre Hauptnahrung besteht aber aus Insekten, anderen Kleintieren und Aas. Sie fressen sogar Nacktschnecken.

Charakteristisch sind der eiförmige Körper, die acht, vielgliedrigen und extrem langen Beine und die Tatsache, daß sie nicht in der Lage sind Netze zu spinnen. Heute sind etwa 3200 Arten bekannt, die in der Bodenstreu, unter Steinen, im Moos, auf Gebüschen und sogar auf Bäumen oder in Höhlen leben. Weberknechte bilden eine eigenständige Ordnung in der Klasse der Spinnentiere.

Sie verwirren ihre Verfolger

Da Weberknechte selbst gejagt werden, sich aber nur schlecht verbergen können, versuchen sie ihre Verfolger zu verwirren, indem sie ein Bein abwerfen. Am Boden liegend zuckt das abgeworfene Bein und lenkt die Verfolger oft erfolgreich ab. Weberknechte, die nur noch 5 oder 6 Beine haben, sind keine Seltenheit. Zur Abwehr ihrer Feinde besitzen sie außerdem eine Stinkdrüse, deren Sekret nicht unbedingt nach Parfum riecht.

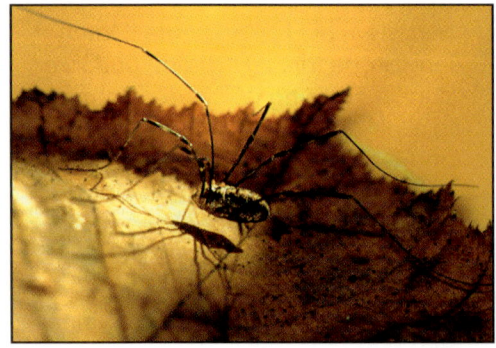

Weberknecht

Feuchte Räume und Keller

In der heutigen Zeit findet man kaum noch Erdkeller, welche die optimalen Voraussetzungen für die Lagerung von Gemüse und Obst bieten.

Bei Neubauten schreibt die Baubehörde für jede Mietpartei einen Kellerraum vor, der meistens als Abstellraum dient. Auch wenn die Kellerräume unterschiedlich genutzt werden, haben sie eines gemeinsam, die relativ hohe Luftfeuchtigkeit. Da viele Hauseigentümer aus Kostengründen auch Keller zum Wohnen nutzen, müssen sie das vermehrte

Auftreten der feuchtigkeitsliebenden Tiere in Kauf nehmen. Die Zahl der Tiere, die sich im Keller einfinden, steigt mit zunehmender Luftfeuchtigkeit an. Milben, Asseln, Tausendfüßer, Staub- und Bücherläuse, kommen bei mehr als 70 % relativer Luftfeuchte ebenso als Hausgäste in Betracht, wie Springschwänze, Silberfischchen und Holzwürmer.

Schimmel als Nahrung

Auch andere Bereiche des Hauses, die feucht sind, können diesen Tieren geeigneten Lebensraum bieten.

Vor allem in nicht genügend ausgetrockneten Neubauten bildet sich ein nicht sichtbarer Schimmelpilzbelag an den Wänden. Sie dienen Modermilben sowie Staub- und Bücherläusen als Nahrung. Die Tiere an sich gefährden zwar unsere Gesundheit nicht, doch der Schimmel stellt eine ernstzunehmende Gefahr dar (siehe S. 89 f). Vor allem in Wohnräumen, sollte darauf geachtet werden, daß die Luftfeuchtigkeit in dem für den Menschen optimalen Bereich von 45 bis 55 % liegt (mit Hygrometer messen). Die feuchtigkeitsliebenden Hausgäste können sich bei einer solchen „Trockenheit" nicht halten.

Asseln – Krebse als Hausbesucher

Asseln sind eigentlich bewundernswerte Tiere, die an ihren sieben Paar gleichförmigen Beinen gut zu erkennen sind. Der Lebensraum dieser Krebstiere erstreckt sich vom Meer über das Süßwasser bis hin zu den Wüsten. Die meisten landlebenden Arten atmen Luft über spezialisierte Trocken-Kiemen, benötigen aber dennoch eine hohe Luftfeuchtigkeit. Asseln zeichnen sich durch eine besondere Form der Brutpflege aus, die sich für Naturbetrachtungen mit Kindern sehr gut eignet. Die Asselweibchen tragen die befruchteten Eier und auch die frischgeschlüpften Jungen in einem flüssigkeitsgefüllten Brutraum auf der Bauchseite mit sich herum. Dreht man ein Asselweibchen vorsichtig auf den Rücken, so sind die Jungen gut erkennbar. Die jungen Asseln sind zunächst ganz klein und zart, fast weiß, mit dunklen Augen, eine Miniaturausgabe ihrer Eltern. Nach ungefähr 3 Monaten und mehreren Häutungen sind sie ausgewachsen.

Manchmal krabbeln sie Wände hoch

Das Auftreten von Asseln wird oft als lästig empfunden; in der Regel richten sie kaum Schaden an. Meistens kommen sie in feuchten Kellern vor. In der Natur haben Asseln eine ähnliche Funktion wie Regenwürmer. Sie fressen pflanzliche Abfälle und düngen mit ihren Ausscheidungen den Boden. Im Kompost helfen Asseln, Tausendfüßer, Springschwänze, Regenwürmer und viele andere Tiere beim Zersetzen der organischen Materialien. Asseln leben aber zum Teil auch räuberisch von anderen Kleintieren.

Kellerasseln

Ist es ihnen zu naß, krabbeln sie auch auf Bäume oder an Hauswänden in die Höhe und kommen über Fenster oder Balkontüren in die Wohnungen. Dort gehen sie aufgrund der Trockenheit schon bald ein.

In unseren Breiten finden wir meist folgende Asseln:

Kellerassel: einfarbig grau

Mauerassel: schwärzlich braun, in der Rückenmitte 2 helle Fleckenreihen

Rollassel: glatter als die anderen, rollt sich bei Gefahr ein.

Vorbeugen

❑ Fliegengitter an den Fenstern halten auch diese Kleinkrebse draußen.

❑ An Türöffnungen können sie durch eine Barriere aus Backpulver, die gelegentlich erneuert werden muß, erfolgreich abgewehrt werden.

❑ Alle Versteckmöglichkeiten sollten beseitigt werden, d. h. Löcher und Ritzen mit Spachtelmasse abdichten, alle Hohlräume versiegeln.

❑ Durch regelmäßiges Reinigen der Räume und Entfernen der Tiere kann ein Massenauftreten verhindert werden.

Bekämpfen

❑ Asseln mit halbierten, fauligen Kartoffeln oder Rüben anlocken und nach draußen – am besten auf den Komposthaufen – befördern.

❑ Um Asseln zu fangen, können Blumentöpfe aus Ton – locker mit feuchter Holzwolle oder Moos und gekochten Kartoffeln gefüllt – mit der Öffnung gegen eine Wand gelehnt werden.

Sitzen sie in den Töpfen, so können sie bequem auf den Kompost transportiert werden.

❑ Herumlaufende Asseln auf eine Schaufel kehren und auf den Kompost geben.

Hundert- und Tausendfüßer – nur Zufallsgäste

Tausendfüßer sind schlank und besitzen an jedem Körpersegment zwei Beinpaare. Normalerweise leben diese pflanzenfressenden Tiere im Boden. Beim Umsetzen organischer Substanz spielen sie die gleiche Rolle wie die Regenwürmer. Ins Haus kommen sie eher zufällig und richten kaum Schaden an. Sie können sich höchstens in feuchten Kellerräumen eine Weile halten.

Hundertfüßer haben nur ein Beinpaar je Körpersegment und leben räuberisch. Sie fressen kleinere Tiere und Nacktschnecken. Haben sich diese Tiere in den Keller verirrt, sollte ihnen die Freiheit geschenkt werden (auf dem Kehrblech hinaustragen).

6

Staub- und Bücher-läuse – Winzlinge, die Schimmel fressen

Diese harmlosen, lebhaft umherlaufenden, kleinen Mitbewohner, die auch kleine Sprünge machen, haben nichts mit den blutsaugenden Kopf- oder Kleiderläusen zu tun. Das Auftreten von Staub- und Bücherläusen ist ein Anzeichen dafür, daß die Luftfeuchtigkeit zu hoch ist, denn sie sind „Schimmelfresser". Beim „Abweiden" von Schimmelpilzen schädigen sie Bücher, Akten und

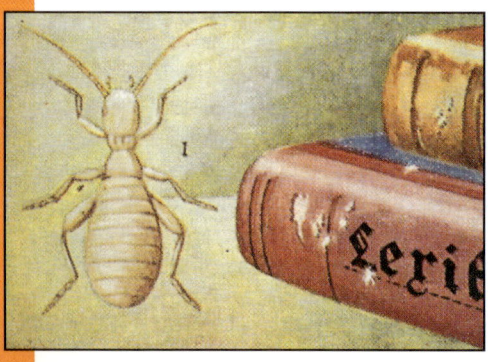

Staublaus

Bücherlaus

Tapeten, da sie das Papier abschaben. Dabei entsteht feiner Papierstaub.

Schon in Neubauten?

Staub- und Bücherläuse sind kleine, weichhäutige Insekten, die nur in Räumen mit hoher Luftfeuchtigkeit vorkommen, sonst würden sie vertrocknen. Bücherläuse sind ca. 1 mm lange, blaßgelbe, flügellose Insekten mit schwarzen Augen. Staubläuse sind 1 – 2 mm lang, meist hell, gelegentlich auch dunkel gefärbt. Während sich Staubläuse erst ab 75 % Luftfeuchte wohlfühlen, können sich Bücherläuse schon ab einer Luftfeuchtigkeit von 60 % einfinden. Bemerkenswert ist die Fähigkeit der Staub- und Bücherläuse mit Hilfe einer wasseranziehenden Drüsenflüssigkeit im Mund die Feuchtigkeit aus der Luft aufzunehmen. In frisch tapezierten, ungenügend ausgetrockneten Neubauwohnungen kommt es oft zu Massenvermehrungen. Sie fressen dort den nicht sichtbaren Schimmelpilzbelag von den Tapeten.

Vorbeugen

❏ Wohnungen durch richtiges Heizen und Lüften trockenhalten.

❏ Neubauten vor dem Beziehen austrocknen lassen.

❏ Vorsicht, keine Bücher in feuchten Kellern lagern!

Bekämpfen

❑ Getreide und Getreideprodukte, die von Staub- oder Bücherläusen befallen sind, werden ungenießbar und sollten in den Restmüll gegeben werden.

❑ Staub- und Bücherläuse können mit Hilfe eines Föns oder Heizlüfters getötet werden. Da diese Tiere einen sehr dünnen Hautpanzer haben, vertrocknen sie durch die Wärme äußerst rasch (Sicherheitsvorschriften des Gerätes einhalten!).

❑ Sind Staubläuse im Vorratsschrank - den Schrank ausräumen, mit dem Fön austrocknen. Nur unbefallene Ware in Gläsern oder festschließenden Dosen lagern. Den Schrank regelmäßig lüften und kontrollieren.

❑ Eine Invasion von Staubläusen kann von verlassenen Spatzen- oder Taubennestern ausgehen. Taubenschläge daher regelmäßig reinigen und das Nistmaterial unbewohnter Nester in einer festverschlossenen Tüte in den Restmüll geben.

Als Schimmelfresser können auch Schimmelkäfer auftreten. Die Käfer sind ca. 3 mm lang und können genau wie Staub- und Bücherläuse durch Trockenlegen der Räume bekämpft werden.

Bücherskorpione haben keinen Giftstachel

Bücherskorpione sind nur etwa 4 mm lang und haben 4 Laufbeinpaare, mit denen sie sich vorwärts, rückwärts und seitwärts bewegen können. Die nach vorne gerichteten Taster tragen Scheren, so daß sie skorpionartig aussehen. Bücherskorpione gehören zur Ordnung der Pseudoskorpione, die zu den Spinnentieren gerechnet werden. Sie haben keinen Giftstachel und gehören somit nicht zu den echten Skorpionen. Die Tiere sind sehr flach und dadurch fähig, zwischen die Blätter von Büchern zu kriechen, wo sie sich von Staub- und Bücherläusen ernähren. Sie fressen auch Milben, Springschwänze sowie die Eier und Larven vieler Insekten. Bücherskorpione sind oft auf Abfall- und Komposthaufen zu finden.

6

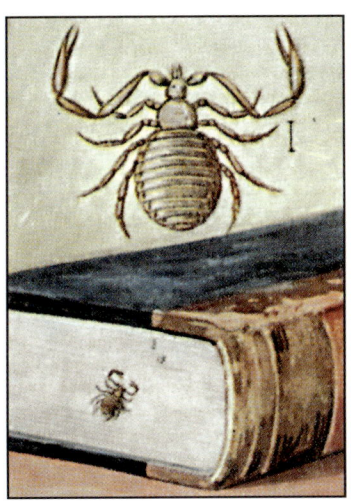

Bücherskorpion

Bei ihrer nützlichen Gefräßigkeit verunreinigen Bücherskorpione leider Bücher oder andere Materialien mit ihrem Kot. Werden die Bücher getrocknet, wird ihnen so die Nahrung entzogen und sie wandern ab.

Springschwänze – ziehen vor uns ein!

Eigentlich sind Springschwänze, die zur Gruppe der ungeflügelten Ur-Insekten gehören, Freilandtiere, die selbst Temperaturen von -23°C überleben. Sie leben zu Tausenden in der Laub- und Moosschicht und sind wie die Tausendfüßer an der Zersetzung von pflanzlichem Material beteiligt. Als Erstbesiedler kommen sie in feuchten Neubauten vor. Sie fressen den nicht sichtbaren Schimmel von den Wänden. Durch Austrocknung des Hauses werden ihnen die Lebensbedingungen genommen, und sie verschwinden. Manchmal kommen Springschwänze in feuchten Ecken vor. Wenn diese mit Hilfe eines Heizlüfters oder Föns trockengelegt werden, sterben die dünnhäutigen Kleintiere rasch ab.

Hüpfen nur bei Gefahr

Die Springschwänze besitzen am Hinterleib eine Sprunggabel, die ihnen zentimeterweite Sprünge ermöglicht. Normalerweise bewegen sich die meist nur 1 – 2 mm großen Hüpferlinge auf ihren sechs Beinen fort. Nur wenn Gefahr droht, benutzen sie ihre Sprunggabel am Hinterleib.

Springschwänze kommen oft in der Blumenerde von Zimmerpflanzen vor. Beim Gießen hüpfen oft ganze Heerscharen hoch. Sie schaden den Pflanzen zwar nicht, werden aber oft als lästig empfunden. Durch spärlicheres Bewässern und Austauschen der Blumenerde verschwinden sie.

Gesundheitliche Gefahren

Springschwänze schaden den Menschen nicht. Bei Massenauftreten kann es aber zu Juckreiz kommen, wenn sie sich auf die Haut verirren.

In feuchten Räumen und Kellern können auch folgende Tiere vorkommen:

Spinnen (siehe S. 113ff),
Ratten und Mäuse (siehe S. 80ff),
Holzwürmer (siehe S. 164ff),
Vorratsschädlinge (siehe S. 21ff).

Balkon und Terrasse

Bei schönem Wetter verbringen die Menschen ihre Freizeit gern in der Natur. Der idyllische Dämmerschoppen im Biergarten, auf dem Balkon oder der Terrasse wird leider gestört, sobald man es brummen und summen hört. Da die meisten Insekten über einen ausgeprägten Geruchssinn verfügen, dauert es nicht lange, bis sie sich zu uns an den Tisch gesellen, angelockt durch den Duft unserer Speisen oder durch unseren eigenen Körpergeruch. Unsere wohlverdiente Ruhe ist dann dahin. Während Fliegen und Wespen sich vor allem an unseren süßen Speisen, Wurst und Fleisch zu schaffen

machen und sie mit Keimen verunreinigen, vergreifen sich die Stechmücken an uns Menschen und an unseren warmblütigen Haustieren. In manchen Gegenden sind diese kleinen, surrenden „Vampire" eine solche Plage, daß sich die Menschen in der warmen Jahreszeit kaum nach draußen begeben können. In der Nähe von Feuchtgebieten und stehenden Gewässern, aber auch nach Überschwemmungen, müssen die Menschen besonders leiden. Es sei denn Fische, Frösche, Lurche, Vögel und andere natürliche Feinde der Blutsauger vertilgen sie, bevor sie uns stechen.

Stechmücken nur harmlos und lästig?

Stechmücken werden mundartlich in Süddeutschland und im Rheinland auch Schnaken genannt, was biologisch allerdings nicht richtig ist. Zu der Familie der Schnaken gehören beispielsweise die Kohlschnaken, welche als Zufallsgäste in unsere Häuser kommen, die aber nicht in der Lage sind zu stechen.

Der Körperbau von Stechmücken ist schlank und zart. Sie vermehren sich vom Frühjahr bis zum Herbst. Weltweit sind mehr als 3500 Stechmückenarten bekannt.

Beeinträchtigung der Lebensqualität

Hausmücken und Überschwemmungsmücken, die ebenso wie die Fiebermücken zu den Stechmücken gehören, werden uns Menschen in Mitteleuropa besonders lästig. Durch das Massenauftreten von Stechmücken kann die Lebensqualität stark beeinträchtigt werden. Nicht nur die unangenehme Stichwirkung, sondern vor allem die individuellen Reaktionen wie Hautrötung, Juckreiz und Quaddelbildung können sehr belastend sein.

Nur weibliche Vampire

Die Männchen ernähren sich von Pflanzensäften und sind für uns harmlose Geschöpfe. In der Sonne tanzend warten sie auf Weibchen, um sich zu paaren. Nur die Stechmückenweibchen saugen Blut, das sie für die Reifung ihrer Eier benötigen. Erst in den letzten Jahren fanden Forscher heraus, daß Stechmückenweibchen vor allem durch das ausgeatmete Kohlendioxid und bestimmte Körpergerüche von Menschen, Säugetieren und Vögeln angezogen werden.

Kinderstube unter Wasser

Die Larvenentwicklung aller Stechmückenarten kann nur im Wasser erfolgen. Jede Wasseransammlung, ob Pfütze, Regentonne, See oder Salzwasser, wird von Stechmücken als Brutgewässer genutzt. Jede Stechmückenart hat sich auf einen bestimmten Gewässertyp spezialisiert.

Sie tauchen einfach unter

Die wurmförmigen Larven nehmen als Nahrung Algen und Schwebteilchen aus dem Wasser auf. Sie hängen sich mit ihrem Atemrohr an die Wasseroberfläche und atmen dort atmosphärische Luft. Der Larvenkopf zeigt zum Boden des Gewässers. Nach viermaligem Häuten entsteht die Puppe, aus der nach wenigen Tagen das fertige Insekt schlüpft. Die birnenförmigen Puppen, die keine Nahrung mehr zu sich nehmen, tragen zwei Atemhörnchen, mit denen sie sich an die Wasseroberfläche heften. Bei Beunruhigung tauchen sowohl die Larven wie auch die Puppen in die Tiefe. Erst wenn Ruhe eingekehrt ist, kommen sie wieder nach oben.

In unseren Breiten spielen Stechmücken nach derzeitigem Wissensstand als Krankheitsüberträger nur eine geringe Rolle.

Hausmücken – die abendlichen Muntermacher

In der Nähe von menschlichen Siedlungen kommen vor allem die stechenden Hausmücken vor. Hier finden diese lästigen Insekten genügend Brutgewässer und Opfer (Vögel, Säugetiere und Menschen), an denen die Weibchen Blut saugen können.

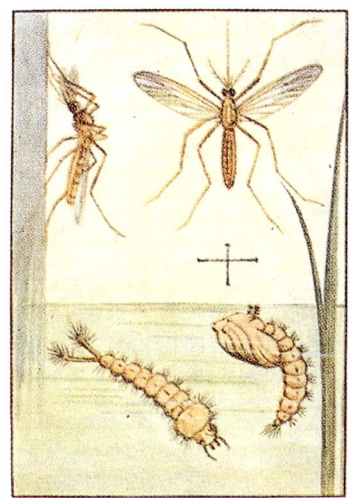

Hausmücke

Sie bleiben ihrem Standort treu

Hausmücken belästigen den Menschen meist nur abends und nachts innerhalb von Gebäuden oder in deren Nähe. Sie wandern nur wenig und sind tagsüber und in der freien Landschaft meist nicht lästig. Die graubraun gefärbten Hausmücken haben einen hell gebänderten Hinterleib und werden maximal 5 mm lang.

Winterquartier im Keller

Von der letzten Herbstgeneration überwintern nur die begatteten Weibchen in vor Zugluft geschützten, feuchten, ungeheizten Kellern oder anderen frostgeschützten Räumen. Im Frühjahr beginnen die Hausmückenweibchen mit der Eiablage. Sie legen nach erfolgter Blutmahlzeit ihre sogenannten „Eischiffchen" mit 200 bis 400 Eiern direkt auf die

Wasseroberfläche von organisch verschmutzten, nicht fließenden Gewässern ab. Nach einer Larvenentwicklung von 2–3 Wochen und einer Puppenruhe von 2–4 Tagen entwickeln sich die geschlechtsreifen Tiere. Die große Anzahl an Eiern und die kurze Larvenentwicklung können unter günstigen klimatischen Bedingungen und ausreichenden Brutgewässern vor allem im August und September zu einer Mückenplage führen.

Brutstätten rund um's Haus

Regentonnen, Pfützen, kleine Tümpel, Jauchegruben, Wasser in Plastikfolien, in leeren Dosen, in Blumenvasen oder -kübeln können ebenso als Brutgewässer dienen, wie Wasseransammlungen in der Kanalisation oder Gartenteiche ohne Fische.

Hausmücken vorbeugen

❏ Unnötige Wasseransammlungen in Blechdosen, Gummireifen, Blumenkübeln, Blumenvasen beseitigen, denn die Larven können in den kleinsten Pfützen leben.

❏ Zum Sammeln von Regenwasser sind geschlossene, unterirdische Systeme am besten geeignet, um Hausmücken kein zusätzliches Brutgewässer zu bieten.

❏ Sammelgefäße mit einem Deckel oder Fliegengaze fest verschließen.

Bekämpfen

❏ Bei Behältern, die sich nicht verschließen lassen, Mückenbrut mit Hilfe eines engmaschigen Netzes (Keschers) herausfischen. Achtung, die Stechmückenlarven und Puppen tauchen in die Tiefe, daher sollte diese Maßnahme alle 3 Tage durchgeführt werden.

❏ Regenfässer und Vogeltränken regelmäßig leergießen und reinigen, vor allem den Boden.

❏ Die Hausmücken, die in Kellern überwintern, töten.

Biologische Bekämpfung

❏ Zierteiche mit Fischen besetzen, Fische vertilgen die Mückenbrut am besten.

❏ Durch Brut- und Nisthilfen können ihre natürlichen Feinde, z.B. Kröten, Frösche, Igel oder Vögel angelockt werden.

❏ Sollten die angesprochenen Maßnahmen nicht ausreichen, besteht die Möglichkeit, die Mückenbrut mit einem Präparat auf der Basis von Bacillus thuringiensis zu bekämpfen. Dieses Präparat enthält als Wirkstoff Eiweißstoffe, die vom Bacillus thuringiensis gebildet werden und die gezielt Mückenlarven abtöten.

Überschwemmungsmücken – nach der Katastrophe die Plage

Menschen, die von Hochwasserkatastrophen geschädigt werden, müssen tragischerweise auch noch damit rechnen, im Sommer von Mückenplagen heimgesucht zu werden. Die Weibchen legen ihre Eier vor allem in den Uferbereichen von Gewässern, deren Wasserspiegel sich rhythmisch ändert oder in Tümpel, die bei Hochwasser entstehen und nach zwei bis drei Wochen wieder austrocknen. Beim Ansteigen des Wasserspiegels gelangen die Mückeneier unter die Wasseroberfläche, aus denen bei mehr als 10° C Wassertemperatur die Larven der Überschwemmungsmücken schlüpfen. Wenn sich in diesen Gewässern nur wenige natürliche Feinde (Fische , Amphibien und Wasserinsekten) aufhalten, können sich die Larven ungehindert entwickeln.

Sie fliegen bis zu 40 Kilometer

Überschwemmungsmücken sind meist nachtaktiv. Sie stechen in der Hauptsache in der Dämmerung, bei schwülem Wetter aber auch tagsüber. Während hochwasserreicher Sommermonate sind die Mücken besonders stechfreudig und haben einen ausgeprägten Wandertrieb (bis zu 40 km). Sie fliegen von den Flußauen in Städte hinein, wo genügend Opfer zu finden sind. Nur die Eier überdauern den Winter; die Mücken sterben im Herbst ab.

Hier sind Fachleute gefragt

Die Überschwemmungsmücken werden bis zu 5 mm lang und sind graubraun gefärbt. Die flächendeckende Bekämpfung von Überschwemmungsmücken muß von Fachleuten geplant und durchgeführt werden, die die gesamte Problematik bedenken und die ökologisch vertretbaren Bekämpfungsmaßnahmen auswählen.

Gesundheitliche Gefahren

Die gesundheitliche Bedeutung von Hausmücken ist nach dem derzeitigen Wissensstand gering. Überschwemmungsmücken sind in unseren Breiten Überträger einer Viruserkrankung, die grippeähnliche Symptome hervorruft. In Tropen und Subtropen sind diese Mücken Überträger von Gelbfieber, Hirnhautentzündungen, Dengue-Fieber und Würmern (Filarien). Sie stehen auch im Verdacht, Hepatitis zu übertragen.

Fiebermücken auch in Europa?

Auch in unseren Breiten kommen Fiebermücken vor, doch werden sie selten zur Plage. Die Fiebermücken können von den Hausmücken und den Überschwemmungsmücken dadurch unterschieden werden, daß sie ihren Hinterleib beim Sitzen in die Höhe strecken. Haus- und Überschwemmungsmücken halten ihren Körper im Sitzen gerade, fast parallel zur Fläche, auf der sie sitzen.

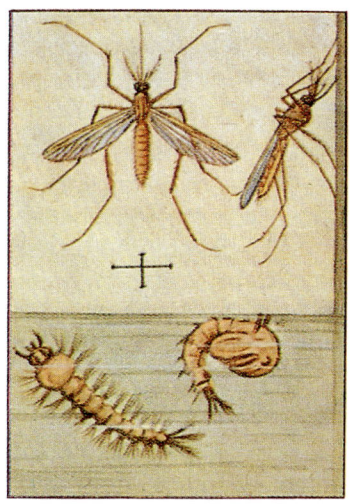

Fiebermücke

Gesundheitliche Gefahren

In den Tropen sind sie Überträger von Malaria, Würmern und verschiedenen Viren. In Südeuropa, vor allem in der Türkei sowie in Fernost, hat die Zahl der Malariafälle in den letzten Jahren wieder zugenommen. Jährlich erkranken zwischen 200 und

7

300 Millionen Menschen. Rund zwei Millionen Menschen sterben pro Jahr an Malaria.

Am Flughafen Malaria?

Bis nach dem Ersten Weltkrieg war Malaria auch im Oberrheingebiet verbreitet. Heute sind in Deutschland keine Fälle von bodenständiger Malaria bekannt. Lediglich im Bereich von Flughäfen trat hin und wieder die sogenannte „Flughafenmalaria" auf. Da die Erkrankten noch nie in ihrem Leben in den Tropen waren, aber in der Nähe des Flughafens wohnten, gehen Fachleute davon aus, daß sie durch die auf dem Luftweg eingeschleppten Fiebermücken infiziert wurden.

In unseren Breiten ist das Risiko an Malaria zu erkranken sehr gering. Vor Reisen in wärmere Gebiete sollte man sich unbedingt frühzeitig über die Malaria-Gefahr informieren und die Empfehlungen der Tropeninstitute befolgen (Adressen siehe S. 179).

Mückenabwehr

❏ Fliegengitter und Fliegenvorhänge halten eine ganze Reihe Stechmücken ab.

❏ Moskitonetze über dem Bett sorgen für einen ruhigen Schlaf (Camping- und Globetrotter-Fachgeschäfte oder Möbelhäuser).

❏ Auf Reisen werden die Nächte ruhiger, wenn Sie Gaze mit Reißzwecken am Fenster befestigen.

❏ Auf der Terrasse können Mücken durch das Verdampfen von ätherischen Ölen (z.B. Lavendelöl) in sogenannten Aromalampen abgewehrt werden.

❏ Ätherische Öle vertreiben laut Ökotest (Heft 6/93, S. 40) Mücken ebensogut wie die chemischen Mittel. Sie wirken zwar manchmal nicht ganz so lange, doch läßt sich durch mehrmaliges Einreiben auch mit ätherischen Ölen eine gute Schutzwirkung erzielen.

❏ Das Einreiben mit anderen mückenabwehrenden Mitteln (Repellents) bietet guten Schutz, der bis zu 6 Stunden anhalten kann.

❏ Kleinkinder und Säuglinge sollten nie direkt mit Repellents eingerieben werden, auch nicht auf der Basis von ätherischen Ölen, da die Gefahr von Hautirritationen und Allergien zu groß ist. Bei Babies genügt das Beträufeln der Kleidung mit mückenabwehrenden Mitteln.

❏ Kinderwagenmoskitonetze gibt es im Fachhandel. Sie halten auch Wespen ab.

Rezept:

Einreibemittel zum Schutz vor Stichen

100 ml Öl
(Mandel-, Oliven-, Weizenkeim-, Sonnenblumen- oder Jojobaöl)
mit 20 – 30 Tropfen ätherischen Ölen mischen.

Ätherische Öle:

Lavendel, Zeder, Zitrone, Anis, Eukalyptus, Geranie, Nelke, Minze, Citronella, Menthol, Pfefferminze

Bienen, Hummeln und Wespen – die guten Geister!

Bienen, Hummeln und Wespen bilden soziale Staaten mit einer Königin, die als einziges befruchtetes Weibchen Eier legt und Arbeiterinnen, die sich die verschiedenen Arbeiten, wie Nahrungssuche, Füttern der Larven, Säubern des Nests usw., teilen. Die Männchen übernehmen keine Arbeiten, sie dienen ausschließlich der Fortpflanzung und sterben kurze Zeit nach der Paarung. Die weiblichen Tiere (Arbeiterinnen und Königinnen) besitzen einen Wehrstachel mit Giftdrüse, mit dem sie bei Gefahr stechen können.

Bienen und Hummeln – die doppelte Ernte

Bienen liefern uns nicht nur Honig, Wachs und Propolis, sondern bestäuben auch Blüten und erhöhen den Ernteertrag von Früchten bis auf das Doppelte. Die Honigbiene, die dem Menschen schon seit 5 Jahrtausenden Honig liefert, darf genauso wenig bekämpft werden, wie die Hummel. Hat sich ein einzelner Bienenschwarm in einen Schuppen oder Dachboden verirrt, so sollte er von einem erfahrenen Imker umgesiedelt werden.

Ihr Gift kann uns zu schaffen machen

Hummeln und Bienen stechen lediglich bei Gefahr oder wenn sie gequetscht werden. Die Bienenarbeiterin hat einen mit Widerhaken versehenen Stachel, den sie aufgrund der Elastizität der menschlichen Haut nicht mehr aus der Wunde herausziehen kann. Stachel und Giftblase werden aus ihrem Hinterleib herausgerissen, wodurch die Biene „verblutet". Da die Giftblase ihren Inhalt selbständig in die Wunde „pumpt", sollte der Stachel sofort mit einer Pinzette entfernt oder vorsichtig herausgekratzt werden. Für normal empfindliche Menschen sind die Stiche ungefährlich, außer im Kopf-, Mund- und Halsbereich und direkt in eine Blutbahn (z.B. Pulsadern). Eine lokale Schwellung tritt bei jedem Menschen auf. Lediglich Allergiker sind stärker gefährdet (siehe S. 134).

7

Honigbiene auf einer Blüte

Deutsche und Gemeine Wespen – mögen nicht nur Pflaumenkuchen

Kaum steht der erste Pflaumenkuchen auf dem Tisch, sind auch die gelb-schwarzen Wespen zur Stelle. Wespen werden oft als Plage empfunden, doch sie machen sich als Blütenbestäuber (auch bei kühler Witterung) und Vertilger von Tierleichen, Abfällen und Insekten sehr nützlich.

Insektenvertilger mit riesigem Hunger

Viele wissen nicht, daß Wespen und Hornissen (die größte Wespenart) große Mengen Insekten, darunter auch viele Schädlinge, fangen, um ihre Larven damit zu füttern. Ein Wespenstaat kann bis zu 2 Kilo Insekten pro Tag vernichten. Für das ökologische Gleichgewicht sind Wespen äußerst wichtig und sollten daher nicht grundlos bekämpft werden. Stört die Anwesenheit eines

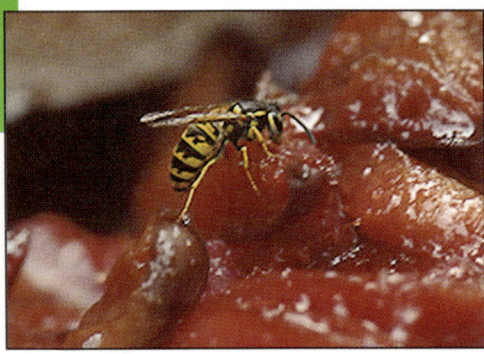

Wespe auf Pflaumenkuchen

Staates, so kann dieser von Fachleuten umgesiedelt werden.

Einjährige Staaten

Wespenstaaten sind einjährig, nur die begatteten Jungköniginnen überwintern und gründen neue Staaten. Im Frühjahr baut die Königin die ersten Waben, füttert die Larven und hält das Nest sauber. Später übernehmen die Arbeiterinnen diese Aufgaben, während sich die Königin dem Eierlegen widmet. Die Arbeiterinnen füttern die Larven mit eiweißhaltiger Nahrung. Sie fangen dazu normalerweise große Mengen Insekten, Insektenlarven und andere Kleintiere, belästigen uns Menschen aber gelegentlich, wenn wir im Freien Fleisch oder Wurst verzehren wollen.

Gegen Ende des Sommers verlassen die Geschlechtstiere (Männchen und Jungköniginnen) das Nest, wodurch die Arbeiterinnen „arbeitslos" werden und den Menschen, auf der ständigen Suche nach Süßem, lästig fallen. Sie sterben meistens im Oktober ab. Die Nester werden im nächsten Jahr nicht wieder angenommen.

Nisten in dunklen Höhlen

Von den acht staatenbildenden Wespenarten, die bei uns leben, werden nur die auffällig gelb-schwarz gefärbten Deutschen Wespen und die Gemeinen Wespen dem Menschen lästig. Beide Arten sind zwischen 10 und 20 mm lang und nisten in dunklen Hohlräumen (in Mäuse- oder Maulwurfsgängen oder in Rolladenkästen).

Freihängendes Wespennest einer gefährdeten Wespenart

Folgende Gerüche halten Wespen wenigstens eine Weile fern:

- ❏ Essig in einem Topf erwärmen.
- ❏ Fett oder Zwiebelscheiben in einem Topf erhitzen, bis der Geruch wahrnehmbar ist.
- ❏ Zitronenscheiben mit Gewürznelken spicken.

Freihängende Nester in Büschen und Bäumen sollten unbedingt erhalten werden, da es sich um Arten handelt, die den Menschen sowieso nicht lästig werden und deren Bekämpfung das biologische Gleichgewicht unnötig stören würde.

Hornissen – nur keine Panik!

Mittlerweile weiß man, daß die größte Wespenart, die bis zu 3,5 cm langen Hornissen, sehr friedliche – auch nachtaktive – Tiere sind. Wer sie nicht stört, insbesondere durch Erschütterungen des Nestes, ihre Flugbahn nicht behindert und ein Berühren der Tiere vermeidet, wird in der Regel nicht gestochen. Stiche von Hornissen sind bei weitem nicht so gefährlich wie landläufig vermutet wird. Das Hornissengift ist vergleichbar mit dem Gift der Bienen. Hornissen sind vielerorts selten geworden und dürfen nicht bekämpft werden.

- ❏ Fliegengitter an den Fenstern von Küchen oder Vorratsräumen anbringen oder die Fenster schließen.
- ❏ Keine Speisen offen stehenlassen. Beim Kochen von Marmelade und beim Kuchenbacken oder Fleischzubereiten sollten die Fenster geschlossen bleiben, da diese intensiven Gerüche Wespen anlocken.
- ❏ Ritzen im Mauerwerk oder im Rolladenkästen verschließen, damit keine Nester angelegt werden können.

7

Hornisse zerlegt ein Beutetier

❏ Beim abendlichen Lüften das Licht löschen oder nur Fenster mit Fliegendraht öffnen, da sonst unter anderem auch Hornissen einfliegen könnten.

Umgesiedeltes Wespenest

Wespen bekämpfen

Wer künftig die Feuerwehr ruft, um ein Wespennest beseitigen zu lassen, wird vielerorts an den zuständigen Wespenberater verwiesen. Nur wenn von den Tieren eine direkte Gefahr für den Menschen ausgeht, werden weitere Maßnahmen eingeleitet. Die Nester werden, wenn irgend möglich, vor Ort erhalten oder umgesiedelt, nicht aber vernichtet. Jeder, der ein Wespennest mit chemischen Mitteln „ausräuchern" will, sollte sich vor Augen halten, daß er selbst und seine Familie noch lange unter der Giftanwendung leiden könnte. Fliegengitter vor Türen und Fenstern sowie ein Vermeiden von Erschütterungen des Nestes helfen beim friedlichen Zusammenleben von Mensch und Wespe. Sollten sich einzelne Wespen, Bienen oder Hummeln ins Haus verirrt haben, so können die Tiere in einem Glas gefangen und draußen wieder freigelassen werden.

Wespenfallen

Zum Reduzieren der „lästigen" Arbeiterinnen können im Spätsommer Wespenfallen (enghalsige Flaschen) aufgestellt werden, die verdünnten Obstsaft, einige Tropfen Spülmittel und einen Schuß Essig (damit keine Bienen und Hummeln hineinfliegen) enthalten. Die Wespen krabbeln in die Flaschen hinein, kommen aber nicht mehr heraus und ertrinken. Anstelle von verdünntem Obstsaft können auch Bier, Wein oder Apfelwein die Wespen anlocken. Der Fortbestand des Volkes ist dadurch nicht gefährdet.

7

Bienen-, Hummel- oder Wespenstiche vermeiden

❏ Ein Sicherheitsabstand zu den Nestern ist einzuhalten. Sich auf keinen Fall in die Einflugschneise von Nestern stellen.

❏ Erschütterungen des Nestes unbedingt vermeiden, denn die Arbeiterinnen werden sehr angriffslustig, weil sie versuchen, ihre Nachkommen zu schützen. Da die Larven in nach unten geöffneten Brutkammern heranwachsen, können sie durch Erschütterungen herausfallen und sterben.

❏ Flaschen und Gläser sollten im Freien immer abgedeckt sein.

❏ Vorsicht auch beim Trinken aus dicken Strohhalmen! Im Sommer sollten nur dünne Strohhalme verwendet werden, da Wespen in dicke hineinkrabbeln können.

❏ Sollte sich eine Wespe oder Biene auf Ihnen niedergelassen haben, können Sie sie sanft abstreifen oder auf ein Stöckchen krabbeln lassen.

❏ Blumenwiesen sie sind für kleine Kinder zum Spielen ungeeignet.

❏ Während der Insektenflugzeit nicht barfuß auf Blumenwiesen herumlaufen, da manche Wespen und Hummeln Erdnester anlegen und stechen, wenn jemand darauftritt.

❏ Vorsicht beim Aufsammeln von reifem Obst!

❏ Auffällige Düfte zur Wespenflugzeit vermeiden. Wer bemerkt, daß Insekten ihn bevorzugt anfliegen, sollte das Parfum oder das Körperpflegemittel wechseln, denn die Tiere können durch bestimmte Duftstoffe zum Stechen veranlaßt werden.

Behandlung von Insektenstichen

❏ Beim Stich einer Biene den Stachel mit den Fingernägeln herauskratzen oder mit einer Pinzette herausziehen, ohne die Giftblase zu quetschen.

❏ Stichstelle sofort aussaugen und mit feuchten Salzwasser-Umschlägen, Eiswürfeln, oder in Stoff eingeschlagenen Kühlakkus behandeln.

❏ Mit einer frisch aufgeschnittenen Zwiebel, die sofort auf die Stichstelle gedrückt, aufgeklebt oder mit einer Mullbinde befestigt werden kann, läßt sich die Stichwirkung eindämmen.

❏ Stichstelle mit Lavendelöl, essigsaurer Tonerde oder verdünntem Salmiakgeist behandeln.

❏ Schmerzlindernde Salben auftragen.

❏ Lassen Sie sich von Ihrem Arzt über homöopathische Mittel zur Linderung von Juckreiz und Schwellungen nach Insektenstichen beraten.

❏ Bei Stichen in Mund- und Rachenraum Eiswürfel in den Mund nehmen und sofort zum Arzt gehen.

❏ Bei Vielfachstichen oder bei Stichen im Kopf- oder Halsbereich, sofort einen Arzt aufsuchen.

7

Gesundheitliche Gefahren durch Stiche

Wespen stechen zwar selten, aber sehr schmerzhaft. Sie können, im Gegensatz zu den Bienen, ihren Stachel wieder aus der Stichwunde herausziehen. Gerötete Schwellungen mit starkem Juckreiz sind die Folge.

Gefährliche Reaktionen des Körpers auf einen Insektenstich sind bei Stichen im Kopfbereich und in ein Blutgefäß zu befürchten. Stiche in den Mund oder Rachen eines Menschen können zum Anschwellen der Zunge oder des Kehldeckels führen, wodurch eine lebensbedrohliche Atemnot oder Tod durch Ersticken eintreten kann .

Auch Stiche, die sich entzünden und stark anschwellen sollten dem Arzt vorgestellt werden.

Die so sauber erscheinenden Wespen können unsere Nahrung mit Krankheitserregern verschmutzen, da sie beim Fliegenfang auch an Müll- und Kompostplätzen ihre Beute machen.

Bienen- oder Wespengiftallergie – was tun?

Im Bienen- und Wespengift sind eine Fülle von hochaktiven Substanzen enthalten, die bei jedem Menschen eine lokale Schwellung auslösen. Bei einer punktuellen Anschwellung um den Stichkanal handelt es sich nicht um eine allergische Reaktion.

Von einer allergischen Reaktion spricht man, wenn ca. 10 – 15 Minuten nach dem Stich ein Ganzkörperjucken, Übelkeit, Hitzewallungen, Atembeschwerden, Herzrasen festzustellen sind oder ein Kreislaufzusammenbruch erfolgt. Ohne ärztliche Hilfe kann innerhalb kürzester Zeit der Tod eintreten. Der erste dokumentierte Insektenstichallergiker dürfte der Pharao Menes gewesen sein, der im Jahr 2640 vor Christus am Stich einer Wespe gestorben sein soll.

Durch Wespen- oder Bienenstiche können bei empfindlichen Personen auch schwere Schwellungen und Entzündungen auftreten

❏ Bei Verdacht auf eine Insektenstich-Allergie, unbedingt einen Arzt (evtl. einen Allergologen) hinzuziehen, der entsprechende Tests macht und die geeigneten Maßnahmen ergreift.

❏ Es ist äußerst wichtig, zu wissen, welches Insekt gestochen hat, damit die Behandlung gezielt erfolgen kann.

❏ Insektenstich-Allergiker sollten im Sommer immer ihren Allergiepaß und ein Erste-Hilfe-Set mit sich führen, in dem Antihistamin-Tabletten und Cortison-Präparate, Calcium und Adrenalin-Aerosole oder Adrenalin-Spritzen enthalten sind.

7

Schwebfliegen – werden oft mit Wespen verwechselt

Durch ihre auffällige schwarz-gelbe Färbung schützen sich die harmlosen, sogar nützlichen Schwebfliegen vor dem Gefressenwerden. Leider werden sie von vielen Menschen mit Wespen verwechselt und aus Unkenntnis getötet.

Sie können nicht stechen!

Schwebfliegen sind zwar gefärbt wie Wespen, Bienen oder Hummeln, sie haben aber keine „Wespentaille", nur ein Flügelpaar und keinen Stachel. Die hier abgebildete Schwebfliege ist etwa einen Zentimeter lang und somit wesentlich kleiner als eine Wespe. Sie sind normalerweise von April bis Oktober aktiv.

Flugakrobaten

Schwebfliegen sind die schnellsten und beweglichsten Flieger unter den Insekten. Mit ihren Schwirrflügeln können sie in der Luft stehen bleiben (daher der Name) aber auch blitzschnell einige Meter vorschießen.

Eifrige Blattlausvertilger

Die begatteten Weibchen überwintern in Dachböden oder Schuppen und legen im Frühjahr 500 bis 1000 Eier in der Nähe von Blattlauskolonien ab. Ihre Larven vertilgen bis zu 400 Blattläuse während ihrer 8 – 10 tägigen Larvenentwicklung. Die Larven einiger Schwebfliegen-Arten fressen auch kleine Raupen, Käferlarven oder Spinnmilben. Die geschlechtsreifen Tiere ernähren sich vom Blütenstaub vor allem von Doldenblütlern (z. B. Dill, Kerbel oder Petersilie). Wenn Sie diese Pflanzen in Ihrem Garten anpflanzen und immer einige mit Blattläusen befallene Pflanzen stehenlassen, kommen diese Nützlinge auch in Ihren Garten, besonders wenn ihnen auch Überwinterungsmöglichkeiten gegeben werden.

Schwebfliege

Parasiten

Schmarotzer am Menschen und seinen Haustieren

Bei den alten Griechen war der Parasitos ein angesehener Mann. Er war Priester beim Gottesdienst zu Ehren von Apollo und Herakles. Mit einer goldenen Krone geschmückt hatte er die Aufgabe das Getreide zu überwachen, das den Göttern geopfert wurde. Für diese Arbeit stand ihm ein Teil der Opfergaben zu. Er durfte also Mit-Esser beim Mahl der Götter sein. Auch im alten Athen hatte der Lobredner, der Parasitos genannt wurde, keinen schlechten Ruf. Es galt vielmehr als Zeichen von Wohlstand, sich einen „Mitesser" zu halten, der seinen Gastgeber mit Schmeicheleien erfreute und dafür beim Essen kräftig zulangen durfte. Erst später bekam der Name Parasitos den Beigeschmack von Verwerflichkeit und Unmoral. Er wurde auf Menschen umgemünzt, die auf Kosten von anderen lebten oder ihnen nach dem Munde redeten. Aus biologischer Sicht sind Parasiten Tiere oder Pflanzen, die sich auf Kosten anderer ernähren oder deren Körper als Wohnung benutzen, ohne sie dafür zu entschädigen.

Unbemerkt schmarotzen sie

Parasiten bevorzugen in den meisten Fällen eine bestimmte Tierart oder den Menschen (auch als Wirt bezeichnet) zur Nahrungsaufnahme. Wirt-Parasit-Systeme haben sich über die Jahrmillionen so eingespielt, daß die Parasiten zwar auf Kosten ihres Wirtes leben, diesen aber normalerweise im Gegensatz zu räuberischen Tieren nicht töten. Während der Räuber das Kapital frißt, begnügt sich der Parasit mit den Zinsen. So wohnen in den Haarbälgen von Menschen und Tieren kleine Milben (Haarbalgmilben), deren wir uns überhaupt nicht bewußt sind. Im Speichel leben kleine Amöben, die abgestorbene Zellen der Mundschleimhaut vertilgen.

Seuchenüberträger

In vielen Fällen sind die Schmarotzer aber Überträger von Krankheitserregern wie Bakterien, Viren, Pilzen oder Würmern. Durch Parasiten werden die gefährlichsten Seuchen übertragen, z.B. Pest von Rattenflöhen, Flecktyphus von Kleiderläusen und Malaria von Fiebermücken. In der Regel werden die Krankheitserreger mit dem Speichel der Parasiten beim Blutsaugen in die Wunde abgegeben. Der Speichel, der ein Verkleben des Saugrüssels verhindern soll und blutverdünnend wirkt, kann auch Malariaerreger, Pestbakterien, Hepatitisviren oder Borrelien (bei Zeckenstichen) enthalten.

Blut – Nahrungsmittel Nr. 1

Unbemerkt zapfen einige Blutsauger ihre Opfer an. Um ungestört saugen zu können, kann der Speichel lokale Betäubungsmittel enthalten. Einige Zeit nach dem Stich beginnt dieser zu jucken, und es entstehen Quaddeln und Rötungen, die sich durch Kratzen entzünden können. Oftmals sind die Plagegeister dann schon nicht mehr zu sehen, so daß es manchmal detektivischer Aufklärung bedarf, die Schmarotzer zu identifizieren.

Achtung bei Fernreisen

Auf Reisen in die Tropen oder Subtropen ist besondere Vorsicht geboten, weil es dort von blutsaugenden Insekten, die Erreger übertragen können, nur so wimmelt. Da unser Organismus mit den in den Tropen vorkommenden Krankheitserregern noch nicht in Berührung kam, sind wir besonders gefährdet. Infektionen der Stichwunden können in warmen Gebieten besonders gefährlich werden.

Vor Antritt einer Fernreise sollte man sich unbedingt über die gesundheitlichen Gefahren am Reiseziel informieren und entsprechend vorbeugen. Detaillierte Auskünfte geben die Tropeninstitute (Adressen siehe „Wo bekomme ich Hilfe" S. 179).

Das folgende Kapitel beschäftigt sich mit den Plagegeistern, die uns Menschen oder unsere Haustiere als Nahrungsquelle benutzen und uns zum Teil krank machen.

8

Läuse am Menschen

Die drei am Menschen parasitierenden Läuse (Kopf-, Filz- und Kleiderläuse) haben ihren Namen aufgrund ihres bevorzugten Aufenthaltsortes. Die Kleiderlaus ist als gefährlichste Läuseart anzusehen, da durch sie Seuchen ausgelöst werden können. Sie kommt erfreulicherweise in unseren Breiten nur noch äußerst selten vor.

Kopfläuse – nur die anderen haben sie

Kopfläuse kann jeder Mensch bekommen, es hat nichts mit Unsauberkeit zu tun, sie sind „ansteckend". Die Übertragung von Kopfläusen kann immer dann erfolgen, wenn Menschen ihre Köpfe eng zusammenstecken. Auch über Gebrauchsgegenstände (Jacken, Mützen, Kämme, Bürsten) ist eine Verbreitung möglich. Die Ausbreitung geht besonders bei Kindern sehr schnell. So kommt es in Kindergärten und Grundschulen immer wieder zu kleinen Kopflaus-Epidemien. Auch in Gemeinschaftsunterkünften wie Wohnheimen, Jugendherbergen, Zeltlagern usw. ist die Ansteckungsgefahr besonders groß.

Gelegentlich müssen ganze Einrichtungen aus diesem Grund geschlossen werden.

„Betroffene Personen dürfen" – gemäß Bundesseuchengesetz § 45 und § 48 – „erst dann diese Einrichtungen wieder besuchen, wenn eine Weiterverbreitung von Kopfläusen laut Arzt oder Gesundheitsamt nicht mehr zu befürchten ist." (Attest).

Nissen heißen ihre Eier

Kopfläuse sind in der Regel grau. Mit Blut vollgesogen erscheinen sie rötlich. Die Weibchen werden 2,5 bis 3,5 mm lang, die Männchen sind etwas kleiner. Die begatteten Weibchen legen in ihrem etwa 4wöchigen Leben 150 bis 300 Eier, auch Nissen (0,8 mm) genannt. Zwischen Eiablage und Ausschlüpfen der Larven liegen etwa 8 bis 12 Tage. Nach ungefähr drei Wochen häuten sich die Larven zu Geschlechtstieren.

Die Nissen werden am Haaransatz angekittet, dort kleben sie wie „Perlen an einer Schnur". Bei starkem

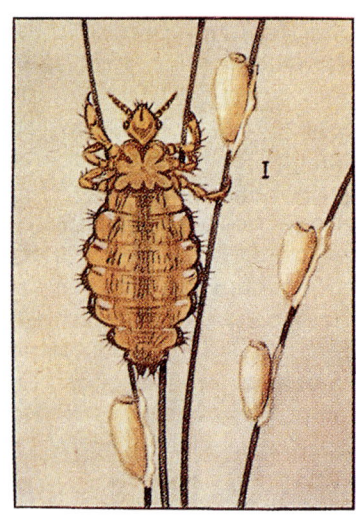

Kopflaus

8

Befall können die Nissen auch an Stoffasern von Kopftüchern, Schals oder Hüten angeklebt sein. Dadurch ist die Bekämpfung äußerst aufwendig.

Gesundheitsgefahren

Der Speichel, der beim Stechen und Saugen in die Kopfhaut gelangt, verursacht heftigen Juckreiz. Bei den meisten Menschen kommt es daraufhin zu Rötungen, Quaddel- und Knötchenbildung. Durch Kratzen können Bakterien oder Pilze in die Wunde gelangen, wodurch großflächige, nässende Ekzeme entstehen können. Oft schwellen auch die Lymphknoten an. Daher sollte bei starkem Befall unbedingt ein Arzt konsultiert werden.

Wenn's juckt – dann guckt !

Bei übermäßigem Juckreiz auf dem Kopf, sollte nachgesehen werden, ob sich Läuse auf dem Kopf niedergelassen haben. Dazu scheitelt man das Haar Strich für Strich und sucht es mit einer Lupe nach Läusen ab. Schon durch wenige Läuse kann ein erheblicher Juckreiz hervorgerufen werden. Sind keine Läuse zu finden, so sucht man nach Nissen. Sie kleben vornehmlich in der Nähe der Kopfhaut an den Haaren. Im Gegensatz zu Kopfschuppen lassen sie sich nicht mit bloßen Händen vom Haar abstreifen. Bevorzugte Aufenthaltsorte sind die Ohren-, Schläfen- und Nackenregionen. Vor allem bei längerem, dichtem Haar herrscht die optimale Temperatur (ca. 27° C) und somit die nötige Ruhe für die Eiablage. Auch wenn Läuse im Bekanntenkreis festgestellt wurden, ist es wichtig, daß sich alle Familienmitglieder einer Kontrolle unterziehen, denn die Ausbreitung kann sehr schnell erfolgen.

Bekämpfen

❏ Die Bekämpfung muß sofort erfolgen.

❏ Mittel (Sprays, Gels, Shampoos, Puder) zur Bekämpfung von Kopfläusen sind in Apotheken oder Drogerien erhältlich. Anweisungen auf dem Beipackzettel unbedingt befolgen.

❏ Offene Wunden auf dem Kopf sollten mit zinkhaltiger Salbe abgedeckt werden, bevor ein Läusemittel eingesetzt wird, da die Behandlung sonst sehr schmerzhaft sein kann. Die Salbe kann später mit Öl wieder entfernt werden.

❏ Um sicherzugehen, daß auch alle Nachkommen abgetötet wurden, ist die Behandlung nach 8 bis 10 Tagen zu wiederholen.

❏ Zum Entfernen der Nissen empfiehlt sich mehrmaliges Spülen der Haare mit lauwarmem Essigwasser (ein Teil Speiseessig auf zwei Teile Wasser) und anschließendes Auskämmen mit einem engzinkigen „Nissenkamm" (in Apotheke oder Drogerie erhältlich).

❏ Bei hartnäckigem Befall erleichtert das Abschneiden allzu langer Haare die Bekämpfung sehr.

8

- Die gesamte Bekleidung, auch Jacken, Mützen und Schals, die Handtücher sowie die Bettwäsche müssen bei mindestens 60° C länger als 10 Minuten gewaschen werden oder mindestens zwei Wochen lang, zum Aushungern der Tiere, in einem geschlossenen Beutel gelagert werden.

- Kuscheltiere und andere nicht waschbare Textilien können durch mehrtägiges Einfrieren im Gefrierschrank oder durch warmes Trocknen im Wäschetrockner von Läusen befreit werden. Die besten Erfolge werden bei abwechselnder Wärme-Kälte-Behandlung erzielt.

- Matratzen, Kopfstützen im Auto, Rückenlehnen an Stühlen und Sofas sollten mit dem Staubsauger abgesaugt werden.

- Kopfläuse bei Kindergarten- oder Schulkindern sollten sofort dem Kindergarten- und Lehrpersonal gemeldet werden, um eine Ausbreitung auf die ganze Gruppe zu verhindern. Läuse zu haben ist keine Schande. Es ist aber unfair allen anderen gegenüber, sie nicht zu bekämpfen und die befallenen Kinder in Schule und Kindergarten zu schicken.

- Die Eltern sollten im Fall einer Läuseinfektion sofort informiert werden, um eine Verbreitung zu unterbinden. Empfehlenswert ist das Verteilen der Broschüre „Kopfläuse... was tun ?“. Sie enthält Informationen über die Lebensweise und Vermehrung von Kopfläusen sowie Tips zur Bekämpfung. Diese von der Bundeszentrale für gesundheitliche Aufklärung herausgegebene Broschüre ist in deutsch und verschiedenen Fremdsprachen abgefaßt und kann beim Gesundheitsamt in der benötigten Menge angefordert werden.

- Betroffene Kinder dürfen Kindergarten und Schule erst wieder betreten, wenn ihnen ein ärztliches Attest Ansteckungsfreiheit bescheinigt.

- Alle Eltern und auch die Erzieherinnen und Erzieher oder Lehrerinnen und Lehrer sollten darauf achten, welche Kinder sich verstärkt am Kopf kratzen.

- In der Zeit des Kopflausbefalls sollten alle Kinder täglich mit einem Nissenkamm zu Hause kontrolliert werden.

- In Schule und Kindergarten können die Kinder mit Holzspateln auf Läuse und Nissen untersucht werden (für jedes Kind einen neuen verwenden).

- In Wohn- und Schlafräumen, in Schule, Kindergarten und Gemeinschaftsunterkünften können Läuse durch intensives Staubsaugen und Nichtbenutzen der Räume bei gleichzeitigem Aufheizen auf mehr als 25° C in wenigen Tagen ohne den Einsatz von Gift abgetötet werden.

- Bei wiederholtem Befall und bei mehrfachen, mit mangelhaftem Erfolg durchgeführten Behandlungen mit dem gleichen Mittel, ist ein Produkt mit einem anderen Wirkstoff zu verwenden. Bleibt der Erfolg trotzdem aus, ist das Gesundheitsamt einzuschalten.

Kleiderläuse machen krank

Kleiderläuse waren früher weit verbreitet und lösten unter anderem Flecktyphus-Epidemien aus, an denen Millionen von Menschen starben. Heutzutage sind sie in Mittel- und Westeuropa eher selten geworden und bei regelmäßigem Wäschewechsel nicht zu befürchten. Auf Fernreisen können sie aber unter Umständen aufgeschnappt werden. Kleiderlausbefall erkennt man daran, daß Stiche am ganzen Körper auftreten, die sich schmutzig-braun verfärben. Bei starker Verlausung können Kleiderläuse auf Kleidung, Bettzeug, Decken, Teppichen und Möbeln angetroffen werden. Dies ist aber nur bei starker Verwahrlosung zu befürchten.

Sie sitzen in Nähten und Säumen

Die Kleiderläuse selbst sitzen nicht am Körper, sondern vor allem in den Nähten und Säumen von anliegenden Kleidern, wo sie ihre Eier rosenkranzartig ankleben. Sie wandern mehrmals täglich zur „Blutmahlzeit" direkt an den Körper des „Opfers". Die Männchen sind mit 2,5 – 3,5 mm Länge kleiner als die Weibchen mit 3,5 – 4,5 mm. In ihrem 30 – 40 Tage dauernden Leben legt ein Weibchen bis zu 300 Eier. Die Entwicklung vom Ei bis zum geschlechtsreifen Tier dauert ca. 7 Tage. Die Vermehrung verläuft äußerst rasant.

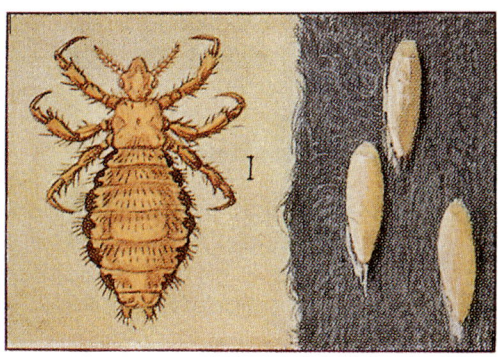

Kleiderlaus

Gesundheitsgefahren

Kleiderläuse übertragen die Erreger des Fleckfiebers bzw. Flecktyphus (Rickettsia prowazeki), des Wolhynischen Fiebers (Rickettsia quintana) und des europäischen Rückfallfiebers (Borrelia recurrentis). All diese Krankheiten führten früher zum Tode unzähliger Menschen.

Der Läusekot enthält Salmonellen und die Erreger der Tularämie (Kaninchenfieber). Durch Einatmen des erregerhaltigen Läusekotes kann es zu Infektionen kommen.

Vorbeugen

❏ Gebrauchte Textilien, auch Secondhand-Kleidung, nur gewaschen (mindestens 10 Minuten bei 60° C) oder chemisch gereinigt benutzen.

❏ In Massenunterkünften nur in eigenen Schlafsäcken übernachten.

❏ Nach Übernachtungen in unsauberen Herbergen, Kleidung vor der

8

Haustüre ausschütteln und erst nach dem Waschen in die eigenen Schränke räumen.

Bekämpfen

❏ Kleiderlausbefall muß laut Bundesseuchengesetz beim Gesundheitsamt gemeldet und ein Schädlingsbekämpfer oder Desinfektor hinzugezogen werden.

❏ Die Wäsche muß ausgekocht oder durch spezielle Firmen entwest werden.

❏ Alle Textilien, Teppiche und Wohnräume müssen mitbehandelt werden.

Filzläuse – nur vom Sex?

Im Gegensatz zu den anderen Läusearten bewegen sich Filzläuse kaum und sind aufgrund ihrer geringen Körpergröße nur schwer zu erkennen. Sie sind vor allem in den Schamhaaren ganz nahe am Körper, aber auch an Wimpern und Augenbrauen zu finden.

Filzläuse sind zwischen 0,8 und 1,7 mm lang, somit kleiner als Kopf- und Kleiderläuse, aber wesentlich breiter. Ein Weibchen legt im Laufe seines Lebens etwa 30 Eier, aus denen sich in 15 –17 Tagen geschlechtsreife Tiere entwickeln. Die Vermehrung erfolgt also recht langsam. Filzläuse saugen fast ständig Blut und können vom Menschen entfernt nur etwa 24 Stunden überleben. Es treten blauunterlaufene Stichstellen auf, sogenannte „taches

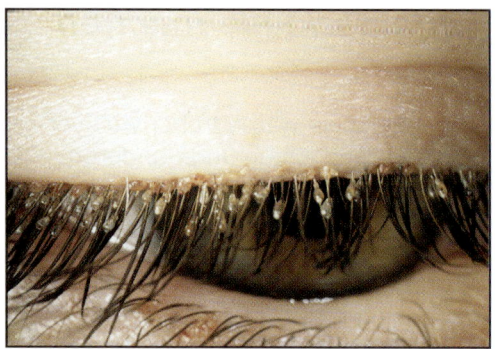

Filzläuse am Auge

bleues", die auf Druck nicht verschwinden und stark jucken.

Sie werden hauptsächlich, aber nicht ausschließlich, beim Geschlechtsverkehr übertragen. Gemeinsam benutzte Handtücher, Bettwäsche, Matratzenlager und Toilettenbrillen können auch zur Verbreitung beitragen.

Vorbeugen

❏ Beim Übernachten in Massenunterkünften möglichst einen eigenen Schlafsack verwenden, um unerwünschte Urlaubsandenken zu vermeiden.

❏ Beim Einzug in ein Hotelzimmer auf frische Handtücher und Bettwäsche achten.

❏ Nach Übernachtungen in unsauberen Herbergen, Kleidung vor der Haustüre ausschütteln und erst nach dem Waschen in die eigenen Schränke räumen.

8

Filzläuse bekämpfen

❏ Filzläuse abtötende Mittel sind in Apotheken und Drogerien erhältlich.

❏ Behandlung nach 8 –10 Tagen wiederholen.

❏ Filzläuse in Augenbrauen oder Wimpern vorsichtig mit einer Pinzette entfernen.

❏ Alle Kleider und sonstige Textilien mindestens 10 Minuten bei 60° C waschen und bügeln.

❏ Befallene Textilien, die weder gewaschen noch gereinigt werden können, mindestens 2 Tage in festverschlossene Plastiktüten packen, um die Filzläuse durch Aushungern abzutöten. Auch Einfrieren hilft.

Flöhe zum Fest

Der Flohzirkus ist eine Attraktion, die nicht nur im Mittelalter das Publikum auf den Jahrmärkten begeisterte. Heute gibt es in Europa noch einen Flohzirkus, der alljährlich auf dem Münchner Oktoberfest zu bestaunen ist. Mit Silber- oder Golddrähten „gefesselt", führen die kleinen Hüpferlinge Kunststücke vor. Sie ziehen kleine Wagen und balancieren auf dünnen Schnüren. Nach getaner Arbeit laben sie sich am Blut ihres Zirkusdirektors.

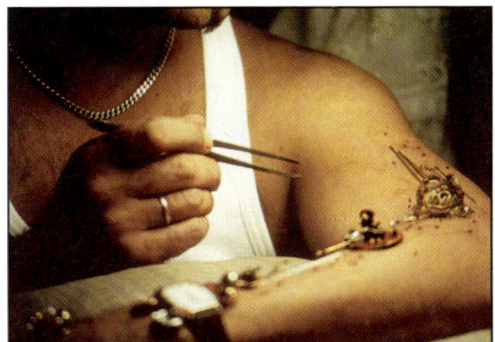

Flöhe auf Arm des Flohzirkusdirektors

Welche Flöhe plagen uns?

Früher waren Menschenflöhe die ständigen Begleiter der Menschen. Heute kommen sie in unseren Breiten nur noch selten vor. Handelt sich ein Mensch in unserer Zeit Flöhe ein, so sind das meist Hunde- und Katzenflöhe oder Vogelflöhe, z.B. Hühner- oder Taubenflöhe. Diese Flöhe sind zwar nach ihren Hauptwirten benannt, bei deren Fehlen können sie vorübergehend auch andere Warmblüter einschließlich Menschen „anzapfen". Ein Floh kann mehrmals am Tag stechen und Blut saugen, er kann aber auch monatelang hungern.

Flöhe sind Hochweitspringer

Flöhe sind seitlich abgeflachte, flügellose, bräunlich gefärbte Insekten, deren Panzer so fest und elastisch ist, daß er kaum zerdrückt werden kann. Mit Hilfe ihres stark ausgebildeten dritten Beinpaares können Flöhe 40 cm weit und bis zu 20 cm

8

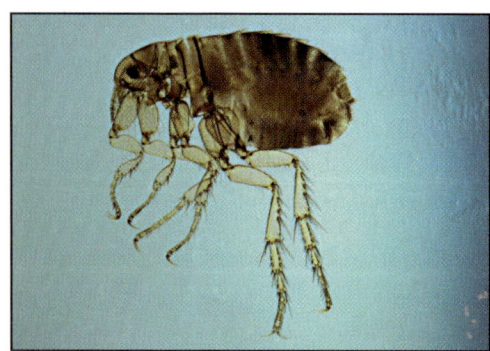
Floh

Flöhe können nahezu alle Erreger (Viren, Bakterien) verschleppen und sind daher in ihrer Gefährlichkeit nicht zu unterschätzen. Die gefährlichste Seuche, die von Rattenflöhen übertragen wird, ist die Pest. Die Pestbakterien vermehren sich innerhalb der Ratten, wodurch diese dann sterben. Nach deren Verenden gehen die Flöhe auf andere Ratten oder auf andere Warmblüter und Menschen über und infizieren auch diese. Geschichtliche Aspekte der Pest sind im Kapitel „Streifzug durch die Ungeziefergeschichte" beschrieben (siehe S. 14).

Zudem übertragen Flöhe Bandwürmer auf Hunde und Katzen. Die Haustiere stecken sich an, wenn sie die Flöhe zerbeißen und schlucken. Hund und Katze werden dann krankheitsanfälliger und bei starkem Bandwurmbefall kann es zu struppigem Fell und zu einer Verschlechterung des Allgemeinzustandes kommen. Beim Schmusen mit den Vierbeinern können sich auch Erwachsene und Kinder anstecken. Daher ist es wichtig, neben Maßnahmen zur Flohbekämpfung auch regelmäßig gegen Bandwürmer aktiv zu werden.

hoch springen (Menschenflöhe). Die geschlechtsreifen Tiere sind je nach Art und Geschlecht zwischen 1,5 und 4 mm lang. Die madenartigen, behaarten Larven werden bis zu 6 mm lang.

In Reih' und Glied

Flohstiche liegen charakteristischerweise fast immer in Reihen an bedeckten Körperstellen, da die Flöhe erst Probestiche machen. Die Stiche jucken oft erst, wenn der Floh schon wieder weg ist. Zu sehen sind kleine Hauterhebungen (Quaddeln), die in der Mitte den punktförmigen, geröteten Einstich erkennen lassen. Drückt man mit einem Glasspatel oder einem anderen gläsernen Gegenstand auf die Wunde, so ist der Einstich besonders gut zu sehen. Die Stichwirkung kann durch Einreiben verschiedener Mittel gelindert werden (siehe Behandlung von Insektenstichen S. 133).

Vorbeugen

Es ist wichtig, die verschiedenen Möglichkeiten der Floheinschleppung zu überdenken und die entsprechenden Maßnahmen zu ergreifen. Flohfreie Haustiere kann es nur in einer flohfreien Umgebung geben.

- ❏ Katzen und Hunde sollten regelmäßig gereinigt (mit der Bürste etc.) und auf Flöhe untersucht werden. Meistens erkennt man am Verhalten der Haustiere, daß sie ein Floh plagt; sie wirken nervös, kratzen sich oft und versuchen, den Plagegeist zu fangen.

- ❏ Bei Haustieren, die regelmäßig befallen werden, den Tierarzt aufsuchen.

- ❏ Schlaf- und Liegeplätze von Katzen und Hunden müssen regelmäßig gesäubert und abgesaugt werden, um die Entwicklung der Flohlarven zu unterbinden.

- ❏ Vogelnester im Rolladenkasten können Ausgangspunkt für Flöhe am Menschen sein, wenn die Bettdecken und Kissen aus dem Fenster gelegt werden. Im nächsten Jahr Zugang zu den Nistmöglichkeiten verwehren.

- ❏ Nistkästen nach dem Ausfliegen der Brut unbedingt reinigen. Das Nistmaterial sollte nicht auf den Kompost gegeben werden, sondern in einer geschlossenen Tüte in die Restmülltonne, damit sich darin enthaltenes Ungeziefer nicht weiterverbreiten kann.

- ❏ Mäuse und Ratten unbedingt bekämpfen, da die Ausbreitung vor allem von den Nestern bzw. von toten Tieren aus erfolgt (siehe Seite. 80).

Bekämpfen

- ❏ Zur Bekämpfung einer Flohplage ist es zunächst nicht so wichtig zu wissen, um welche Art Flöhe es sich handelt, denn meistens kann man gegen sie auch ohne genaue biologische Bestimmung vorgehen. Zur Verhinderung einer neuen Plage kann es aber ratsam sein, die Flöhe von Fachleuten bestimmen zu lassen und die entsprechenden Maßnahmen zu ergreifen.

- ❏ Haustiere, vor allem Hunde und Katzen entflohen. In Apotheken, Drogerien und beim Tierarzt gibt es verschiedene Präparate, mit denen sowohl die Tiere wie auch deren vorher gesäuberte Schlafstellen behandelt werden können.

- ❏ Sollten sich Flohlarven im Teppich befinden, hilft häufiges Staubsaugen und Klopfen. Auch durch Bügeln des Teppichs können die Larven getötet werden (Vorsicht, erst ausprobieren, und ein Tuch zwischen Bügeleisen und Teppich legen).

8

Wanzen fühlen sich auch in Betten wohl

Schon Goethe sagt, die Läus und Wanzen
Gehörten zu dem großen Ganzen...
Wo's Wanzen gibt, oft ahnt man's kaum
Und denkt auch gar nicht dran im Traum.
Doch, aus demselben jäh gerissen,
Weiß man's bestimmt, wenn man gebissen.
Fünfhundertmal des Rüssels Spitze
Ist feiner als die feinste Spritze...
Bettwanzen sind nur eine Art.
Es gibt auch andre, hübsch und zart,
Die sich ernähren nur von Pflanzen,
Statt sich an Menschen anzuwanzen...
Schildwanzen freilich überhaupt
Sind weitaus netter als man glaubt.
Nur sollten sie, da sie schlecht riechen,
Nicht grade über Beeren kriechen!
(Eugen Roth)

8

Wanzen wie von Eugen Roth beschrieben, gibt es weltweit ca. 40 000 Arten. Blutsaugende Wanzen gibt es vor allem in den Tropen, doch nur wenige saugen Menschenblut. Wanzen sind abgeplattete Insekten mit stechend-saugenden Mundwerkzeugen. Viele ernähren sich „vegetarisch" von Pflanzensäften, andere jagen Insekten und andere Kleintiere.

Wenn sich Wanzen bedroht fühlen oder wenn jemand auf sie tritt, fallen sie durch ihren unangenehmen Geruch auf. Fliegengitter verhindern das Hereinkrabbeln von Schild-, Blumen- oder Baumwanzen und durch Aufkehren befördert man sie am besten wieder hinaus.

Bettwanzen

Bettwanzen stinken uns

Früher hing in vielen Schlafzimmern Deutschlands ein charakteristischer, süßlicher Geruch, der von Bettwanzen hervorgerufen wurde. Durch verbesserte Reinigungsmethoden, ritzenlose Neubauten und den Einsatz von Staubsaugern im Haushalt, sind die Wanzen verschwunden und mit ihnen auch der Geruch. Bei Reisen in tropische und subtropische Länder können wir aber manchmal noch Bettwanzen finden. Beim Kofferein- und -auspacken ist größte Vorsicht geboten!

Saugende Bettwanze

Tagsüber unter der Tapete

Bettwanzen verstecken sich tagsüber und kommen in der Nacht zu ihrer „Blutmahlzeit" in die Betten. Am Tage sitzen sie unter losen Tapeten, in Ritzen des Bettgestells, unter den Matratzen, in Mauerrissen und unter Holzverkleidungen. Die jungen Wanzen ähneln den erwachsenen Tieren, sind aber kleiner und müssen vor jeder Häutung mindestens einmal Blut saugen. Die Weibchen sind ca. 4,5 mm lang und kräftiger als die etwa 4 mm langen Männchen. Nach dem 3–6 minütigen Saugakt können die Bettwanzen bis zu 8,5 mm lang sein. Sie sind in der Lage, bis etwa 6 Monate zu hungern. Bei empfindlichen Personen schwellen die Einstichstellen und jucken – durch Kratzen besteht Infektionsgefahr.

Abwehr

❑ Wer gezwungen ist, in einem verwanzten Zimmer zu übernachten, sollte vor dem Schlafengehen den Körper mit insektenabwehrenden Mitteln (Rezept siehe S. 128) einreiben, das Bett von der Wand abrücken und das Licht brennen lassen.

Chemische Bekämpfung

Die Bettwanzenbekämpfung muß fachkundigen Schädlingsbekämpfern überlassen werden (beim Gesundheitsamt Adresse erfragen)!

Taubenwanzen

In Taubenschlägen, aber vor allem in Taubennestern von verwilderten Haustauben, leben zuweilen Taubenwanzen, die von manchen Biologen als Unterart der Bettwanzen betrachtet werden. Ist der Taubenschlag verlassen, so können sie unter Umständen in die Wohnung einwandern und auch Menschenblut saugen. Abwehr von Taubenwanzen (siehe Taubenzecken S. 155).

8

Krätzemilben – jeder kann sich anstecken!

In letzter Zeit kommen häufiger wieder Fälle von Krätze (Skabies) vor. Sie tritt vor allem in Massenunterkünften auf und verbreitet sich von dort aus. Krätze ist eine stark juckende Hautkrankheit, die durch Krätzemilben hervorgerufen wird. Charakteristisch ist ein starker Juckreiz bei Wärme, z.B. im warmen Spülwasser, im warmen Bett, bei Sonneneinstrahlung und nahe der Heizung.

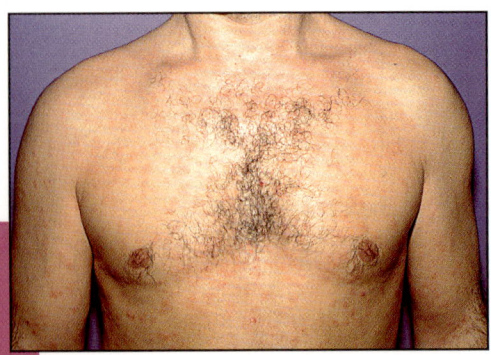

Krätzemilbenbefall

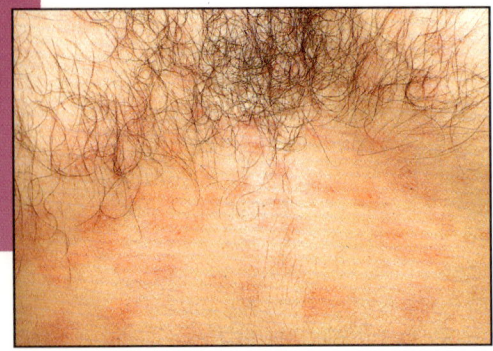

Krätzemilbenbefall (Ausschnitt)

Sie bohren sich in die Haut

Die Krätzemilben ernähren sich vom Keratin der Haut. Außerhalb menschlicher Haut sind sie nur zwei bis drei Tage lebensfähig. Während die etwa 2 mm langen männlichen Tiere nach der Paarung zugrunde gehen, bohren die 0,3 – 0,4 mm langen weiblichen Milben zur Eiablage Milbengänge in die Oberhaut. Die Milben bevorzugen weiche Hautstellen, z.B. zwischen den Fingern, in den Gelenkbeugen, am Nabel, an den Brüsten und in den Achselfalten. Oftmals sind die Genitalien befallen und weisen typische Bläschen auf. Bei abwehrgeschwächten Personen können – wie bei Kindern – Gesicht und Hals mitbefallen sein. Eine besonders schwere Form mit Befall der ganzen Hautoberfläche ist die Scabies norvegica.

Bei reinlichen Menschen schwer zu erkennen

Oftmals ist sehr schwer zu erkennen, daß es sich um eine Infektion mit Krätzemilben handelt, da sich die Milben nur schwer nachweisen lassen. Bei reinlichen Menschen findet man nur minimale Hauterscheinungen. Hier muß gezielt nach Milbengängen gesucht werden. Diese kommaartigen oder unregelmäßig gewundenen, bis zu 1 cm langen Gänge weisen am Ende einen dunklen Punkt (die Milbe) auf, den man mit bloßem Auge gerade noch erkennen kann.

Es besteht Meldepflicht!

Meist kommt es durch Kratzen zu Sekundärinfektionen, zu eitrigen Krusten und Ekzemen.

Laut Bundesseuchengesetz ist Krätze dem zuständigen Gesundheitsamt zu melden. Der Patient muß von einem Arzt behandelt werden und darf erst mit einem ärztlichen Attest wieder Gemeinschaftseinrichtungen aufsuchen.

Behandlung der Krätze

❏ Bei Verdacht auf Krätzemilben unbedingt einen Arzt aufsuchen.

❏ Familienmitglieder und Kontaktpersonen informieren und mitbehandeln.

❏ Bett- und Unterwäsche täglich wechseln und möglichst auskochen.

❏ Oberbekleidung, wie Jacken und Mäntel, 4 Tage lang nicht benutzen - in dieser Zeit sterben die Milben ab. Anschließend Kleidung waschen oder chemisch reinigen.

❏ Vor dem Einreiben des milbenabtötenden Mittels sollte der Patient zunächst zur Entfettung der Haut in seifenhaltigem Wasser baden.

❏ Den ganzen Körper vom Hals abwärts mit Jacutin-Emulsion einreiben und 12 – 24 Stunden einwirken lassen, anschließend baden oder duschen. Packungsbeilage beachten!

❏ Um auch die Jungmilben nach dem Schlüpfen aus den Eiern abzutöten, sollte die Prozedur drei Tage lang wiederholt werden, einschließlich des Wäschewechsels.

❏ Nach der Behandlung kann die Haut noch ein paar Tage jucken, obwohl die Milben abgestorben sind. Der Arzt sollte dann entscheiden, ob die Behandlung 1 bis 2 Wochen später nochmals durchgeführt werden muß.

❏ Vorsicht bei Schwangeren und Kindern unter drei Jahren. Jacutin nur 3 Stunden auf der Haut lassen. Gegebenenfalls ist eine Behandlung mit Benzylbenzoat-haltigen Mitteln (Antiscabiosum MAGO) oder Crotamiton-Präparaten (Euraxil-Lotio) vorzuziehen.

❏ Bei Kleinkindern ist eine kurzzeitige stationäre Aufnahme zu empfehlen.

❏ Zur Regeneration der Haut werden vom Arzt meist zinkhaltige Pflegesalben oder Lotionen, Ölbäder oder antibiotische Cremes verordnet.

8

Zecken – folgenschwere Stiche!

Auf den ersten Blick gehören Zecken nicht zum Hausungeziefer. Allerdings werden sie durch den Menschen und seine Haustiere in die Wohnung mitgebracht und sind auch in Gärten zu finden. Aufgrund ihrer stechend-saugenden Mundwerkzeuge spricht man von einem Zeckenstich und nicht, wie weit verbreitet, von einem Zeckenbiß.

Von März bis Oktober sind Zecken besonders aktiv. Sowohl Larven, Nymphen als auch geschlechtsreife Tiere bohren sich in die Haut von Vögeln oder Säugetieren, saugen Blut und lassen sich bei Sättigung fallen. Während des Saugaktes können Bakterien und Viren aus dem Blut befallener Tiere auf die Zecke übergehen und sich dort vermehren. Bei jedem nachfolgenden Stich werden die Keime auf die neuen Opfer übertragen, so auch auf den Menschen.

Durst auf Blut

Von den erwachsenen Zecken bleiben nur die Weibchen längere Zeit blutsaugend an ihrem Wirt hängen. Die Männchen begnügen sich mit einem kurzen Saugakt, bei dem sie nur etwas Gewebeflüssigkeit zu sich nehmen. Doch auch bei diesem Kontakt können Krankheitserreger übertragen werden.

Während die Tauben- und Hundezecken ihre Eier auch in Häusern ablegen, geschieht dies beim gemei-

nen Holzbock – der Zeckenart, von der die größten gesundheitlichen Gefahren für den Menschen in Mitteleuropa ausgehen – nur selten.

Der Gemeine Holzbock – in Wald und Wiesen

Der Gemeine Holzbock gehört zu den Schildzecken und tritt vor allem im Mischwald und in Feuchtgebieten auf. Die geschlechtsreifen Tiere, wie auch ihre Larven und Nymphen, sitzen auf Gräsern und Sträuchern und warten auf warmblütige Tiere oder den Menschen. Sie lassen sich nicht aus der Höhe auf ihre Opfer fallen, sondern werden im Vorübergehen abgestreift. Der Holzbock sucht sich auf dem unfreiwilligen Gastgeber zunächst einen ruhigen Platz zum Blutsaugen, der warm und feucht ist. Das kann einige Stunden in Anspruch nehmen. Ein gründliches Absuchen nach einem Waldspaziergang und sofortiges Entfernen von Zecken, bevor sie Kontakt zu Blut- oder Lymphgefäßen aufnehmen können, hilft ernsthafte Erkrankungen zu vermeiden.

Weibchen werden groß wie Bohnen

Während der Körper des Männchens vollständig mit einem starren Rückenschild bedeckt ist, erstreckt sich der Rückenschild beim Weibchen nur über ein Drittel der Körperoberfläche. Eine vollständige Blutmahlzeit läßt das Weibchen auf die Größe einer Bohne anschwellen, wobei die Farbe von braun nach grau wechselt.

Gesundheitliche Gefahren

Von den etwa 800 heute bekannten Zeckenarten sind einige Überträger von Krankheiten, die sogar zum Tode führen können. In unseren Breiten geht vom Gemeinen Holzbock die größte Gesundheitsgefahr aus. Der Holzbock kann hierzulande zwei verschiedene Krankheiten übertragen, die Zecken-Borreliose, eine Krankheit, die durch Bakterien ausgelöst wird und die FSME (Früh-Sommer-Meningo-Encephalitis), die durch Viren hervorgerufen wird. Die folgenden Ausführungen sollen helfen, die Erkrankungen und die von ihr ausgehenden Gefahren, richtig einzuschätzen.

Ein Zeckenstich sollte nach Entfernen des Tieres immer genau beobachtet werden. Bei Hautveränderungen um die Einstichstelle oder grippeähnlichen Beschwerden innerhalb der nächsten zwei Wochen, ist unverzüglich ein Arzt aufzusuchen, wobei es wichtig ist zu erwähnen, wann und wo ein Zeckenstich erfolgt ist. Dies kann auf die Art der Erkrankung hinweisen.

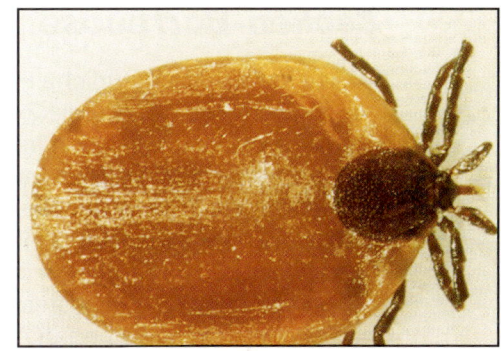

Zecke

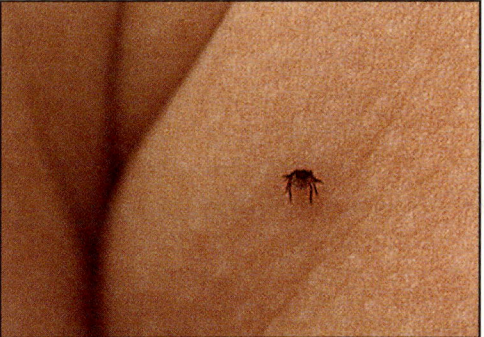

Holzbock in Achselhöhle

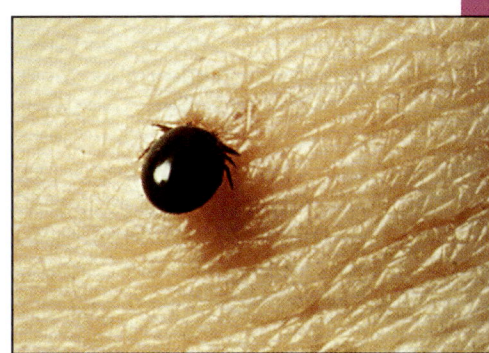

Saugender Holzbock

Zecken-Borreliose

Mäuse stellen das natürliche Reservoir für Borrelien dar. Da die Zecken sowohl an Mäusen als auch anderen, größeren Warmblütern Blut saugen, können sie die Erreger auch auf den Menschen übertragen. Über die Blutbahn gelangen die Erreger in die Gelenke und ins Nervensystem und sind dort vom körpereigenen Abwehrsystem kaum erreichbar. Nicht nur Menschen, auch Hunde, Rinder und Pferde können an Borreliose erkranken. In Deutschland sind 10 – 20 % der Zecken mit Borrelien infiziert.

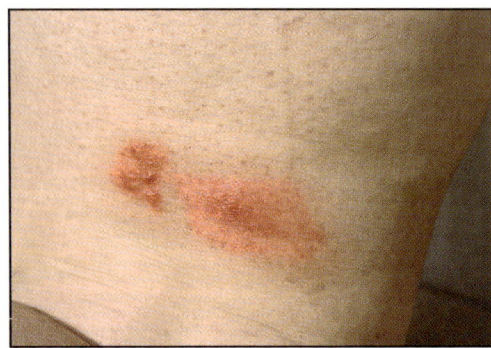

Rötung nach Zeckenstich

Die entscheidenden Stunden

Nach einem Zeckenstich läßt sich durch sofortiges Entfernen des Parasiten eine Übertragung der Bakterien verhindern, denn die Krankheitserreger aus Speichel oder Darm der Zecke gelangen erst nach etlichen Stunden in den Blutkreislauf des Menschen. Lediglich bei 30 – 50 % der Infizierten kommt es zum Ausbruch der Borreliose, gegen die es bis heute noch keinen Impfstoff gibt. Bei richtiger und schneller Diagnose kann mit Antibiotika erfolgreich behandelt werden. Der Erfolg hängt jedoch davon ab, wie schnell die Therapie einsetzt.

Die Zecken-Borreliose verläuft normalerweise in drei Stadien:

1. Stadium

Typisch für das erste Stadium ist neben grippeähnlichen Beschwerden, eine wandernde Hautrötung um die Stichstelle, die sich ausbreiten kann. Manchmal ist die Borreliose schon nach Abklingen dieser Hautrötung beendet. Es kann aber anschließend zu blau - roten Schwellungen an den Ohrläppchen, der Nase, der Brust oder den Hoden kommen.

2. Stadium (bis zu einem halben Jahr nach dem Stich)

Es sind Störungen des Nervensystems und des Herzens sowie halbseitige Lähmungen des Gesichts zu befürchten.

8

3. Stadium (Monate bis Jahre nach dem Zeckenstich)

Unter Umständen treten bleibende Spätschäden an Gehirn, Nervensystem, Herz und Gelenken auf. Außerdem kann sich bei einigen Patienten die Haut an Händen oder Füßen verändern und nimmt „zigarettenpapierartiges" Aussehen an. Wissenschaftler gehen davon aus, daß ein Großteil chronischer, „rheumatischer Erkrankungen" bei Waldarbeitern in der Borreliose ihre eigentliche Ursache haben.

„FSME" (Früh-Sommer-Meningo-Encephalitis)

Der Holzbock und seine Larven können Überträger der FSME sein, einer Viruskrankheit, die mit einer Entzündung des Gehirns und der Hirnhäute einhergeht. Die Viren werden durch die Zecken auf Nagetiere und auf den Menschen und seine milchliefernden Haustiere übertragen. Der Krankheitsname entstand durch das verstärkte Auftreten im Frühsommer. Die FSME tritt von Osten kommend (ehemalige UdSSR) nun in weiten Teilen Europas auf. In Deutschland vor allem südlich des Mains. Je nach Gebiet kommt jede 20. bis 500. Zecke als Krankheitsüberträger in Frage.

Arzt oder Gesundheitsamt beraten über die genaue Lage der FSME-Gebiete sowie über mögliche Impfungen.

Die Früh-Sommer-Meningo-Encephalitis verläuft in zwei Phasen

Phase 1:

Zwei bis achtundzwanzig Tage nach dem Zeckenstich kommt es als Folge der Virusvermehrung zu einer grippeartigen Erkrankung. Diese ist uncharakteristisch und von Fieber, Kopf-, Kreuz- und Nackenschmerzen begleitet. Die erste Phase der Krankheit dauert 1 – 8 Tage. Damit kann die Krankheit beendet sein oder es beginnt die zweite Phase.

Phase 2 :

Nach 1 – 20 Tagen ohne Fieber treten plötzlich schwerste Krankheitssymptome auf: heftige Kopf-, Nacken- und Gelenkschmerzen, Sehunschärfe, Lichtempfindlichkeit, Übelkeit, Erbrechen, Nackensteife und Fieber über 40° C. Durch Lähmungen und Herzrhythmusstörungen kommt es besonders bei älteren und abwehrgeschwächten Menschen zu lebensbedrohlichen Zuständen.

Eine gezielte Behandlung gegen diese Krankheit gibt es bisher nicht. Lediglich die Symptome, wie Fieber, Kopfschmerzen und Lähmungen kann man therapieren. Wichtig ist, eine Infektion zu verhindern, da die Krankheit sehr heftig verlaufen kann. Durch Vorbeugemaßnahmen und sofortiges Entfernen der Zecken wird das Infektionsrisiko stark gemindert. Im Einzelfall bleibt abzuwägen, ob eine Impfung angeraten ist.

8

FSME-Impfung – ja oder nein?

❏ Vor einer FSME-Impfung sollte man sich beim Arzt oder Gesundheitsamt eingehend beraten lassen, da die FSME nur in bestimmten Gebieten verbreitet ist. Wie bei allen Impfungen können unerwünschte Nebenwirkungen auftreten.

❏ Vor Antritt einer Reise informieren, ob das Urlaubsziel in einem FSME-Gebiet liegt.

❏ Bei einem geplanten Urlaub (Wander- oder Campingurlaub) in ein FSME-Gebiet , rechtzeitig vor Reiseantritt (ein halbes Jahr vorher) vom Arzt über eine eventuelle Schutzimpfung beraten lassen.

❏ Personen, die in FSME-Gebieten viel in der freien Natur sind, wie Förster, Jäger, Jogger usw. sollten sich vorbeugend impfen lassen (aktive Immunisierung). Der Schutz wird durch drei Teilimpfungen erreicht. Nach der dritten Teilimpfung besteht ein sehr hoher Schutz (98 %) für drei Jahre. Durch eine Auffrischungsimpfung wird der Impfschutz um mindestens drei weitere Jahre verlängert werden.

❏ Nach einem Zeckenstich in einem FSME-Gebiet, ohne vorherigen Impfschutz, sofort einen Arzt aufsuchen, um sich mit Antikörpern impfen zu lassen (passive FSME-Prophylaxe). Die Schutzrate ist allerdings bei weitem nicht so hoch (70 %), wie bei der aktiven Immunisierung. Die Impfung muß vier Tage nach dem Zeckenstich erfolgt sein, da sonst keine Wirkung mehr zu erwarten ist. Die Schutzwirkung hält 3 – 4 Wochen an.

Zeckenstichen vorbeugen

❏ Bei Waldspaziergängen auf den Wegen bleiben und nicht das Unterholz durchstreifen.

❏ Das Einreiben mit insektenabwehrenden Mitteln bietet gegenüber Zecken einen gewissen Schutz, doch ist wiederholtes Einreiben wichtig (Rezept siehe S. 128).

❏ Möglichst viel Körperfläche mit Kleidung bedecken. Strümpfe über die Hosen ziehen bevor eine Wiese überquert wird.

❏ Geschlossene Bündchen an Hals und Handgelenken verhindern das Hineinkrabbeln der Zecken.

❏ Auf heller Kleidung sind die Zecken gut zu erkennen.

❏ Nach jedem Gang in der freien Natur nach Zecken absuchen, gut abklopfen, Kleidung und Unterwäsche ausschütteln und möglichst duschen.

8

Der Zeck muß weg!

❏ Hat sich dennoch eine Zecke eingefunden, so sollte sie sofort mit einer
spitzen Pinzette oder Zeckenzange
(Apotheke) entfernt werden. Dazu
müssen die Blutsauger am Kopf,
dicht an den Mundwerkzeugen
gepackt und unter vorsichtigem Dre-
hen herausgezogen werden. Der
Hinterleib der Zecke darf nicht
gequetscht werden, da sonst die
Krankheitserreger aus dem Darm in
die Wunde injiziert werden.

❏ Die Wunde sollte sofort desinfiziert
werden.

❏ Sollten Teile der Mundwerkzeuge in
der Wunde verbleiben, so hilft das
Auftragen von entzündungshemmen-
der Salbe. Nach einigen Tagen lösen
sich diese Teile meist von selbst.

❏ Treten in den nächsten Tagen oder
Wochen grippeähnliche Erkrankungen oder Hautrötungen an der Einstichstelle auf, sollte unbedingt ein
Arzt konsultiert werden!

❏ Nach neueren Erkenntnissen sollte
die Zecke weder mit Öl, Creme,
Klebstoff, Alkohol, Benzin, Nagellack
oder ähnlichem behandelt werden.
Durch diese Methoden wird die
Zecke zu vermehrter Speichelpro-
duktion veranlaßt, wodurch die Infektionsgefahr steigt!

Taubenzecken – nicht gleich entdeckt!

Im Gefieder von verwilderten Haustauben gelangen Taubenzecken zu
den Nistplätzen und finden dort
Unterschlupf in Mauerspalten und
Ritzen. Haben die Tauben ihren Nistplatz auf Dauer verlassen, so können
die Taubenzecken jahrelang hungern, bis sie schließlich in unsere
Wohnungen eindringen, um an uns
Menschen Blut zu saugen. Nach
ihren nächtlichen Blutmahlzeiten
suchen die Taubenzecken wieder
ihre Verstecke auf und werden so
von den belästigten Personen häufig
nicht entdeckt. Die schmerzhaften
Quaddeln werden meist einer anderen Ursache zugeschrieben.

8

Taubenzecke

Taubenzecken haben einen eiförmigen, abgeplatteten, grau-braunen Körper. Die Weibchen werden bis 1,1 cm, die Männchen bis 0,8 mm lang. Sie gehören zu den Lederzecken und haben im Gegensatz zum Holzbock keinen Rückenschild.

Gesundheitliche Gefahren

Beim Menschen verursachen die Zeckenstiche heftigen Juckreiz, eitrige Entzündungen, Blutvergiftung und Kreislaufschwäche. Bei entsprechend sensibilisierten Personen können die Stiche schwerwiegende allergische Reaktionen auslösen. Ein allergischer Schock ist der Extremfall.

Abwehr von Taubenzecken und Taubenwanzen

❏ Dachböden gegen Tauben abdichten.

❏ Taubenschläge und Taubennester regelmäßig gründlich reinigen.

❏ Fliegengitter an den Fenstern hindern Taubenwanzen und -zecken am Einwandern in die Wohnung.

Bekämpfung von Taubenzecken

❏ Taubenzecken sind nur schwer zu beseitigen, da die Zecken ihre Eier in Ritzen und Ecken ablegen. Diese Arbeit sollte möglichst von erfahrenen Schädlingsbekämpfern übernommen werden (beim zuständigen Gesundheitsamt informieren).

❏ Taubennester und Taubenschläge, zunächst gründlich mit dem Besen und dann mit einem Staubsauger reinigen. Staubsaugerbeutel anschließend in einer Plastiktüte fest verschlossen zum Restmüll geben und den Staubsauger gründlich säubern.

❏ Danach kann das Heißluftverfahren angewendet werden, mit dem auch gute Erfolge gegen den Hausbock (Holzschädling) erzielt werden (siehe S. 162). Die Taubenzecken sind gegenüber Hitze sehr empfindlich. Bei einer Heißluftbehandlung sollte eine Mindesttemperatur von 55° C für mindestens 15 Minuten erreicht werden.

❏ Für die Teile des Dachstuhls oder der Wohnung, die nicht durch die Heißluft erreicht werden (Anschlußzonen, Deckenbereiche oder Dachübergänge), ist außerdem eine chemische Bekämpfung nötig.

8

Braune Hundezecken – kommen aus dem Süden

Die aus wärmeren Ländern eingeschleppte braune Hundezecke ist in Deutschland nur in Häusern entwicklungsfähig. Meist findet sie sich festgesogen am Hund oder frei in seiner Lagerstätte. Die Weibchen werden vollgesogen bis zu 12 mm, die Männchen sind ungesogen etwa 3 mm lang. Ihre 2000 – 4000 Eier verstecken die befruchteten Weibchen beispielsweise hinter Verkleidungen, wodurch ein Massenbefall in Wohnungen oder Häusern möglich ist.

Gesundheitliche Gefahren

Bei Hunden treten zuweilen Vergiftungserscheinungen und lokale Schwellungen der Haut, einhergehend mit Nachfolge-Infektionen auf. Die Hundezecke kann die Babesiose, eine gefährliche Hundekrankheit, und einige andere Krankheiten übertragen werden. Die Symptome beim Hund sind: Unruhe, Juckreiz, Abszesse, Ekzeme, Entzündungen und Knoten der Haut. Menschen werden nur selten befallen. Auch die Borreliose wird durch die Hundezecke übertragen (siehe S. 152 f).

Vorbeugen

❏ Hunde sofort nach dem Freilauf in Zeckengebieten nach Zecken absuchen

❏ Zecken mittels Pinzette oder Zeckenzange sofort entfernen, ohne sie zu quetschen.

❏ Stichstelle desinfizieren.

❏ Beim Tierarzt über vorbeugende Präparate informieren.

❏ Auch hier gilt: – Zecken niemals mit Alkohol, Öl oder ähnlichem abtöten, da dadurch die Infektionsgefahr steigt!

Bekämpfen

❏ In den betroffenen Räumen sollte möglichst oft Staub gesaugt werden.

❏ Nur im Extremfall sollten Milbenvernichtungsmittel (Akarizide) eingesetzt werden.

8

Holzschädlinge

> PST! BOHRARBEITEN EINSTELLEN - WIR WERDEN ABGEHÖRT!

9

Jahrhundertealte Bauwerke zeigen, daß Holz bei der richtigen Konstruktion und geeigneter Holzart sehr lange hält. In letzter Zeit wird in neuen Häusern wieder mehr Holz eingesetzt, da es sehr gute baubiologische Eigenschaften hat. Holz eignet sich nicht nur als Bodenbelag oder zum Bau von Möbeln, es kann auch als Konstruktionsholz verwendet werden.

Holz ist ein fasriges Material, das ungeschützt viel Feuchtigkeit aufnimmt und daher verschmutzt und verfleckt. Außerdem kann es durch Pilze oder Insekten zerstört werden. Holz sollte vor Witterungseinflüssen und vor der Zerstörung durch Schädlinge bewahrt werden. Doch nicht überall ist ein vorbeugender chemischer Holzschutz erforderlich, und er sollte nur auf wirklich wichtige

Bereiche beschränkt werden, da hier Umweltgifte ausgebracht werden.

Gefährdung durch Holzschutzmittel?

Das Bundesinstitut für gesundheitlichen Verbraucherschutz und Veterinärmedizin empfiehlt zum Schutz der eigenen Gesundheit, Holzschutzmittel zur Vorbeugung gegen Insekten oder Pilze nicht in Innenräumen anzuwenden. Dies ist auch gar nicht nötig, denn holzzerstörende Insekten und Pilze sind meist auf eine gewisse Feuchtigkeit (mehr als 10 % Holzfeuchte) angewiesen, die bei richtigen Holzkonstruktionen in Innenräumen allgemein nicht erreicht wird.

Pyrethroide auch nicht ohne...

Die Industrie stellt zwar mittlerweile keine Holzschutzmittel mit PCP (Pentachlorphenol) und Lindan her, die, in Innenräumen verarbeitet, bei den Bewohnern der Häuser zu Gesundheitsschäden führten. Stattdessen sind andere Substanzen (z.B. Pyrethrum und Pyrethroide) enthalten. Auch bei diesen gibt es Hinweise, daß sie die Gesundheit beeinträchtigen können (siehe S. 172).

Auf das RAL-Gütezeichen achten!

Produkte für den vorbeugenden Holzschutz sollten mit dem RAL-Gütezeichen versehen sein und beim

Einkauf bevorzugt werden, denn sie sind erwiesenermaßen gegen Holzschädlinge wirksam, bei bestimmungsgemäßem

Gebrauch weitgehend gesundheitlich unbedenklich, und ihre Produktion wird amtlich überwacht. Gartenzäune oder Pergolen müssen nicht alljährlich mit Holzschutzmitteln behandelt werden. Es ist hier durchaus ausreichend, den Farbanstrich zu erneuern.

Holz veredeln – ohne Lösemittel

Um Holz vor Witterungseinflüssen, Feuchtigkeit, UV-Strahlen, Abnutzung und Verschmutzung zu bewahren, wird die Oberfläche mit Ölen, Wachsen, Beizen oder Lacken veredelt. Holzveredelungsmittel enthalten keine Wirkstoffe gegen holzzerstörende Pilze oder Insekten. Besonders für die Verwendung in Innenräumen sollten Behandlungsmethoden gewählt werden, welche die Gesundheit der Bewohner nicht beeinträchtigen und die Umwelt sowenig wie möglich mit Schadstoffen belasten, z.B. lösemittelfreie Farben, Lacke und Wachse. Das Umweltzeichen, der „blaue Engel", kann bei der Auswahl eine Orientierungshilfe sein.

Chemischer Holzschutz nur bei tragenden Bauteilen

Vom Gesetzgeber ist nur für tragende Holzbauteile ein chemischer Holzschutz zum Schutz vor Insekten und Pilzen vorgeschrieben. Unter tragenden Bauteilen versteht man das Holz nicht ausgebauter Dachstühle sowie tragende Innenbauteile im Naß- und Außenbereich. Nach der DIN 68 800 „Holzschutz im Hochbau" dürfen nur

9

amtlich zugelassene Holzschutzmittel verwendet werden, die ein gül-
tiges Prüfzeichen des Instituts für
Bautechnik, Berlin, besitzen. Diese
Produkte dürfen heute nur noch
Fachbetriebe einsetzen. Im Fachhandel erhältliches Holz, das für tragende Konstruktionen verwendet werden soll, ist heute entweder im
Kesseldruckverfahren imprägniert
oder durch Trogtränkung behandelt.

Sie sehen wie Würmer aus

Normalerweise sind die Larven verschiedener Käfer die eigentlichen
Holzschädlinge. Sie sind meist im
Holz versteckt, sehr klein und
schwer zu bestimmen. Da die
erwachsenen Käfer im Sommer nur
für kurze Zeit erscheinen, ist man bei
der Bestimmung auf Spuren angewiesen. Bohrmehl (Kot), die Form der
Fraßgänge sowie die Form und
Größe der Schlupflöcher sind für
jede Art charakteristisch.

Hausbocklarve

Holzschädlingen Vorbeugen

❏ Zum Bauen nur trockenes Holz verwenden.

❏ Bauholz vor dem Einbau einer Heißluftbehandlung unterziehen, da so
eine Reihe von Holzinhaltsstoffen,
die die Käfer anlocken, ausgetrieben
oder chemisch verändert werden.
Heißluftbehandeltes Holz ist gut
getrocknet, und es treten weniger
nachträgliche Trocknungsrisse auf.

❏ Obwohl für tragende Hölzer ein chemischer Holzschutz vorgeschrieben
ist, sollten nicht bewohnte Dachstühle zusätzlich durch Abdichten von
Fugen und Ritzen vor Schädlingen
geschützt werden.

❏ Durch Anbringen von Fliegengittern
oder Schließen der Fenster kann ein
Einfliegen von Holzschädlingen verhindert werden.

❏ Viele Holzschädlinge kommen mit
dem Kaminholz ins Haus. Auch wenn
sich die Schädlinge normalerweise
nicht halten können, sollte das Holz
nicht längere Zeit in Innenräumen
gelagert werden.

❏ Regelmäßige Kontrolle hilft frühzeitig
Befall zu entdecken, bevor er sich
ausbreitet.

❏ Wohnungen trocken halten, Luftfeuchtigkeit unter 50 % (mit einem
Hygrometer kontrollieren).

Hausbock
– Vorsicht Einsturzgefahr!

Bockkäfer sind relativ große Käfer, die ihre langen Fühler in Ruhestellung nach hinten gekrümmt tragen und so den Hörnern von Böcken ähneln. Die Larven des Hausbocks leben in jüngerem, bis ca. 50 Jahre altem Nadelholz und richten große Schäden an tragenden Bauteilen an. Bei älteren Hölzern nimmt die Wahrscheinlichkeit, vom Hausbock befallen zu werden, ab. Für die Larven sind Laubholz sowie Kernholz von Lärche und Kiefer als Nahrung ungeeignet.

Hausbock

Hausböcke sind schwarz-braune Käfer mit zwei hellen Binden auf den Deckflügeln. Am Halsschild tragen sie zwei glänzend schwarze Höcker. Ihre dünnen Fühler sind 3 – 6 mm lang. Die Hausbockweibchen sind zwischen 10 und 25 mm lang, die Männchen erreichen 8 mm Länge.

Schauplatz: Fachwerk-Südseite und Dachgebälk

Hausbocklarven kommen hauptsächlich im Dachgebälk und auf der Südseite von Fachwerkhäusern vor, da meist nur dort genügend hohe Temperaturen (25° C) erreicht werden. Der Hausbock kann sich aber auch im Freien entwickeln, in Zaunpfählen, Telefonmasten etc., wenn das Holz warm genug wird. Die Käfer fliegen erst bei Temperaturen über 26° C.

Hungrige Larven zerstören das Holz

Mit Hilfe eines langen Legeapparates legen die Käferweibchen bis zu 400 Eier tief in Risse und Unebenheiten des Holzes. Einige Wochen danach schlüpfen die Larven und bohren sich in das Holz ein, wo sie sich je nach Lebensbedingungen 2 – 10 Jahre durchs Holz fressen, ohne daß der Befall außen sichtbar wäre. Die gelblich-weißen, fast beinlosen Larven werden bis 3 cm lang und 5 mm dick. Charakteristisch sind ihr schwarzbrauner Kopf und die breite Brust. Die Larven fressen bis dicht unter die Balkenoberfläche, so daß nur eine papierdünne Deckschicht stehen bleibt.

9

Fluglöcher an der Balkenober-
seite suchen

Bevor sich die Larve verpuppt, legt
sie eine Puppenkammer im Holz an
und nagt ein Flugloch, das ober-
flächlich mit „Genagsel" verschlossen ist und durch das der Käfer später das Holz verläßt. Die ovalen
Fluglöcher sind 5 –10 mm im Längs-
Durchmesser und haben ausgefranste Ränder. Das Ausflugloch der
Hausböcke befindet sich meist an
der Oberseite der Balken, worauf bei
der Untersuchung unbedingt geachtet werden muß.

Jahrelang unentdeckt

Aufgrund der langen Entwicklungszeit der Larven wird ein Befall oft erst
nach Jahren festgestellt, wenn die
ersten Fluglöcher sichtbar sind. Die
Balken können dann schon weitgehend ausgehöhlt sein, so daß beim
nächsten Sturm unter Umständen
das ganze Dach zusammenbricht.

Hausbockbefall muß sofort bekämpft
werden und ein Befall ist, den
gesetzlichen Bestimmungen entsprechend, bei der zuständigen Bauauf-
sichtsbehörde zu melden.

Ständige Kontrolle ist not-
wendig

❏ Dachstühle regelmäßig kontrollieren,
auch die Oberseite der Balken.

❏ Klopfprobe durchführen. Das Klopfen klingt bei Schädlingsbefall
dumpf.

Holzzerstörung durch Hausbockbefall

❏ An warmen Tagen kann man die Fraß-
geräusche von Hausbocklarven am
besten hören, dazu benötigt man Ruhe
und Zeit, und evt. ein Stethoskop.

Bekämpfung

❏ Um unnötige Behandlungen zu vermeiden, ist eine eindeutige Diagnose
unerläßlich (siehe „Wo bekomme ich
Hilfe?" S. 178).

❏ Das Heißluftverfahren, das nur von
Fachleuten durchgeführt wird, hat
sich bei der Bekämpfung des Hausbocks und auch anderer Holzschädlinge sehr bewährt. Dabei macht
man sich die Tatsache zunutze, daß
Insekten Temperaturen über 55° C
im allgemeinen nicht überleben. Mit
speziellen Heißlufterzeugern wird der
gesamte Dachstuhl solange erhitzt,
bis auch der dickste Balken im
Innern eine Temperatur von 55° C
erreicht. Zur sicheren Abtötung wird
diese Temperatur für mindestens
eine Stunde gehalten. (Oder 60° C
für eine halbe Stunde).

Für dieses Verfahren spricht, daß man ohne Gift auskommt, daß die Räume gleich nach der Behandlung wieder benutzbar sind, die Einwirkzeit relativ kurz ist und auch Nahrungs- und Futtermittel wieder gelagert werden können. Mit dem Heißluftverfahren erreicht man auch Stellen und Bereiche, die mit Giften nicht ohne weiteres behandelbar sind. Die zeitintensiven Arbeiten, wie das Entfernen der befallenen Holzteile, entfallen weitgehend. Um alle Larven abzutöten, kann das Heißluftverfahren auch in Kombination mit Bohrlochtränkungen angewendet werden. Hierbei werden bekämpfende Holzschutzmittel gezielt in die Bohrlöcher eingebracht.

Chemische Bekämpfung

❏ Die Begasung von Häusern kann nur von Spezialfirmen durchgeführt werden. Beim Begasen (meist werden Methylbromid oder Blausäure verwendet) werden die Häuser komplett abgedichtet und/oder in ein „gasdichtes Zelt" verpackt.

❏ Bekämpfende chemische Holzschutzmittel, die Insektizide und meist auch Fungizide enthalten, finden im Kampf gegen den Hausbock oder andere holzzerstörende Insekten ebenfalls Verwendung. Es muß darauf geachtet werden, daß das Holz eine ausreichende Menge Gift aufnimmt, durch Eintauchen, Spritzen, Streichen und/oder durch Bohrlochtränkung. Diese bekämpfenden chemischen Holzschutzmittel dürfen

nur von geschulten, erfahrenen Fachleuten eingesetzt werden.

❏ Die Bekämpfung mit chemischen Holzschutzmitteln ist sehr zeitaufwendig und erfordert eine Menge Vorarbeit und vor allem Sachverstand. Die befallenen Balken werden abgebeilt, abgebürstet, möglichst abgesaugt und mehrmals mit Holzschutzmitteln gestrichen.

❏ Geschwächte Balken müssen mit imprägnierten Hölzern verstärkt werden.

❏ Stark befallene Hölzer austauschen und verbrennen.

❏ Sollte sich dennoch jemand dazu entschließen, diese Maßnahmen selbst durchzuführen, müssen unbedingt die Sicherheitsvorkehrungen zum Schutze der Gesundheit (Handschuhe, Schutzanzug, Atemmaske) eingehalten werden, da sonst Vergiftungsgefahr besteht!

❏ Handelt es sich nur um geringen Befall, so können die Gifte gegebenenfalls mit einer Injektionsspritze direkt in die Bohrlöcher gespritzt werden.

9

Nagekäfer – die Larven heißen „Holzwürmer"

Nagekäfer gehören zu den Poch- oder Klopfkäfern, deren Klopfen nur bei absoluter Ruhe zu hören ist. Die geschlechtsreifen Tiere klopfen mit der Vorderbrust an das Holz, um ihre Partner anzulocken. Da das Klopfen nur in ruhigen Nächten, früher beispielsweise dann, wenn Totenwache gehalten wurde, auffiel, heißen sie im Volksmund auch „Totenuhr".

Die Käfer leben nur kurze Zeit

Die Käfer fliegen von Mai bis August. Kurz nach dem Ausfliegen paaren sie sich. Da die Eier in Ritzen und Spalten gelegt werden, kommt es häufig vor, daß die Weibchen auch schon vorhandene Fluglöcher mit Eiern besetzen. Nach 3 – 4 Wochen schlüpfen die „Holzwürmer", die sich sofort ins Holzinnere bohren. Während die Käfer nur wenige Wochen leben, dauert die Larvenzeit

2 – 3 Jahre. Gegen Ende der Larvenzeit verpuppt sich die Larve in einer Höhle dicht unter der Holzoberfläche. Nach einigen Wochen der Puppenruhe schlüpfen die geschlechtsreifen Käfer, nagen ein kreisrundes Flugloch und fliegen aus.

Gute Lebensbedingungen!

Die günstigste Temperatur liegt für die Klopfkäfer bei 22 - 23° C; wobei sie feuchtes Holz bevorzugen. Liegt die Luftfeuchtigkeit bei 40 – 50 % (entsprechend 9 – 10 % Holzfeuchte) können sich die Holzwürmer nicht optimal entwickeln. Daher sind sie in unseren zentralbeheizten Wohnungen kaum noch anzutreffen. Die Larven einiger Poch- oder Klopfkäfer können in Papierstapeln leben und werden deshalb auch „Bücherwürmer" genannt.

Poch- oder Klopfkäfer treten in zahlreichen Arten auf, die aufgrund ihrer geringen Größe nur schwer zu unterscheiden sind:

Gemeiner Nagekäfer „falsche Totenuhr"

Die schwarzen oder braunen Käfer haben auf den Deckflügeln gepunktete Streifen und werden 3 – 5 mm lang. Die Weibchen legen ihre Eier in Nadel- oder Laubholz. Unter günstigen Bedingungen benötigen sie zur

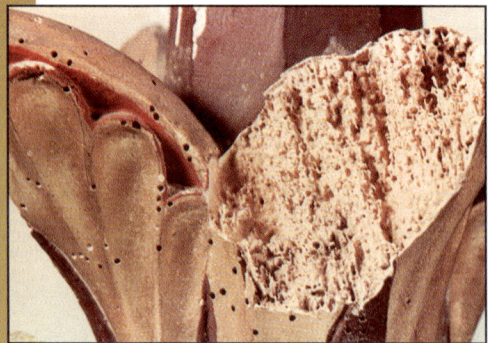

Holzzerstörung durch Holzwürmer

Gemeiner Nagekäfer

Bohrmehl rieselt herunter

Aktiver Holzwurmbefall ist am herabrieselnden Bohrmehl zu erkennen, welches am Boden unter den Fluglöchern zu finden ist. Ein Befall benachbarter Möbelstücke ist von den Larven nicht zu befürchten. Lediglich die geschlechtsreifen Tiere können eine Ausbreitung bewirken.

Bekämpfung von Holzwürmern

❑ Möbelstücke mit Holzwurmbefall für mehrere Stunden in einer Sauna bei 90° C erhitzen. Da Holz ein schlechter Wärmeleiter ist, muß die Wärmebehandlung entsprechend lange durchgeführt werden. Das Holzinnere sollte für etwa eine halbe Stunde 60° C erreichen. Zur Temperaturmessung bohrt man an einer verdeckten Stelle ein Loch und steckt ein Thermometer hinein. Die Dauer der Hitzeeinwirkung hängt von der Dicke des Holzes ab. Um Trocknungsrissen vorzubeugen, kann die Luftfeuchtigkeit durch häufige Aufgüsse erhöht werden. Vorsicht bei alten, verleimten Stücken – sie können „aus dem Leim" gehen!

❑ Wertvolle Antiquitäten gehören in die Hände von Fachleuten. Sie können in Vakuumkammern oder durch eine kontrollierte Hitzebehandlung vom Holzwürmern befreit werden.

Entwicklung 2 Jahre, sonst zwischen 3 und 8 Jahren. Die Schlupflöcher sind kreisrund und haben einen Durchmesser von 1–2 mm. Die gemeinen Nagekäfer befallen Möbelstücke und Kunstwerke. Gemeine Nagekäfer klopfen nicht, daher der Name „falsche Totenuhr".

Gescheckter Nagekäfer „echte Totenuhr"

Sie bevorzugen alte Holzkonstruktionen (Fachwerkgebäude) und Eichenbalken nach dem Befall mit holzzerstörenden Pilzen, aber auch Nadelhölzer. Die Gesamtentwicklung ist je nach äußeren Bedinungen in 2 – 10 Jahren abgeschlossen. Die Käfer werden etwa 5 – 9 mm lang. Sie schlüpfen im Frühjahr und hinterlassen Ausfluglöcher mit einem Durchmesser von 2 – 4 mm.

9

- Auch Kälte kann im Kampf gegen Holzschädlinge erfolgreich sein, wenn wurmstichige Kleinmöbel in strengen Wintern ins Freie gestellt werden (durch ein Dach oder ein Zelt geschützt). Vorsicht bei wertvollen Gegenständen!

- Befinden sich Holzwürmer in tragenden Holzkonstruktionen, ist fachmännischer Rat einzuholen. Holzwürmer beeinträchtigen normalerweise die Belastbarkeit der Holzkonstruktion nicht, so daß sich die Bekämpfung häufig erübrigt, sofern die Luftfeuchtigkeit unter 50 % liegt. (siehe „Wo bekomme ich Hilfe ?" S. 178).

Chemische Bekämpfung

- Wertvolle Antiquitäten oder Möbel, die keine Wärmebehandlung vertragen, können in Fachbetrieben mit Blausäure oder Acrylnitril begast werden. Dieses Verfahren darf nur von konzessionierten Firmen in dafür vorgesehenen Begasungskammern durchgeführt werden.

- Nur in Ausnahmefällen sollten chemische Holzschutzmittel gegen Nagekäfer zum Einsatz kommen, da sie auch die Gesundheit beeinträchtigen können. Die im Handel erhältlichen kleinen Gebinde sind nur für die Behandlung von kleineren Gegenständen und nicht für großflächige Anwendung in Innenräumen vorgesehen (Sicherheitsbestimmungen unbedingt beachten!).

- Reste von chemischen Holzschutzmitteln sind bei der Sonderabfall-Sammelstelle abzugeben.

Parkettkäfer starten aus Fluglöchern

9

Parkettkäfer – auch Splintholzkäfer genannt – befallen hauptsächlich tropische Hölzer. Sie finden sich aber auch im Splintholz, d.h. Holz aus dem äußeren Bereich eines Baumstammes, besonders in Eiche, Limba, Rüster (Ulme), nicht aber in Buche.

Splintholzkäfer sind 2,5 – 5 mm lang und braun mit einem langgestreckten Halsschild.

Parkettkäfer

Zwei Endglieder der Fühler sind keu-
lenförmig. Die 3 – 4 mm langen Larven sind mit den Larven der Klopfkäfer sehr leicht zu verwechseln.

Kein Bohrmehl zu finden

Im Gegensatz zum Holzwurmbefall
rieselt kein Bohrmehl herab und die
Fraßgänge sind mit Bohrmehl ver-
stopft. Die Gesamtentwicklung
beträgt etwa ein Jahr. Die kreisrun-
den Fluglöcher, aus denen die Käfer
im Mai und Juni ausfliegen, haben
einen Druchmesser von ca. 1 mm.
Ausflugsöffnungen treten vorwiegend im Stirnholz auf. Die Käfer fliegen zum Licht und können an der
Innenseite von Fenstern angetroffen
werden. In zunehmendem Maße werden nordamerikanische und tropische Splintholzkäfer nach Europa
eingeschleppt, wo sie sich im verar-
beiteten Holz häufig über Jahre halten.

Bekämpfung

❏ Befallene Teile einer Wärmebehandlung unterziehen (siehe Heißluftverfahren S. 165 und siehe Bekämpfung
der Nagekäfer S. 165 f).

❏ Befallenes Holz für längere Zeit Temperaturen unter dem Gefrierpunkt
aussetzen.

Holzzerstörung durch Parkettkäfer

Chemische Bekämpfung

❏ Nur bei stärkerem Befall chemische
Holzschutzmittel einsetzen, wenn
möglich, im Bohrlochtränkverfahren.

9

Holzwespen lieben Frischkost

Holzwespenweibchen legen ihre Eier nur in frisches, berindetes Holz. In unsere Häuser werden sie mit befallenen Hölzern eingeschleppt. Holzwespenweibchen können je nach Art 8 – 46 mm Körperlänge erreichen, die Männchen sind wesentlich kleiner. An warmen, sonnigen Tagen (Juni bis August) sind Holzwespen besonders aktiv.

Eiablage mit langer Legeröhre

Als Waldinsekten befallen Holzwespen vor allem geschwächte Bäume oder frisch gefälltes, im Wald gelagertes Rundholz. Zur Eiablage stechen die Weibchen mit ihrer langen Legeröhre tiefe Kanäle ins Holz, wobei sie pro Einstich ein oder mehrere Eier ablegen. Gleichzeitig übertragen viele Weibchen Pilzsporen auf das Holz, die dann auswachsen und das Holz für die Larven leichter verdaulich machen. Unter günstigen Bedingungen brauchen die Larven 2 – 3 Jahre für ihre Entwicklung, sie kann bis zu 10 Jahre betragen.

Sie stechen uns nicht!

Beim Verlassen ihrer Bohrgänge können die Holzwespen einigen Schaden anrichten. Sie bohren sich durch Dachpappe, Putz, Bodenbeläge und Verkleidungen.

Keine Angst – Holzwespen sehen vielleicht bedrohlich aus, doch sie stechen den Menschen nicht! Ist eine Holzwespe ausgeschlüpft, so ist nicht mit einem Neubefall zu rechnen und eine Bekämpfung daher nicht nötig.

Holzwespe

9

Anhang

Nützlinge: Informationen und Bestellanschriften

Nützlinge sind die natürlichen Feinde der Pflanzenschädlinge. Sie ernähren sich in den verschiedenen Lebensstadien von den Schädlingen, indem sie Eier, Larven, Puppen oder das ausgewachsene Tier fressen bzw. durch ihre Eiablage in Eier oder Larven der Schädlinge deren Entwicklung verhindern.

Die Lieferung der Nützlinge erfolgt in Form von Eiern oder Larven, die z.B. auf Papierstreifen aufgeklebt sind oder an Pflanzenteilen haften.

Informationen zu erhalten bei:

Biologische Bundesanstalt für Land- und Forstwirtschaft
Institut für biologischen Pflanzenschutz
Heinrichstr. 243
64287 Darmstadt
Tel.: 06151/407-0

Bücherempfehlungen: Nützlinge und biologischer Pfanzenschutz:

Hassan Sherif, Albert Reinhard, Rost Martin – Pflanzenschutz mit Nützlingen im Freiland und unter Glas. – Ulmer Verlag, Stuttgart 1993 **Dieses Buch ist auch für landwirtschaftliche Betriebe und Gärtnereien geeignet.**

Berling Rainer – Nützlinge und Schädlinge im Garten. – BLV Verlagsgesellschaft, München 1992

Hoplitschek Ernst, Tegethoff Bodo – Aktion Garten ohne Gift. – Falken Verlag, Niederhausen 1989/1991

Kreuter Marie-Luise – Pflanzenschutz im Bio-Garten. – BLV Verlagsgesellschaft, München 1990
u.a.

Broschüren:

Albert Reinhard, Hassan Sherif – Biologische Schädlingsbekämpfung, 1030 /1993. Auswertungs- und Informationsdienst für Ernährung, Landwirtschaft und Forsten (AID) e.V., Konstantinstr. 124, 53179 Bonn

Bestellungen von Nützlingen

Nützlinge können über den Fachhandel (z.B. Raiffeisenmärkte) und teilweise direkt bezogen werden (siehe S.170).

10

Produktion und Vertrieb von Nützlingen in der BRD

(Stand: Juli 1994)

Agrinova

Heinrich-Becker-Str. 1
67269 Grünstadt
Tel.: 063 59/8 36 84

(Räuberische Gallmücken gegen Blattläuse, Schlupfwespen gegen Minierfliegen, Schlupfwespen gegen Dickmaulrüßler, Schlupfwespen gegen Weiße Fliegen, Insektenparasitische Nematoden gegen Trauermücken bzw. Dickmaulrüßler, Raubmilben gegen Spinnmilben, Marienkäfer gegen Woll- oder Schmierläuse, Raubwanzen gegen Thripse)

Conrad Appel GmbH

Bismarckstr. 59
64293 Darmstadt
Tel.: 061 51/9 29 20

(Erzwespen gegen Maiszünsler, Erzwespen und Schlupfwespen (Kombination) gegen Apfelwickler und Apfelschalenwickler)

BASF Landwirtschaftliche Versuchsstation

67117 Limburgerhof
Tel.: 062 36/68 25 33

(Erzwespe gegen Maiszünsler)

Celaflor GmbH

Konrad-Adenauer-Str. 30
55218 Ingelheim

(Insektenparasitische Nematoden gegen Trauermücken bzw. gegen Dickmaulrüßler)

Gartenbau Flora Hangelsberg e. G.

Wulkower Weg 1,
15518 Hangelsberg
Tel.: 00 33 63 2/2 17

(Raubmilben gegen Thripse, Räuberische Gallmücken gegen Blattläuse, Schlupfwespen gegen Weiße Fliegen, Raubmilben gegen Spinnmilben)

Dr. G.A.M. van der Goes, p.A.

Irrhaimstr. 103,
8500 Nürnberg;

Frau Bäßler,
Neckarblick 36,
74354 Besigheim
Tel.: 071 43/3 58 13

(Raubmilben gegen Thripse, Räuberische Gallmücken gegen Blattläuse, Schlupfwespen gegen Minierfliegen, Schlupfwespen gegen Weiße Fliegen, Insektenparasitische Nematoden gegen Trauermücken bzw. Dickmaulrüßler, Raubmilben gegen Spinnmilben, Marienkäfer gegen Woll- oder Schmierläuse, Schlupfwespen gegen Blattläuse)

W. Neudorff GmbH KG, Abt. Nutzorganismen

Postfach 1209
31860 Emmerthal
Tel.: 051 55/6 32 63

(Raubmilben gegen Thripse, Räuberische Gallmücken gegen Blattläuse, Florfliegen gegen Blattläuse und andere Schädlinge, Schlupfwespen gegen Minierfliegen, Schlupfwespen gegen Weiße Fliegen, Insektenparasitische Nematoden gegen Trauermücken bzw. gegen Dickmaulrüßler, Raubmilben gegen Spinnmilben, Marienkäfer gegen Woll- oder Schmierläuse)

Öre Bio-Orotect GmbH

Lise-Meitner-Str. 1–7
24223 Raisdorf
Tel.: 043 07-90 02 57

(Raubmilben gegen Thripse, Räuberische Gallmücken gegen Blattläuse, Florfliegen gegen Blattläuse und andere Schädlinge, Schlupfwespen gegen Weiße Fliegen, Raubmilben gegen Spinnmilben, Insektenparasitische Nematoden gegen Trauermücken bzw. gegen Dickmaulrüßler, Marienkäfer gegen Woll- oder Schmierläuse, Schlupfwespen gegen Blattläuse, Raubwanzen gegen Thripse, Schlupfwespen gegen Blattläuse)

10

Sauter und Stepper

Rosenstr. 19
72119 Ammerbuch-Altingen
Tel.: 07032/75501

(Raubmilben gegen Thripse, Räuberische Gallmücken gegen Blattläuse, Florfliegen gegen Blattläuse und andere Schädlinge, Schlupfwespen gegen Weiße Fliegen, Insektenparasitische Nematoden gegen Trauermücken bzw. gegen Dickmaulrüßler, Raubmilben gegen Spinnmilben, Schlupfwespen gegen Blattläuse, Hummeln zur Bestäubung von Tomatenblüten)

Themmen GmbH, Biologischer Pflanzenschutz

Voltastr. 9 – 11
65795 Hattersheim
Tel.: 06190/71088

(Raubmilben gegen Thripse, Räuberische Gallmücken gegen Blattläuse, Florfliegen gegen Blattläuse und andere Schädlinge, Schlupfwespen gegen Minierfliegen, Schlupfwespen gegen Weiße Fliegen, Insektenparasitische Nematoden gegen Trauermücken bzw. gegen Dickmaulrüßler, Raubmilben gegen Spinnmilben, Marienkäfer gegen Woll- oder Schmierläuse, Schlupfwespen gegen Blattläuse, Hummeln zur Bestäubung von Tomatenblüten, Raubwanzen gegen Thripse)

Trifiolio-M GmbH

Sonnenstr. 22
35633 Lahnau 2
Tel.: 06441/63114

(Räuberische Gallmücken gegen Blattläuse, Marienkäfer gegen Woll- oder Schmierläuse, Schlupfwespen gegen Blattläuse)

Hatto Welte, Gartenbau

Merershorn 10
78479 Insel Reichenau/Bodensee
Tel.: 07534/7190

(Raubmilben gegen Thripse, Räuberische Gallmücken gegen Blattläuse, Florfliegen gegen Blattläuse und andere Schädlinge, Schlupfwespen gegen Minierfliegen, Schlupfwespen gegen Weiße Fliegen, Insektenparasitische

Nematoden gegen Dickmaulrüßler, Raubmilben gegen Spinnmilben, Marienkäfer gegen Woll- oder Schmierläuse, Schlupfwespe gegen Blattläuse, Hummeln zur Bestäubung von Tomatenblüten, Raubwanzen gegen Thripse)

Wührers Nützlingsservice

Hillebergstr.18
64319 Pfungstadt
Tel.: 06157/88273

(Schlupfwespen gegen Pflaumenwickler, Schlupfwespen gegen Apfelwickler und Apfelschalenwickler und Schlupfwespen gegen Maiszünsler)

Österreich:

Nützlingszuchten Dr. M. Groß/ÖGLE
Attemsgasse 44
1220 Wien
Fax. + Tel.: 0043/12307936

Schweiz:

Andermatt Biocontrole AG
6146 Groß Dietwil
Tel.: 0041/6359 2343
Fax.: 0041/6359 2123

10

Umweltbundesamt

Presse-Information Nr. 25/94

Vorsicht beim Einsatz von Insektensprays

Das Umweltbundesamt warnt vor dem Gebrauch pyrethroidhaltiger Insektensprays in Innenräumen

Mit dem Frühling halten auch die Insekten Einzug in Wohnungen, Büros und Läden. Der Griff zum Insektenspray soll helfen, der Plage schnell Herr zu werden. Aber Vorsicht: Die Anwendung solcher Sprays in Innenräumen ist nicht ungefährlich! Die "chemische Keule" hilft nicht nur gegen Insekten, sondern kann auch die menschliche Gesundheit angreifen. Das Umweltbundesamt warnt daher vor einem Einsatz von Schädlingsbekämpfungsmitteln in Innenräumen und empfiehlt, möglichst darauf zu verzichten. Altbewährte Hausmittel haben oftmals den gleichen Erfolg.

Besondere Aufmerksamkeit verdienen Schädlingsbekämpfungsmittel, die auf der Wirkstoffgruppe der Pyrethroide basieren. Sie sind keineswegs so unbedenklich, wie manche Produktbeschreibung suggeriert. Werbewirksame Begriffe wie "naturidentisch" oder "Bio-" verharmlosen die nachteiligen Auswirkungen, die Pyrethroide bei bedenkenlosem und unsachgemäßem Gebrauch für Menschen, Haustiere und nützliche Insekten haben können.

Die biozide Wirkung (bio = Leben; zid = tötend) der Pyrethroide beruht auf dem gleichen Wirkungsmechanismus wie beim pflanzlichen Pyrethrum, das in der Natur in den Blüten bestimmter Chrysanthemenarten vorkommt und als Nervengift wirkt.

Pyrethroide werden synthetisch hergestellt - zwar in Anlehnung an die Molekülstruktur des Pyrethrums, jedoch mit bedeutenden Modifizierungen. So ist der Stoff aus dem Labor bedeutend langlebiger und ist teilweise durch den Einbau von Halogenen wie Chlor, Brom oder Fluor noch giftiger. Von "naturidentisch" kann also keine Rede mehr sein.

10

Herausgeber: Umweltbundesamt, Postfach 33 00 22, 14191 Berlin
Verantwortlich: Dr. Holger Brackemann
Telefon: (030) 89 03-22 26/22 50/22 08, Telex: 18 37 56, Telefax: (030) 89 03 27 98

Das Insektengift wirkt unspezifisch. Es unterscheidet nicht, ob es sich um Zellen einer Stechmücke oder eines Marienkäfers handelt. Besonders toxisch und bereits in geringer Konzentration tödlich wirken Pyrethroide auf Fische. Wer im Sprühkampf gegen Insekten Pyrethroide einsetzt, sollte unbedingt Aquarien abdecken.

Beim Menschen können schon geringe Konzentrationen zu Gesundheitsstörungen führen: Die dann auftretenden Symptome wie Reizung von Schleimhäuten, Augen und Atemwegen, Taubheitsgefühle auf der Haut, Kopfschmerzen und Benommenheit klingen nach kurzer Zeit wieder ab.

Doch lagern sich die bioziden Wirkstoffe nach dem Gebrauch auch auf Möbeln oder im Hausstaub ab. Wegen der Langlebigkeit einiger Pyrethroide besteht hier - insbesondere bei unsachgemäßer Anwendung - die Gefahr einer nachhaltigen Belastung der Wohnräume. In diesem Zusammenhang rät das Umweltbundesamt auch von der Verwendung von Elektroverdampfern ab, da diese beständig Pyrethroide in die Innenraumluft abgeben.

Zur Vermeidung von unnötigen Risiken für Gesundheit und Umwelt empfiehlt das Umweltbundesamt daher, genau zu prüfen, ob nicht auf biozidhaltige Insektenkiller verzichtet werden kann. Es gibt zahlreiche ungiftige, aber nicht minder wirkungsvolle Alternativen, die dem Auftreten von Schädlingen vorbeugen oder helfen, einen Befall zu bekämpfen: Gazefenster und gut abgedichtete Löcher und Ritzen zum Beispiel verhindern, daß Insekten überhaupt in die Wohnung gelangen. Fliegenklatsche und Leimbandfänger sind nach wie vor einfache, aber wirkungsvolle Möglichkeiten. Auch alte Hausmittel - etwa getrocknetes Lavendel gegen Motten oder Essigwasser gegen Mücken - sollten ausprobiert werden.

Eine wichtige Orientierungshilfe, die auf ungiftige Mittel und Verfahren zur Schädlingsbekämpfung in Innenräumen hinweist, ist der "Blaue Engel". Mit dem Umweltzeichen sind insektizidfreie Schädlingsbekämpfungsmittel gekennzeichnet.

Berlin, 17.05.1994

10

Anforderungen an Schädlingsbekämpfer

Die Zahl der im Haushalt eingesetzten Bekämpfungsmittel wird auf über 1.000 geschätzt. Welche Vernachlässigung der Haushalt von Gesetzgeberseite her erfährt, zeigt die Tatsache, daß es für Schädlingsbekämpfungsmittel im Haushalt, sofern sie nicht dem Pflanzenschutz dienen oder direkt an Menschen oder Tieren angewendet werden, 1994 keine gesetzlichen Kontrollen gibt. Dabei ist der Haushaltsbereich für unsere Gesundheit besonders wichtig.

Fachleute befürchten vor allem Gesundheits- und Umweltrisiken aufgrund bestimmter Wirkstoffkombinationen. Es ist zu befürchten, daß durch unsachgemäßen, laienhaften Einsatz von Chemikalien Tiere resistent werden und dadurch noch schwieriger zu bekämpfen sind. Die Schädlingsbekämpfung mit Chemikalien im Haushalt gehört deshalb in die Hände von erfahrenen Fachleuten.

Ist eine chemische Bekämpfung unumgänglich, so sollte man sich beim zuständigen Gesundheitsamt oder beim Deutschen Schädlingsbekämpfer-Verband eine Fachfirma empfehlen lassen.

Grundlage für die Ausübung der Schädlingsbekämpfung ist die im November 1993 in Kraft getretene Gefahrstoffverordnung. Diese enthält Vorschriften für die gewerbliche Schädlingsbekämpfung mit sehr giftigen, giftigen, mindergiftigen Stoffen und Zubereitungen. In dieser Verordnung werden außerdem Anforderungen an die personelle, fachliche und sicherheitstechnische Ausstattung des Unternehmens gestellt.

Den Ausbildungsberuf „Schädlingsbekämpfer" gibt es derzeit nicht. Lediglich in der Berufsausbildung der Gebäudereiniger ist die Schädlingsbekämpfung enthalten. Anders war es in der ehemaligen DDR, wo zwar durch den Dauereinsatz bestimmter Chemikalien verstärkt Resistenzbildungen vorkamen, die Ausbildung der Schädlingsbekämpfer aber besser geregelt war. Dort gab es eine handwerkliche Ausbildung zum Facharbeiter oder Bekämpfungsmeister. Es ist zu wünschen, daß in Zukunft der Schädlingsbekämpfer in der gesamten Bundesrepublik und EG zum Lehr-, Ausbildungs- und Meisterberuf wird und die gewerbliche Bekämpfung ausschließlich von diesen ausgebildeten Fachleuten vorgenommen werden darf.

Einen guten Schädlingsbekämpfer erkennt man daran, daß er einen Nachweis „geprüfter Schädlingsbekämpfer" vorzeigen kann und Hilfspersonal nur unter Aufsicht arbeiten läßt. Er inspiziert zunächst den Befall genau und setzt nur dann Chemikalien ein, wenn alternative Möglichkeiten wie physikalische und biologische Bekämpfungsmaßnahmen nicht ausreichen.

Auch wenn die umweltgerechte Bekämpfung mehr Zeit und Geld kostet, sollte uns dies unsere Gesundheit wert sein.

Wo bekomme ich Hilfe?

Bestimmung von ungebetenen Hausgästen

Folgende Stellen kommen für die Bestimmung der Tiere in Frage:

➤ Ämter für Landwirtschaft

➤ Biologische oder zoologische Institute von Universitäten/Hochschulen

➤ Naturwissenschaftliche Abteilungen von Museen

➤ Zoologische Gärten

➤ Pflanzenschutzämter

Informieren Sie sich vor Ort und erfragen Sie die Kosten!

Das zu bestimmende Tier (keine Ratten und Mäuse) sollte in einem Glas- oder Plastikgefäß mit Verschluß abgegeben werden.

Werden Tiere zum Bestimmen verschickt, so sollten sie möglichst so verpackt werden, daß sie beim Transport nicht beschädigt werden.

Allgemeine Auskunftsstellen in der BRD

➤ Örtliche Gesundheitsämter siehe Telefonbuch

➤ Institut für Wasser-, Boden und Lufthygiene (WaBoLu)
Fachgebiet für Siedlungsungeziefer
Corrensplatz 1
14195 Berlin
Tel.: 030/83080

➤ Bundesinstitut für gesundheitlichen Verbraucherschutz und Veterinärmedizin
Thielallee 88-92
14195 Berlin

➤ Umweltbundesamt
Bismarckplatz 1
13585 Berlin
Tel.030/8903-0

➤ Umweltberatungsstellen

➤ Verbraucherberatungsstellen

➤ Verbraucherzentrale Hamburg
Große Bleiche 23
20354 Hamburg
Hier kann für 5,-DM ein Fragebogen angefordert werden, den der Schädlingsbekämpfer vor Vertragsabschluß ausfüllen sollte.

➤ Deutscher Schädlingsbekämpfer-Verband
Tilsiter Str.4
69514 Laudenbach/Bergstraße
Tel. 06201/74294

➤ Medizinaluntersuchungsamt – Fachbereich Schädlingskunde und -beratung
Fürstenbrunner Weg 30
14059 Berlin

➤ Hygiene-Institut Dresden
Reichenbachstr. 71/73
01217 Dresden

➤ Weitere Landeshygiene-Institute zu erfragen beim örtlichen Gesundheitsamt

Informationsmaterial zu einzelnen Themen:

➤ Bundeszentrale für gesundheitliche Aufklärung
Postfach 910152
51071 Köln

➤ Krankenkassen

➤ Verbraucherberatungsstellen
Arbeitsgemeinschaft der Verbraucher e.V. (AgV)
Heilibachstr.20
53123 Bonn

Haushalt

➤ Deutscher Hausfrauenbund
Coburger Str.19
53113 Bonn
Hier sind auch die Anschriften der Orts- und Landesverbände erhältlich

➤ Deutsche Gesellschaft für Hauswirtschaft
53340 Meckenheim/Merl

10

➤ Arbeitsgemeinschaft Hauswirtschaft e.V.
Poppelsdorfer Allee 15
53115 Bonn

➤ Deutscher Landfrauen-Verband
Godesberger Allee 142
53175 Bonn

Vorratsschutz: Motten, Käfer und Milben

➤ Verbraucher- und Umweltberatungsstellen

➤ Biologische Bundesanstalt für Land- und Forstwirtschaft
Vorratsschutz und Pflanzenschutz
Königin-Luise-Str. 19
14195 Berlin-Dahlem

➤ Institut für Phytopathologie
und Angewandte Zoologie – Vorratsschutz
Justus-Liebig-Universität
Ludwigsstr. 23
35390 Gießen

➤ Amtliche Auskunftsstellen für Pflanzen- und Vorratsschutz (Pflanzenschutzämter) siehe S...

➤ Landwirtschaftsämter

Milbenallergien

➤ Arzt aufsuchen und siehe Allergiker-Vereinigungen

Salmonellen, Shigellen u. Co. einschließlich Urtierchen

➤ bei Lebensmittelvergiftungen und -infektionen Arzt aufsuchen

➤ örtliche Gesundheitsämter

➤ Verbraucherberatungsstellen

➤ Referenzlabor für Enterobakterien
Außenstelle des Robert-Koch-Instituts
38855 Wernigerode

➤ Hygiene-Institut
des Ruhrgebiets
Rotthauser Str.19
45879 Gelsenkirchen

➤ sowie weitere Hygieneinstitute der Länder

Würmer im Menschen

➤ bei Wurmerkrankungen Arzt aufsuchen

➤ Institut für medizinische Parasitologie
(Diagnostik)
Sigmund-Freud-Str.25
53008 Bonn

Schaben

➤ Gesundheitsämter (siehe auch Vorratsschutz)

➤ Institut für Wasser-, Boden und Lufthygiene
Fachgebiet für Siedlungsungeziefer
Corrensplatz 1
14195 Berlin

Ameisen

➤ Spezialist zur Ameisenbestimmung
Prof. Dr. Alfred Buschinger
Institut für Zoologie der TH Darmstadt
Schnittspahnstr.3
64287 Darmstadt
(nur einzelne Proben)

Pharaoameise

➤ Gesundheitsämter (siehe auch Vorratsschutz)

➤ Institut für Wasser-, Boden und Lufthygiene
Fachgebiet für Siedlungsungeziefer
Corrensplatz 1
14195 Berlin

Ratten, Mäuse

➤ Gesundheitsämter

➤ Biologische Bundesanstalt für Land- u. Forstwirtschaft
Außenstelle: Institut für Nematologie und Wirbeltierkunde
Toppheideweg 88
48161 Münster/Westf.

➤ Institut für Wasser-, Boden- und Lufthygiene
Fachgebiet für Siedlungsungeziefer
Corrensplatz 1
14195 Berlin

Wo bekomme ich Hilfe?

Schimmel- und andere Pilze (Mykologie)

➤ Robert Koch-Institut
Fachgruppe Mykologie
Nordufer 20
13353 Berlin

➤ Hygieneinstitut Prof.Röschel
Kreuzbergring 57
37075 Göttingen

➤ Bundesanstalt für Materialforschung und -prüfung
Unter den Linden 87
12203 Berlin

➤ siehe Allergiker-Vereinigungen

Legionellen

➤ Nationales Referenzzentrum für Legionellose am Robert-Koch-Institut
Nordufer 20
13351 Berlin

➤ Hygiene-Institut
des Ruhrgebiets
Rotthauser Str. 19
45879 Gelsenkirchen

➤ Institut für medizinische Mikrobiologie und Hygiene
Universität Mainz
55101 Mainz

Hausstaubmilben-Allergien

➤ Arzt aufsuchen

➤ Allergiker-Vereinigungen

Stechmücken

➤ Naturschutzbehörde

➤ bei Entzündungen und Allergien Arzt aufsuchen

Überschwemmungsmücken

➤ Kommunale Arbeitsgemeinschaft zur Bekämpfung der Schnakenplage (Kabs)
Ludwigstr.99
67165 Waldsee

➤ Tropeninstitute

Bienen, Hummeln, Wespen und Hornissen

➤ Feuerwehr

➤ Wespenbeauftragte der Kommune oder des Landkreises

➤ Imker

➤ bei Allergien siehe unter Stechmücken

Parasiten am Menschen: Kopfläuse, Filzläuse, Kleiderläuse, Krätzemilben, Flöhe u. Wanzen

➤ Gesundheitsämter

➤ Institut für Veterinärmedizin
Robert von Ostertag
Diedersdorfer Weg 1
12277 Berlin

➤ Institut für medizinische Parasitologie (Diagnostik)
Sigmund-Freud-Str. 25
53008 Bonn

➤ Institut für Parasitologie
der Tierärztlichen Hochschule Hannover
Bünteweg 17
30559 Hannover

➤ Pettenkofer Institut
Pettenkoferstr.9a
80336 München

➤ Hygieneinstitute der Länder und Universitäten

➤ Tropeninstitute

Zecken

➤ Gesundheitsämter beraten bei Zeckenstichen. Hier sind auch Auskünfte über FSME-Gebiete erhältlich.

➤ Bei Rötungen der Haut und Symptomen einer Zeckenerkrankung Arzt aufsuchen

➤ Bei Borreliose können auch die Hygiene- oder Mikrobiologieinstitute und Neurologischen Abteilungen der Universitäten beraten

➤ Bei rheumatischen Folgeerscheinungen wie Arthritis Ärzte für Rheumatologie aufsuchen.

10

Holzschädlinge

➤ Biologische Bundesanstalt für Land- und Forstwirtschaft
Königin-Luise-Str. 19
14195 Berlin-Dahlem

➤ Bremer Umweltinstitut e. V.
Wielandstr. 25
28203 Bremen
(Messung von Holzschutzmittelrückstän-den in Raumluft, Urin und Holz)

➤ Arbeitsgemeinschaft Holz e.V. (Industrie-verband)
Füllenbachstr. 6
40474 Düsseldorf

➤ Bundesforschungsanstalt für Forst- und Holzwirtschaft,
Institut für Holzbiologie und Holzschutz
Leuschnerstr. 91
21027 Hamburg

➤ Bundesanstalt für Materialprüfung
Unter den Eichen 87
10117 Berlin

➤ Deutscher Holz- und Bautenschutz e.V.
(Handwerksverband, Bundesgeschäfts-stelle)
Heinrichstr. 5
36037 Fulda

➤ Forstwissenschaftliche Fakultät der Uni-versität München
Institut für Holzforschung
Winzerstr. 45
80797 München

➤ Interessengemeinschaft Holzschutzmit-telgeschädigter e.V. (IHG)
Unterstaat 14
51766 Engelskirchen
Forum für Erfahrungsaustausch Betroffe-ner; u.a. Adressennachweis von Analyse-Instituten zum Nachweis giftiger Holz-schutzmittel-Wirkstoffe in Blut, Urin, Holz und Hausstaub

➤ Institut für Bautechnik (IfBt)
Reichpietschufer 72–76
10785 Berlin

➤ Holz- und Bautenschutzverband
Hans-Willy-Mertens-Str. 2
50858 Köln

➤ Holz- und Feuerschutz-Überwachungs-verband
Alexanderfeld 27 a
26127 Oldenburg

➤ Wilhelm Klauditz-Institut für Holzfor-schung
Bienroder Weg 54 e
38108 Braunschweig

➤ Gütegemeinschaft Holzschutzmittel e.V.
Karlstr. 21
60329 Frankfurt

➤ Industrieverband Bauchemie und Holz-schutzmittel e. V.
Karlstr. 21
60329 Frankfurt am Main.

Allergikervereinigungen

Hausstaubmilben, Bienen-, Wespen- und Schimmelpilzallergiker

➤ Deutscher Allergie- und Asthmabund
Bundeszentrale
Hindenburgstr. 110
41061 Mönchengladbach
Ortsverbände im Telefonbuch

➤ Arbeitsgemeinschaft
Allergiekrankes Kind
Hauptstr.29
35745 Herborn

➤ Deutsche Liga zur Bekämpfung der Atemwegserkrankungen e.V.
Burgstr. 12
33175 Bad Lippspringe

➤ Elternvereinigung asthmakranker Kinder und Jugendlicher e.V.
Dorotheenstr. 174
22301 Hamburg

➤ Patientenliga Atemwegserkrankung
Wormser Str.81
55276 Oppenheim

Wo bekomme ich Hilfe?

10

Tropeninstitute

- Landesinstitut für Tropenmedizin Berlin
  Engeldamm 62
  10179 Berlin-Mitte

- Tropeninstitut Mainz
  Langenbeck Str. 1
  55101 Mainz

- Institut für Tropenhygiene
  Im Neuenheimer Feld 324
  69120 Heidelberg

- Tropenmedizinische Beratungsstelle
  Oberer Eselsberg
  Robert Koch-Str. 8
  89081 Ulm

- Institut für Infektions- und Tropenmedzin
  Leopoldstr. 5
  80802 München

- Institut für Allgemeinmedizin und Tropenmedizin
  Briennerstr. 11
  80333 München

- Bernhard Nocht Institut
  Bernhard Nocht Str. 74
  20359 Hamburg

- Institut für Tropenmedizin
  Wilhelmstr 31
  72074 Tübingen

- Missionsärztliche Klinik
  Salvatorstr. 7
  97074 Würzburg

Bildungsstätten

- Akademie für Naturschutz und Landschaftspflege
  Postfach 1261
  83410 Laufen/Salzach

- Akademie für Natur- und Umweltschutz
  (beim Ministerium für Umwelt Baden-
  Württemberg)
  Postfach 103439
  70029 Stuttgart

- Bildungswerk des Bundes Naturschutz in
  Bayern
  Schloß
  94344 Wiesenfelden

- Naturschutzseminar Sunder des DBV
  Meißen
  29308 Winsen/Aller

- Naturschutzzentrum Hessen
  Friedenstr. 38
  35578 Wetzlar
  Tel.: 06441 / 24025 (Fax: 24028)

- Naturschutzzentrum Nordrhein-Westfalen
  Leibnizstr. 10
  45659 Recklinghausen

- Norddeutsche Naturschutzakademie
  Hof Möhr
  29640 Schneverdingen

10

Begriffserläuterungen

Acarizid
Milbenvernichtungsmittel

aerob
in Gegenwart von Sauerstoff, unter Luftzutritt lebend.

anaerob
in Abwesenheit von Sauerstoff, unter Luftausschluß lebend.

Analphylaktischer Schock
schockartige, allergische Reaktion, die dramatisch verlaufen kann.

Antibiotikum
biologischer Wirkstoff aus Stoffwechselprodukten von Kleinstlebewesen (z.B. das von Pilzen gewonnene Penicillin), der andere Mikroorganismen im Wachstum hemmt oder abtötet.

Bilharziose
in Afrika, bes. Ägypten und Ostasien verbreitete, wichtigste Wurmerkrankung des Menschen, hervorgerufen durch Pärchenegel. Die erwachsenen Egel leben in den Venen, die die Harnblase umgeben. Die Krankheit wird beim Baden und durch infiziertes Wasser übertragen. Je nach Erregerart: Befall von Harnwegen mit Blasenschmerzen und blutigem Harn, des Darms mit ruhrähnlichen Erscheinungen sowie der Leber und Milz mit Leberschrumpfung.

Biologische Bekämpfung
Schädlingsbekämpfung mit Hilfe von Nützlingen
a) durch Erhaltung und Förderung natürlich vorhandener Nützlinge
b) durch periodische Freilassung gezüchteter Tiere und
c) durch Ausbringen von Insekten-Krankheitserregern, Mikroorganismen und Viren.

Biotechnische Verfahren
Kontrolle der Schädlinge durch Verfahren, die sich am Verhalten und der Lebensweise der Tiere orientieren, z.B. Pheromonfallen, Lichtfallen, Farbklebetafeln.

Borax
Natriumtetraborat, wird in Pulverform in Apotheken und Drogerien verkauft und ist für die häusliche Schädlingsbekämpfung bei verschiedenen Tieren durchaus geeignet, allerdings sollte immer ausgeschlossen sein, daß Kinder oder Haustiere Borax-Köder oder andere Köder aufnehmen und verzehren.

Chemische Bekämpfung
Bekämpfung von Schädlingen mit Hilfe chemischer Substanzen.

Chitinpanzer
Hautpanzer der Insekten, Spinnen und Krebstiere, der meist sehr widerstandsfähig ist.

Dauerausscheider
gesund erscheinender Mensch, der nach überstandener Krankheit weiterhin Krankheitserreger beherbergt und ständig, aber manchmal auch in größeren Abständen ausscheidet (z.B. durch Stuhl oder Harn).

DDT
war lange Zeit Spitzenreiter unter den Schädlingsbekämpfungsmitteln. Mittlerweile wird es in Europa nicht mehr eingesetzt, da es aufgrund sei-

10

ner Gesundheitsgefahren und Um-
weltbelastung große Probleme mit
sich brachte.

Desinfektion
Abtötung von Mikroorganismen,
besonders von Erregern ansteckender Krankheiten, durch physikalische
oder chemische Verfahren bzw. Mittel.

Epidemie
(griechisch: im ganzen Volk verbreitete Krankheit) wenn eine Infektionskrankheit zur gleichen Zeit gehäuft
innerhalb eines größeren Lebensraumes auftritt (Massenerkrankung,
Seuche).

Endemie
(griechisch: im Volke an einem Ort
verweilend) wenn eine Infektionskrankheit örtlich begrenzt auftritt.

Eulanisierung
Motten- und Käferschutzbehandlung
von Textilien, wobei Chemikalien auf
die Fasern aufgezogen werden, die
das Wolleiweiß für Textilschädlinge
unverdaulich machen.

Finnen
Larven von Bandwürmern.

Fungizid
Pilzbekämpfungsmittel

Hygiene
Das Wort kommt aus dem Griechischen und bedeutet gesundes
Leben. Hygiene ist jenes Teilgebiet
der Medizin, das einerseits Krankheiten zu verhüten, andererseits die
Gesundheit zu erhalten und zu steigern versucht. Gemäß Weltgesundheitsorganisation (WHO) 1946 ist
Gesundheit ein Zustand vollkomme-

nen körperlichen, geistigen und
sozialen Wohlbefindens.

immungeschwächt
krankheitsanfällige, abwehrgeschwächte Menschen. Dies sind Kinder, bei denen das Immunsystem im
Aufbau ist, oder ältere und kranke
Menschen, Frischoperierte, Krebspatienten oder AIDS-infizierte.

inhalieren
einatmen von Gasen oder Dämpfen

Inkubationszeit
ist die Zeit, die zwischen der Ansteckung und dem Auftreten der ersten Krankheitserscheinungen liegt.

Insektizid
Insektenbekämpfungsmittel

Jacutin
(y- Hexachlorcyclohexan) wird heute
nur noch zur Parasitenbekämpfung
bei Mensch und Tier eingesetzt.
Früher war es ein Insektenbekämpfungsmittel mit breitem Einsatzgebiet
(siehe Lindan).

Kokon
Hülle der Insektenpuppe oder Hülle,
die Spinnenweibchen für ihre Eier
herstellen, um sie zu schützen.

Larve
Jugendstadium von Insekten, die aus
Eiern geschlüpft sind.

Lebensmittelinfektion
Erkrankung aufgrund des Verzehrs
erregerhaltiger Nahrungsmittel.

Lebensmittelvergiftungen (Toxikosen)
Vergiftungen durch den Verzehr von
Lebensmitteln, die mit bakteriellen
Giftstoffen kontaminiert sind. Inkuba-

10

tionszeit wenige Stunden, erste Symptome: Übelkeit, Erbrechen und Durchfälle.

Lindan
(y-Hexachlorcyclohexan), chemisches Insektenbekämpfungsmittel, das im Pflanzenschutz, Vorratsschutz, Holzschutz und in der Tiermedizin eingesetzt wurde. Aufgrund seiner Gesundheitsgefahren und Umweltbelastungen, vor allem bei der Herstellung, wird es heute in Mitteleuropa kaum noch verwendet (siehe Jacutin).

Lösemittel
Flüssigkeiten, die andere Stoffe lösen können, ohne sie chemisch zu verändern. Außer Wasser werden vor allem organische Verbindungen verwendet, von denen einige stark gesundheitsschädlich sind.

Made
fußlose Larven von Fliegen, Bienen, einiger im Holz lebender Käfer und anderer Insekten. Maden können sich schlecht fortbewegen.

Malaria
Sumpffieber, Wechselfieber, fieberhafte Infektionskrankheit, tropischer oder subtropischer Gegenden mit typischen, periodischen Fieberanfällen, Erreger sind Urtierchen (Protozoen), die durch Fiebermücken (Anopheles) übertragen werden.

Mechanische Bekämpfung
Bekämpfung, die physikalische Methoden anwendet, z.B. Schlagen, Fliegenklatsche, Schall, Fallen, Netze, Leimringe, Leimtafeln.

Mikroorganismen (Mikroben)
meist einzellige Lebewesen, die wegen ihrer geringen Größe nur mikroskopisch sichtbar sind (sog. Kleinstlebewesen). Dazu gehören vor allem Bakterien und Pilze.

Moskitos
Stechmücken

Nymphe
letztes Larvenstadium bestimmter Insekten und Milben; die äußere Gestalt der Nymphen ähnelt den geschlechtsreifen Tieren, doch Nymphen können sich noch nicht fortpflanzen.

Parasitismus
(Schmarotzertum) besondere Form der Wechselbeziehungen zwischen zwei Organismen, wobei der Parasit auf oder in dem Wirt lebt und sich auf dessen Kosten ernährt.

Pasteurisieren
Entkeimung und Haltbarmachung von Nahrungsmitteln, z.B. Milch durch schonendes Erhitzen.

PCP
Pentachlorphenol wurde früher in Holzschutzmitteln verwendet.

Pest
schwere, akute bakterielle Infektionskrankheit (Erreger: Yersinia pestis), die meist von Nagetieren (Ratten) und den auf ihnen schmarotzenden Flöhen auf den Menschen übertragen wird (spezielle Formen - Beulenpest, Lungenpest).

Pestizid
chemisches Schädlingsbekämpfungsmittel zur Vernichtung von pflanzlichen und tierischen Schädlingen aller Art.

Begriffserläuterungen

Pheromone
Wirkstoffe (Hormone), die nach außen abgegeben werden und auf Tiere der gleichen Art Einfluß haben, z.B. Sexuallockstoffe der Insekten.

Protozoen
Urtierchen, einzellige tierische Lebewesen.

Puppe
Ruhestadium von Insekten, die eine vollständige Verwandlung (Metamorphose) durchlaufen, z.B. Motten (Entwicklung siehe S.28). Während der Puppenruhe vollzieht sich eine vollständige Verwandlung des Körpers und seiner Organe.

Raupe
mehrfüßige Larve der Schmetterlinge (Motten).

Repellents
Abwehrstoffe

Resistenz
Widerstandsfähigkeit eines Organismus – in diesem Buch meist gegenüber Schädlingsbekämpfungsmitteln oder Antibiotika.

Restmüll
Abfälle, die nicht wiederverwertbar sind und entweder deponiert oder verbrannt werden.

Rodentizid
Vernichtungsmittel, das gegen Ratten und Mäuse (Schadnager) wirkt.

Schmierinfektion
Aufnahme von Krankheitserregern auf dem „After-Finger-Mund-Weg".

Seuche
plötzliche Erkrankung zahlreicher Menschen an einer schweren, ansteckenden Erkrankung.

Sporen
1) besonders widerstandsfähige Dauerform von Bakterien. 2) Keimzelle (Vermehrungsform) von Pilzen.

Sterilisation
Entkeimung, Abtötung sämtlicher Mikroorganismen durch starkes Erhitzen.

Thermische Bekämpfung
Bekämpfung durch Einwirken von Hitze oder Kälte.

Tropeninstitute
Institute, die sich mit Erforschung, Behandlung und Vorbeugung von Tropenkrankheiten beschäftigen. Vor dem Antritt einer Fernreise kann man sich dort informieren und gegebenenfalls impfen lassen (Adressen siehe S. 179).

TSS (Toxischer-Schock-Syndrom)
beruht auf Staphylococcen, die spezielle Gifte produzieren. Das Syndrom geht mit Fieber, niedrigem Blutdruck und einem scharlachartigen Hautausschlag einher.

Wertstoffe
verwertbare Bestandteile von Reststoffen bzw. Abfallstoffen.

Wirt
Tier, auf oder in dem sich ein Parasit angesiedelt hat, sich ernährt und fortpflanzt. Die meisten Parasiten bevorzugen bestimmte Organismen als Wirt.

Zwischenwirt
Organismus, der Jugendformen von Parasiten beherbergt, wo sie jedoch nicht die Geschlechtsreife erlangen können.

10

Stichwortverzeichnis mit lateinischen Namen

10

Stichwortverzeichnis

10

Stichwortverzeichnis

10

Literatur

Allgemein

Braun-Falco O./Plewig G./Wolff H.: Dermatologie und Venerologie, Berlin, Heidelberg 1984, dritte, neubearb. Auflage

Bundesgesundheitsamt: Bundesgesundheitsblatt, Sonderdruck, Liste der vom Bundesgesundheitsamt geprüften und anerkannten Entwesungsmittel und -verfahren zur Bekämpfung tierischer Schädlinge, Carl Heymanns Verlag Köln, Berlin, Bonn, München

Chinery, M.: Insekten Mitteleuropas, Paul Parey 1984, 3.Auflage

Dierl Wolfgang: Insekten: Libellen, Käfer, Schmetterlinge und andere, BLV, München, Wien, Zürich 1991, 4. völlig neubearb. Aufl.

DU-Heft Nr.4: Kreucher und Fleucher, die nächsten Nachbarn, Zürich April 1993

Eisenreich W. (Bearbeiter)/ Zimmer Ute E.: BLV Tier- und Pflanzenführer unterwegs, BLV, München 1992

Frickhinger H.W.: Leitfaden der Schädlingsbekämpfung, Wissenschaftliche Verlagsgesellschaft, Stuttgart 1939

Frisch von Karl: Zehn kleine Hausgenossen, Kosmos, Stuttgart 1963

Fuchs Manfred: Manuskripte zur Schädlingserkennung und -bekämpfung, Ernst-Rodewald-Institut, Koblenz, 1993

Gerhardt O.: Mikroben im Weltgeschehen, Sieg über die Seuchen, Paul List Verlag, München 1954

Jacobs W./Renner M.: Biologie und Ökologie der Insekten, G.Fischer 1988, 2. überarbeitete Auflage

Klausnitzer Bernhard: Ökologie der Großstadtfauna, Gustav Fischer Verlag, Jena, Stuttgart 1993, 2. bearb. erw. Auflage

König B.: Die Allgemeinmedizin, Erlangen 1988

Liebisch v.A./Deppe M./Dyck A.: Einsatz von Schädlingsbekämpfungsmitteln im nichtagrarischen Bereich, Umweltbundesamt, Berlin 1992

Mehlhorn B./Mehlhorn H.: Schach dem Ungeziefer, Springer Verlag, Berlin 1992, 2.erw.Auflage

Mourier H./Winding O.: Tierische Schädlinge und andere ungebetene Tiere im Haus und Lager, BLV, München, Bern, Wien 1979

Preibisch M./Herger P./Pfrunder P.: Heimliche Untermieter, Führer zur Ausstellung, Natur-Museum Luzern, Nr.4, 1992

Roth Eugen: Großes Tierleben, Hanser Verlag, München, Wien 1989

Stein Wolfgang: Vorratsschädlinge und Hausungeziefer, Eugen Ulmer, Stuttgart 1986

Umweltzeichen, Produktanforderungen, Zeichenanwender und Produkte, RAL Deutsches Institut für Gütesicherung und Kennzeichnung, 1990

Vater Ursula: Gefahrstoffverordnung Band 1, Deutscher Bundes-Verlag, Bonn Dezember 1993, 4. neubearb. Aufl.

Weidner Herbert: Bestimmungstabellen der Vorratsschädlinge des Hausungeziefers Mitteleuropas, G.Fischer, Stuttgart, Jena, New York 1993, 5.überarb. und erw. Auflage

Weyer F./Zumpt F.: Gesundheitsschädliche Insekten und Spinnentiere der warmen Länder, Tropenverlag Thaden, Hamburg 1943

Streifzug durch die Ungeziefergeschichte

Gerhardt Oswald: Mikroben im Weltgeschehen, Sieg über die Seuchen, Paul List, München 1954

Borst Arno: Lebensformen im Mittelalter, Propylaen, Berlin 1987, 4. Auflage

Schipperges Heinrich: Die Kranken im Mittelalter, Beck, München 1990, 2.Aufl.

Rösener Werner: Bauern im Mittelalter, C.H.Beck, München 1993, 4, Auflage

Höfele K.H.: Cholerajahre – Schreckenszeiten, Damals – Zeitschr. für geschichtl. Wissen, Gießen 1990

Greene Dr. V.W.: Sauberkeit und Gesundheitsrevolution, Arbeitsgemeinschaft Hygiene und Umwelt, Wien 1990

Zeuner Frederick E.: Geschichte der Haustiere, BLV, München, Basel, Wien 1967

Tradition und Fortschritt

Horn Erna: Der neuzeitliche Haushalt, München-Solln 1941

Literatur

BGW Mitteilungen Nr.2/93 S.12: Vorsicht bei der Raumdesinfektion

Vorratsschädlinge

Horion A.: Käferkunde für Naturfreunde, Bamberg 1994

Hintermeier H./Hintermeier M.: Schmetterlinge im Garten und in der Landschaft

Bader Carl: Milben (Acari), Nat. Hist. Museum Basel, Heft Nr. 22, Basel 1989

Hirschmann Werner: Milben (Acari), Kosmos, Stuttgart 1966

Nahrung (Salmonellen, Shigellen und Co.)

Borneff J./Borneff M.: Hygiene, Leitfaden für Studenten und Ärzte, Thieme, Stuttgart 1991, 5. überarbeitete Auflage

Kayser F.H./Bienz K.A./Eckert,J.: Medizinische Mikrobiologie, Thieme 1993, 8. Auflage

Allerberger F./Eigentler A./Fille M./Jenewein I.H. u.a.: Lehrbuch der Hygiene, Golf, Innsbruck 1991

Dönges Johannes: Parasitologie, Thieme, Stuttgart, New York 1988, 2. überarb. u. erw. Auflage

Lindner Kurt E.: Milliarden Mikroben, Aulis, Köln 1978

Postgate John: Mikroben, Umschau, Frankfurt a.M. 1970

Bundes-Seuchen-Gesetz §§9-16

Robert von Ostertag-Institute: WHO surveillance programme for controll of foodborne infections and intoxinations, Newsletter No.38 April 1993

Bundesgesundheitsbl.12/91, Originalien und Übersichtsarbeiten: Salmonellose-Überwachung bei Tieren, Lebens- und Futtermitteln in Deutschland, 1990

Presse- und Informationsamt der Bundesregierung, Sozialpolitische Umschau, Nr. 264/1993: Vorbeugung von Salmonelleninfektionen, Salmonellenverordnung.

Smolen Josef: Reaktive Arthritis: Von Salmonellen ausgelöste Gelenksentzündung in: Der Standard, 15. 2. 1994

Schaben und Heimchen

Iglisch Ingram: Zur Möglichkeit der Bekämpfung von Schaben (Blattidae) am Ort ihrer Ruhephase, in: Der praktische Schädlingsbekämpfer 35/1983

Iglisch Ingram: Risikominimierung durch Einhaltung der Richtlinie zum Köderverfahren bei der Durchführung von Maßnahmen zur Bekämpfung von Schaben, in: Der praktische Schädlingsbekämpfer 4/90

Fliegen

Iglisch Ingram: Schädlingsbekämpfer als Partner des Tierhalters bei der Fliegenbekämpfung in: Der praktische Schädlingsbekämpfer 7/88

Ameisen

Buschinger Alfred: Erträge der Forschung, Wissenschaftl. Buchgesellsch., Darmstadt 1985

Sajo Karl: Krieg und Frieden im Ameisenstaat, Kosmos, Stuttgart 1908

Schwenke Wolfgang: Ameisen – der duftende Staat, LB Naturbücherei, Landbuch-Verlag 1985

Mäuse und Ratten

Iglisch Ingram: Risikominimierung durch Einhaltung von Richtlinien bei der Durchführung von Maßnahmen zur Bekämpfung von Glieder- und Nagetierpopulationen in: Der praktische Schädlingsbekämpfer 3/90

Iglisch Ingram: Tilgung von Hausmauspopulationen (Mus musculus) in: Der praktische Schädlingsbekämpfer 5/87

Iglisch I./Ising. H.: Was leisten Ultraschallgeräte? in: Der praktische Schädlingsbekämpfer 5/85

Humburg Norbert: Der Rattenfänger von Hameln, CW Niemeier, Hameln 1993, 2. überarb. Aufl.

Legionellen

Bundesgesundheitsamt: Bekanntmachung Bundesgesundhbl. 4/93

Exner Martin: Verhütung, Erkennung und Bekämpfung von Legionellen-Infektionen im Krankenhaus, Sonderdruck aus der Zeitschrift „das Krankenhaus" Heft 9-10/1991, W. Kohlhammer GmbH

Exner M./Tuschewitzki G.J./Langer B./Wernicke F./Pleischl St.: Vorkommen und Bewertung von Legionellen in Krankenhäusern und anderen Großgebäuden in: Forum Städte-Hygiene 43, Mai/Juni 1992

Deutscher Verein des Gas- und Wasserfaches e.V.: Stellungnahme des DVGW-Hauptausschusses zur Verminderung eines Legionella-Infektionsrisikos

10

Baur Xaver: Befeuchterlunge und Befeuchter-
fieber in Deutsches Ärzteblatt 86, Heft 42,
19.Oktober 1989

Mathys W./Junge E./Langen M.: Legionellen in
Dusch-Wassersystemen privater Haushalte
und von Hallenbädern in: Forum Städte-
Hygiene 41, Nov/Dez 1990

Kleidermotten

test Spezial, Stiftung Warentest, Heft 9306:
Insektenbekämpfungsmittel, Mückentod mit
Risiko

Stiftung Warentest, Heft Oktober 1987

Hausstaubmilben

Bader Carl: Milben (Acari), Veröffentlichung
aus dem Naturhistorischen Museum Basel,
1989

Hirschmann Werner: Milben (Acari), Kosmos
Verlag, Stuttgart, 1966

Pietschmann M.: Allergie, Amoklauf der Antikörper, in: Geo Wissen, Gruner & Jahr, Hamburg, Heft Nr.1, 1988

Jürgens Hans W.: Hausstaubmilben und Bett,
in: der kinderarzt, Hrsg. Berufsverband der
Kinderärzte, Hansesches Verlagskontor
Lübeck, Heft Nr.11/1992

Merkblätter, zum Thema Hausstaub-Allergie,
Hausstaubmilben-Allergie (Milbenasthma),
Hrsg. Deutscher Allergie- und Asthma-Bund,
Mönchengladbach, 1987

Spinnen

Baehr Barbara/Baehr Martin: Welche Spinne
ist das? Kleine Spinnenkunde für jedermann,
Kosmos Naturführer, Stuttgart, 1987

Renner Franz: Spinnen ungeheuer – sympa-
thisch, Verlag Rainar Nitzsche, Kaiserslautern,
1990

Schmidt Günter: Spinnen, Lebensweise, Hal-
tung, Zucht, Albrecht Philler Verlag, München,
1984, 2. Auflage

Stechmücken

Becker Norbert/Ludwig Herbert W.: Mikrobio-
logische Stechmückenbekämpfung, in: Biologie in unserer Zeit, August 1989

Ludwig Herbert W./Dr. Becker Norbert/
Dr. Gebhardt Harald/Dr. Kögle Friedrich/Krei-
mes Kurt: Erlebnis Gartenteich, BLV, München, 1992

Klatsch! Eine Möglichkeit, Stechmücken zu
bekämpfen..., Hrsg. Kommunale Arbeitsgemeinschaft zur Bekämpfung der Schnakenplage e.V. Ludwigshafen

Fiebermücken

Iglisch Ingram: Mücken und Fliegen (Diptera)
im engsten Lebensbereich des Menschen in:
Bundesgesundheitsblatt, 17. Jahrgang, Carl
Heymann Verlag KG, Köln, 1974

Iglisch Ingram: Potentielle Brutgewässer für
Hausmücken (Arten aus der Culex-pipiens-
Gruppe) im städtischen Bereich, in: Forum
Umwelt Hygiene, Zeitschrift für Forschung und
Technik der Boden-, Wasser-, Luft-Hygiene,
Heft 6 / 1975

Neffe J.: Malaria, Schach der Königin, in: Geo
Wissen, Gruner & Jahr, Hamburg, Heft Nr.1,
1988

Bienen

Hess Gertrud: Die Biene, Kleiner Bildatlas, Par-
kland Verlag, Stuttgart, 1992, 7. Auflage;

Hummeln

Dröscher L./Reuter Ch.: Aus dem Tagebuch
einer Königin, in: Geo, Gruner & Jahr, Hamburg, Heft 7/93

Wespen

Emmerich Gundel: Feuerwehr als Naturschüt-
zer, in: Florian Hessen, Fachzeitschrift für Feu-
erwehren, Darmstadt, Juli 1992

Emmerich Gundel: Ungeliebte Wespen, in
Frankfurter Allgemeine Zeitung, Frankfurt, Mai
1993

Emmerich Gundel: Die Wespenfrau, Was Sie
über Wespen wissen müssen, in: Das Tier,
Verlagsgesellschaft Hallwag, Stuttgart, Juli
1994

Hagen Hans-Heinrich von/Kraus Walter/Rich-
arz Klaus: Auch Wespen wollen leben – vom
richtigen Umgang mit den gelb-schwarzen
Hautflüglern, Hrsg. Regierung von Oberbay-
ern, München, Informationen zu Naturschutz
und Landschaftspflege, Heft Nr. 25/1988

Hornissen

Niemeyer-Lüllwitz Adalbert: Mit Hornissen
leben? Anregungen zum Umgang mit einem
zu Unrecht verfolgten Tier, Hrsg. Naturschutzzentrum NRW, Recklinghausen und BUND,
Ratingen, Deutscher Bund für Vogelschutz,
Wesel, 1988

10

Schwebfliegen

Zwölfer Helmut/Bauer Gerhard/Heusinger Gerd/Stechmann Dirk: Die tierökologische Bedeutung und Bewertung von Hecken, Beiheft 3, Teil 2, zu den Berichten der Akademie für Naturschutz und Landschaftspflege, Hrsg. Akademie für Naturschutz und Landschaftpflege, Laufen, Salzach, 1984

Parasiten

Braun-Flaco Otto/Plewig Gerd/Wolff Helmut H.: Dermatologie und Venerologie, Springer-Verlag, Berlin, 1991, 4. Auflage

Miersch, Michael: Parasiten. Die sich durchs Leben schmarotzen, in: Zeitmagazin, Nr. 18 / 1994

Stüttgen Günter: Skabies und Läuse heute, in: Deutsches Ärzteblatt, Heft 17/1992

Kopfläuse... was tun? Informationsschrift der Bundeszentrale für gesundheitliche Aufklärung, Köln, Mai 1992

Zecken

Informationen zur Lyme-Borreliose und zu Taubenzecken, in: DGaaE Nachrichten, Hrsg. Deutsche Gesellschaft für allgemeine und angewandte Entomologie e. V., Dossenheim, 1994

Mrowietz Ulrich: Dermatologische Manifestationen der Lyme-Borreliose, Kiel, in: klinikarzt, Perimed-spitta Medizinische Verlagsgesellschaft mbH, Balingen, Heft Nr. 3/23 1994

Pfister Hans-Walter: Neurologische Manifestationen der Lyme-Borreliose, in: klinikarzt,

Wichelmann Martina/Rudolph Andrea: Borrelia burgdorferi und ihre Überträger – Biologie, Verbreitung und Gefahrenpotential, in: klinikarzt, Perimed-spitta Medizinische Verlagsgesellschaft mbH, Balingen, Heft Nr. 3/23 1994

Hirnhaut-Entzündung nach Zeckenstich (FSME), Hrsg. Immuno-GmbH, Heidelberg

Verbreitungsgebiete der FSME in Europa, Immuno AG, Wien, Januar 1993

Windorfer Adolf/Rohde Ulrike/Windelboth Volker: Häufigkeit von Meningitiden und Enzephalitiden bei Kindern und Erwachsenen, in: Deutsches Ärzteblatt, Heft 17, April 1994

Schmelzer Brigitte: Kleine Sticheleien, die Angst machen, in: natur, Ringier Verlag GmbH, München, Heft 5/93

Holzschädlinge

Grosser Dietger: Pflanzliche und tierische Bau- und Werkholzschädlinge,

DRW-Verlag, Weinbrenner-KG Leinfelden-Echterdingen, 1985

Becker Stefan: Holzschutzmittel. Nach wie vor zu viel Gift, in: Öko-Test, Frankfurt, Heft 7/1994

Weißenfeld Peter: Holzschutz ohne Gift? Holzschutz und Oberflächenbehandlung in der Praxis, Ökobuch-Verlag Staufen bei Freiburg, 1988, 7. Auflage

Umweltbundesamt: Holzschutz, Tips und Informationen zum richtigen Umgang mit Holzschutzmitteln

Schadstoffarme Bekämpfung von Holzschädlingen – Das Umweltzeichen für Heißluftverfahren-, Hrsg. Umwelt Produkt Info-Service, Bundesumweltministerium (BMU), Februar, 1993

Brückner Georg/Willeitner Hubert: Einsatz von Holzschutzmitteln und damit behandelten Produkten in der Bundesrepublik Deutschland, Texte Umweltbundesamt, Nr. 48/92, November 92, Hrsg. Bringezu, Stefan und Umweltbundesamt

Konzept für die Prüfung und Bewertung der Umweltverträglichkeit von Holzschutzmitteln, Texte Umweltbundesamt, Nr. 13/92 Februar 1992

Bundes-Infothek der Arbeitsgemeinschaft der Verbraucherverbände (AGV)

Holz und Holzschutz

Weissbrod Alfred: Das Heißluftverfahren, in: Wohnung und Gesundheit, Hrsg. Institut für Baubiologie und – ökologie, in Neubeuern, Heft 18/Mai 1983

Weitere Literatur bei den Verfasserinnen. Die Recherchen erfolgten in erster Linie persönlich per Interview bei führenden Wissenschaftlern der jeweiligen Fachgebiete

10

Bildnachweis

Illustrationen

Studte Henning: S.8, S.10, S.14, S.21, S.36, S.62, S.88, S.96, S.102, S.108, S.117, S.123, S.136, S.158

Koch Ute: S.28

Fotografien und Grafiken

Größer Roman: S.5(1,2)

Bienz K., Bavallo-Serra J.R., Scholer H.J.: Mikroorganismen und Parasiten, 4.Auflage, Recom, Basel 1982: S.40, S.42, S.44, S.45, S.50, S.51, S.52

Biologische Bundesanstalt, Institut für biologischen Pflanzenschutz, Darmstadt: S.12(2,3,4)

Buschinger Alfred: S.11(2), S. 56(1), S.75(1,2), S.76

Dossenbach Hans: S.12(1), S.66(1)

Emmerich Gundel: S.129, S.131(1,2), S.132

Fa. Allergopharma Joachim Ganzer KG, Reinbek bei Hamburg: S.98, S.100(1,2)

Fa. Desowag Materialschutz GmbH, Düsseldorf: S.13(2), S.160, S.161, S.162, S.164, S.165, S.166, S.167, S.168

Fa. Detia Freyberg GmbH, 69514 Laudenbach: S.11(1,3), S.13(1), S.22, S.23(1,2), S.27, S.30(2,3), S.31(1,2,3), S.32 (1,2), S.38(1), S.53, S.56(2), S.57, S.63, S.66(2), S.73(1,2), S.81, S.82, S.84, S.87, S.90, S.91, S.105, S.151(2,3)

Fa. Merck Darmstadt, Bildarchiv: Fliege Einband, S.18, S.24, S.25(1,2) S.29, S.34, S.35, S.68(1,2), S.69(1,2), S.70, S.109, S.111(1,2), S.120(1,2), S.121, S.125, S.127, S.141, S.155

Fuchs Manfred: S.30(1), S.33, S.104, S.146, S.151(1)

Koop Jutta: S.115(1)

Kupferstich aus „Neu eröffneten Historischen Bilder-Saals Dritter Theil", Nürnberg 1713: S.16

Mathes Ingrid: S.143

Mühlig H.-J.: S.147

Sauer Frieder: S.74, S.135, S.144

Schultz Gerd Sven: S.55, S.61, S.66(3), S.83, S.115(2), S.116, S.118

Städtische Kliniken Darmstadt: S.38(2,3)

Städtische Kliniken Darmstadt-Eberstadt, Hautklinik: S.142, S.148, S.152

Techniker Krankenkasse, Hamburg: S.130

Tuschewitzki Georg-Joachim: S.93(1,2)

Universitätsmuseum Marburg: S.17

Ziemke Christiane: S.114

Dauerkalender mit 12 Karikaturen dieses Buches zum Preis von DM 19,80 (ISBN 3-928294-02-4) (z.B. zum Eintragen von Müllterminen)

Beide Artikel sind über den Buchhandel beim Sachs Verlag, 64380 Roßdorf zu bestellen.

Karikaturist: Henning Studte, geb. 1959, verh., 2 Kinder.
Studium zum Diplom-Verwaltungswirt, Studium Karikatur- und Pressezeichnen.
Tätig für verschiedene Zeitungen und Zeitschriften,
z.B. für Süddeutsche Zeitung, Schöner Wohnen, Darmstädter Echo,
Info3, Kontrovers, Blickpunkt Bahn, Wochenpost, TelekomMonitor.

10